JN071245

図説
鎌倉北条氏

野口 実 編著

『太平記絵巻』（埼玉県立歴史と民俗の博物館蔵）

戎光祥出版

序にかえて

「鎌倉北条氏」（以下、北条氏）には暗いイメージがつきまとう。陰謀を事として競合する有力御家人を排除したばかりか、外孫の源頼家・実朝から実権を奪い、寵愛する若い後妻の産んだ娘の婿を将軍に立てようとした伊豆の「豪傑」時政。嫉妬深く、自らの子どもたちを犠牲にしてまで実家の権力確立に尽くした政子。陪臣の立場でありながら、後鳥羽院を隠岐に流した不敬の義時。そして、悪政を事として幕府の滅亡を招いた高時。

一方、撫民を事とし、「関東御成敗式目」を定めて合議制を採用した泰時、謡曲「鉢の木」に賢君として登場する時頼、金沢文庫を創設した実時などはプラスイメージで捉えられている。女性でも『徒然草』の逸話から質素倹約の鏡のように語られた松下禅尼（時頼の母）のような存在もあった。

これを若い読者はどう思われるであろうか。「そんなイメージはない、そんな話は知らない」と言われるかもしれない。しかし、これが近代、さらには戦後三十年くらいまでの大方の日本人のもっていた北条氏認識だった。前近代に成立した文学や芸能、さらには近代の皇国史観に基づく教育の結果である。

一方、戦後歴史学における北条氏は、古代から中世、貴族社会から武家社会へ移行する時代の尖兵として位置づけられた。時政は狭小な所領を経営する武士にすぎず、王朝権力の抑圧のもとに置かれた東国の在地領主層の輿望を担って挙兵した婿の頼朝（よりとも）を支えた存在と見なされ、政子は頼朝亡き後の権力闘争を後家の立場から収拾し、義時はついに公武権力の逆転を達成して武家権力を確立した存在として評価されるようになった。幕府政治史も将軍専制→執権（しっけん）を中心とする合議制→得宗家（とくそうけ）（北条氏嫡流）の専制という図式で語られるようになる。おそらく、これが現代においても教科書的な理解になっているはずである。

しかし近年の学界では、北条氏が伊豆時代から王朝権力や京都文化に近い存在で、その宗教政策が決して顕密仏教（けんみつぶっきょう）を否定するものではなかったことや、時政以来一貫して専制権力を志向していたことなどが論じられるようになった。そして、一門各家の特性や個々の人物、そして京都の権門貴族との婚姻関係、文化的な交流などが明らかにされつつある。

本書では、そのような新しい研究段階の北条氏像を、学界の最前線で活躍する若い研究者たちに語ってもらった。北条氏に対する戦前来のイメージはなかなか払拭し難いものがあろうが、本書がその見直しをはかるためのよすがとなることを期待したい。

二〇二一年七月

野口　実

図説 鎌倉北条氏 目次

第4部 北条氏のライバル氏族

コラム

視点

北条氏関係系図

※本書に登場する人物を中心に掲載した。○囲み数字は執権の就任順、**ゴシック数字**は連署の就任順を示す。

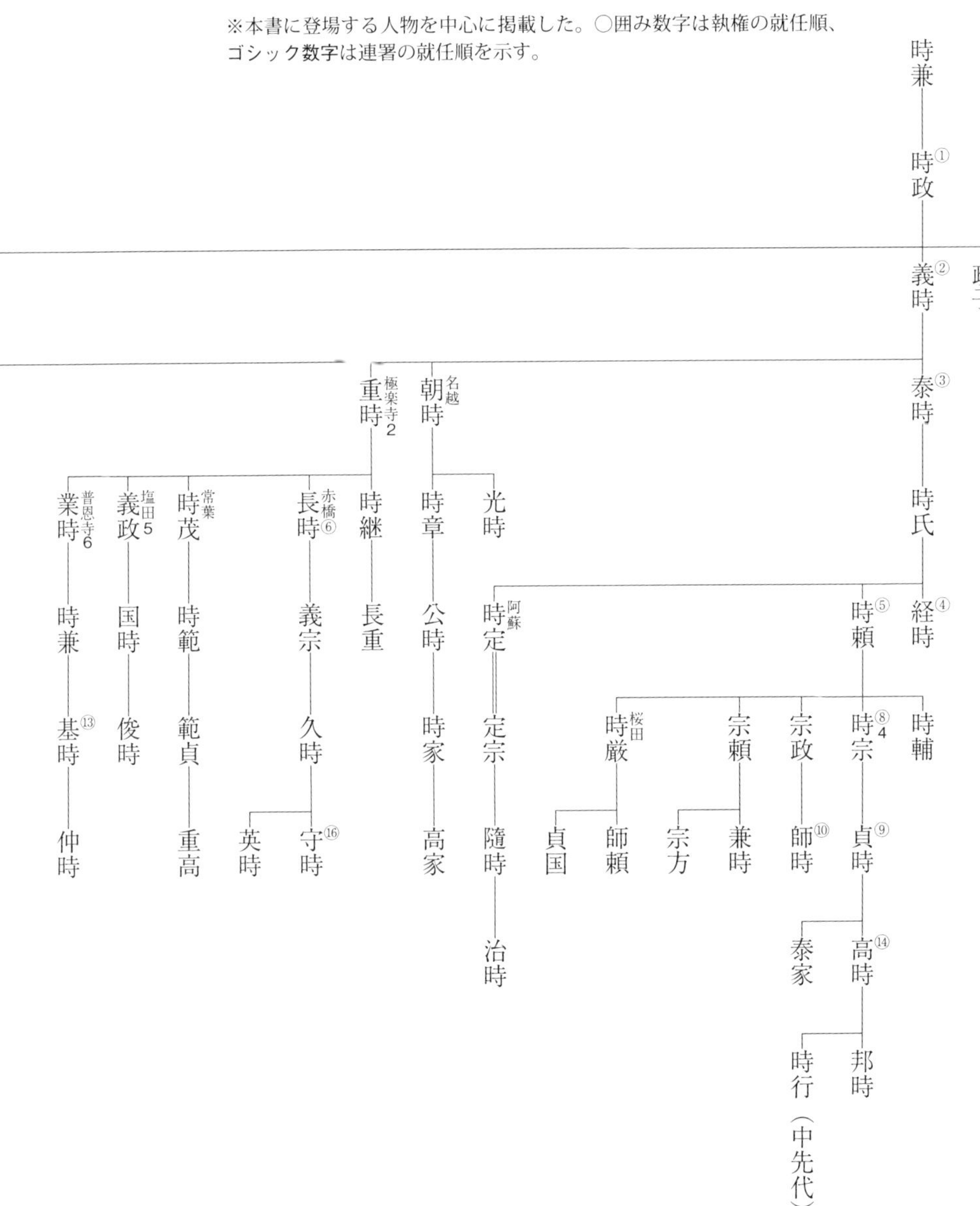

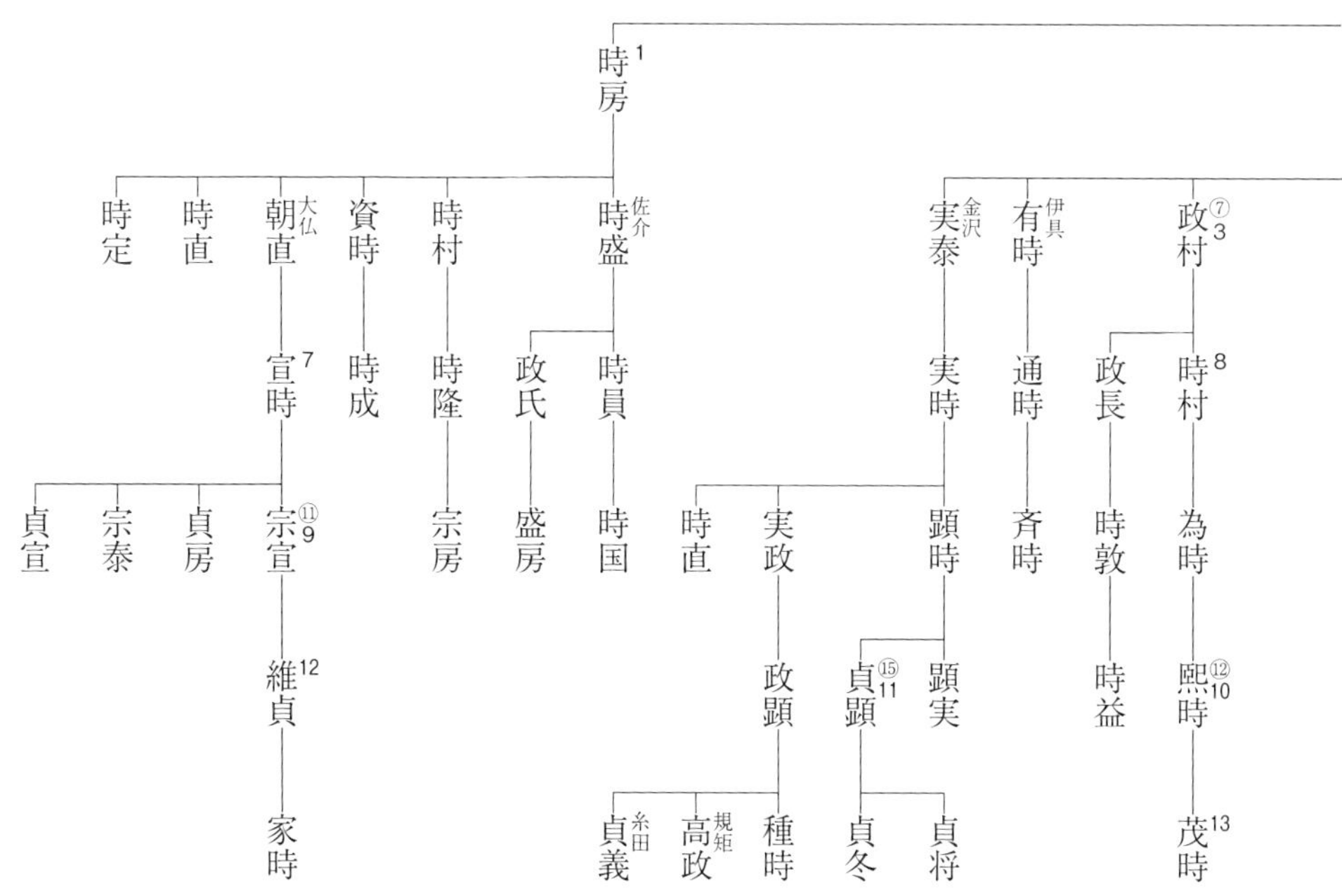

時房 1
時定
時直
朝直 大仏
資時
時村
時盛 佐介
宣時 7
時成
時隆
政氏
時員
貞宣
宗泰
貞房
宗宣 ⑪9
宗房
盛房
時国
維貞 12
家時
実泰 金沢
有時 伊具
政村 ⑦3
実時
通時
政長
時村 8
時直
実政
顕時
斉時
時敦
為時
政顕
貞顕 ⑮11
顕実
時益
熙時 ⑫10
貞義 糸田
高政 規矩
種時
貞冬
貞将
茂時 13

歴代執権の履歴書

就任順	名前	父／母	生年／没年	就任期間	出身
1	北条時政	父：北条時兼 母：伴為房娘	生：保延四年（一一三八） 没：建保三年（一二一五）	建仁三年（一二〇三）十月ヵ ～元久二年（一二〇五）閏七月	得宗家
2	北条義時	父：北条時政 母：伊東祐親娘	生：長寛元年（一一六三） 没：元仁元年（一二二四）	元久二年（一二〇五）閏七月 ～貞応三年（一二二四）六月十三日	得宗家
3	北条泰時	父：北条義時 母：阿波局	生：寿永二年（一一八三） 没：仁治三年（一二四二）	貞応三年（一二二四）六月二十八日 ～仁治三年（一二四二）六月十五日	得宗家
4	北条経時	父：北条時氏 母：安達景盛娘	生：元仁元年（一二二二） 没：寛元四年（一二四六）	仁治三年（一二四二）六月十五日 ～寛元四年（一二四六）三月二十三日	得宗家
5	北条時頼	父：北条時氏 母：安達景盛娘	生：嘉禄三年（一二二七） 没：弘長三年（一二六三）	寛元四年（一二四六）三月二十三日 ～康元元年（一二五六）十一月二十二日	得宗家
6	北条長時	父：北条重時 母：平基親娘	生：寛喜二年（一二三〇） 没：文永元年（一二六四）	康元元年（一二五六）十一月二十二日 ～文永元年（一二六四）七月三日	赤橋流
7	北条政村	父：北条義時 母：伊賀朝光娘	生：元久二年（一二〇五） 没：文永十年（一二七三）	文永元年（一二六四）八月十一日 ～文永五年（一二六八）三月五日	政村流
8	北条時宗	父：北条時頼 母：北条重時娘	生：建長三年（一二五一） 没：弘安七年（一二八四）	文永五年（一二六八）三月五日 ～弘安七年（一二八四）四月四日	得宗家
9	北条貞時	父：北条時宗 母：安達義景娘	生：文永八年（一二七一） 没：応長元年（一三一一）	弘安七年（一二八四）四月四日 ～正安三年（一三〇一）八月二十二日	得宗家
10	北条師時	父：北条宗政 母：北条政村娘	生：建治元年（一二七五） 没：応長元年（一三一一）	正安三年（一三〇一）八月二十二日 ～応長元年（一三一一）九月二十一日	宗政流
11	北条宗宣	父：北条宣時 母：北条時広娘	生：正元元年（一二五九） 没：正和元年（一三一二）	応長元年（一三一一）十月三日 ～応長二年（一三一二）五月二十九日	大仏流
12	北条熙時	父：北条為時 母：不詳	生：弘安二年（一二七九） 没：正和四年（一三一五）	応長二年（一三一二）六月二日 ～正和四年（一三一五）七月十二日	政村流
13	北条基時	父：北条時兼 母：不詳	生：弘安九年（一二八六） 没：元弘三年（一三三三）	正和四年（一三一五）七月十二日 ～正和五年（一三一六）七月九日	普恩寺流
14	北条高時	父：北条貞時 母：安達泰宗娘	生：嘉元元年（一三〇四） 没：元弘三年（一三三三）	正和五年（一三一六）七月十日 ～正中三年（一三二六）三月十三日	得宗家
15	北条貞顕	父：北条顕時 母：遠藤為俊娘	生：弘安元年（一二七八） 没：元弘三年（一三三三）	正中三年（一三二六）三月十六日 ～三月二十六日	金沢流
16	北条守時	父：北条久時 母：北条宗頼娘	生：永仁三年（一二九五） 没：元弘三年（一三三三）	嘉暦元年（一三二六）四月二十四日 ～元弘三年（一三三三）五月十八日	赤橋流

第1部　北条氏嫡流の歴史

異形のものたちと踊る最後の得宗北条高時◆『太平記絵巻』　埼玉県立歴史と民俗の博物館蔵

01 伊豆時代の北条氏——京とつながる新来の武家

北条氏は伊豆国田方郡から分出した田方北条（静岡県伊豆の国市）という地域を名字の地として成立した。その祖は藤原秀郷とともに平将門の乱を鎮圧し、中央軍事貴族としての地位を得ることとなった貞盛であったと伝える。貞盛はもともと常陸を本国としたが、子の維将が相模介に任じて、国内に所領を獲得したらしい。

維将の子で貞盛の養子になった維時は、摂関家に仕えて、貞盛流平氏の族長的な地位を占めた。この頃、南坂東で良文（貞盛の叔父）流の平忠常が勢力を伸ばし、同族である常陸平氏のテリトリーを脅かしていたが、長元元年（一〇二八）、忠常が安房で国司を焼殺する事件を起こす。維時はこれを奇貨として、関白頼通に働きかけて子息で検非違使であった直方を追討使とし、翌年には自らも乱の中心地である上総国の国司（介）となって忠常の追討にあたった。しかし、忠常は頑強に抵抗し、房総三国は荒廃の極に達したために直方は更迭され、維時も辞任を余儀なくされた。

彼らに代わって忠常の乱を鎮圧したのが、河内源氏の祖となる源頼信である。頼信の子の頼義は長元九年に相模守に任じているが、この頃に直方の娘を妻としたらしく、それによって坂東の平氏系の在地武士（地方軍事貴族）を膝下に置き、妻方から継承した相模国鎌倉郡を坂東における拠点とすることとなる。そして長暦三年（一〇三九）、源氏と平氏の嫡流双方の血を引く義家が誕生するのである。

一方、直方やその子孫は中央での活動を継続するが、後世に作られた系図『尊卑分脈』には直方の子に「阿多見四郎禅師聖範」が見え、この一族が相模国に隣接する伊豆国東部に位置する阿多見（熱海）に進出したことをうかがうことができる。やがて、その子孫は伊豆国府の所在する田方郡に進出して国衙在庁官人の地位を得るに至った可能性がある。

北条氏の系図の多くは、北条の名字をはじめて称し

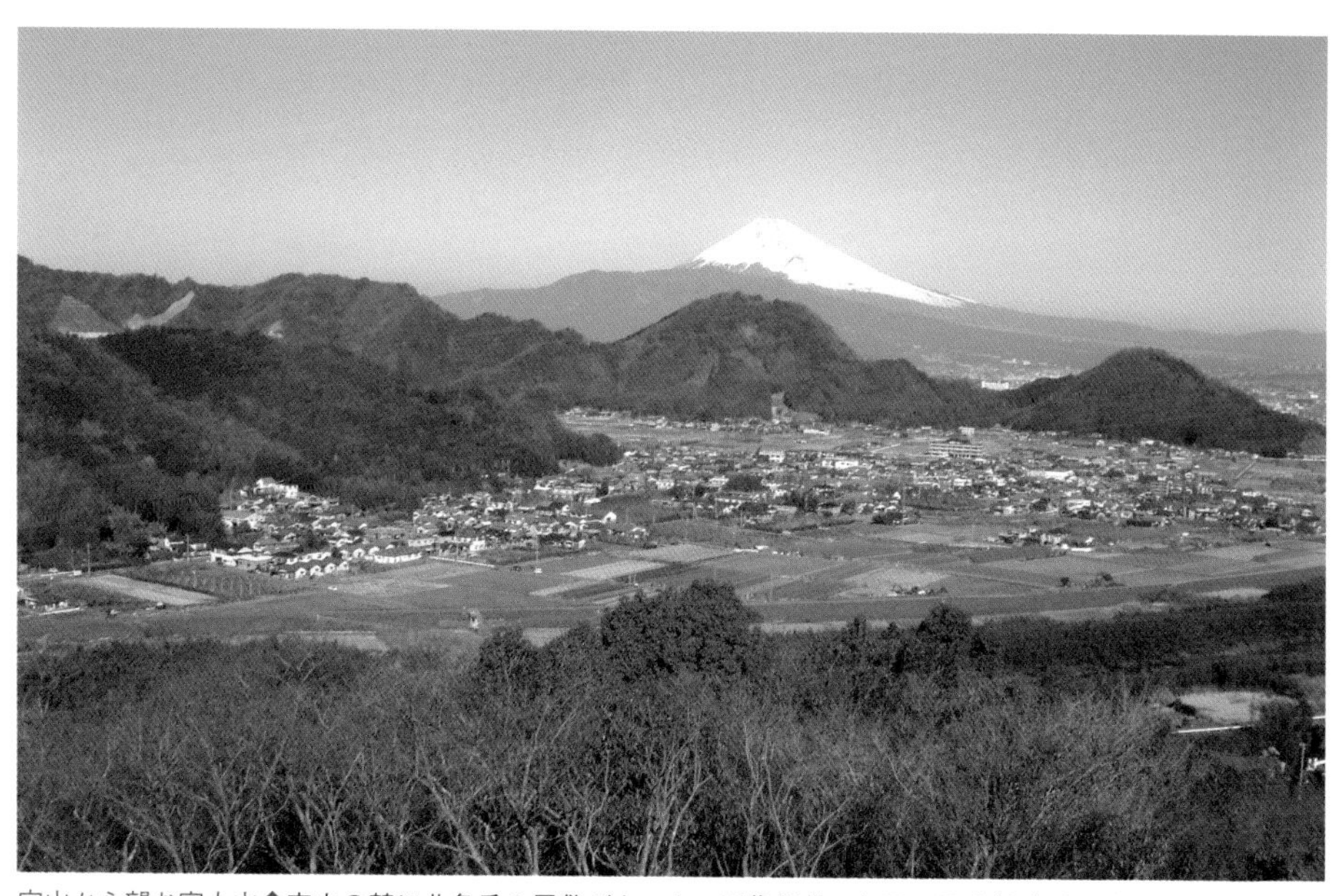

守山から望む富士山◆守山の麓に北条氏の屋敷があった　画像提供：伊豆の国市教育委員会

たのは時政の祖父あるいは父にあたる時家としている。また、中世に成立した古い系図は、彼に「伊豆国住人」という注記を付していて、あたかも彼が伊豆北条氏の初代であるかのようにもとれる。これはある意味正しいようだ。

『平家物語』の異本として中世前期に成立した『源平闘諍録』に記された北条氏の系図によると、時家は伊勢平氏の祖である維衡から五代目にあたる兵衛大夫貞時の子で、北条介の娘に嫁したとある。すなわち、伊豆の在庁北条氏の娘に、都を活動の場としていた伊勢平氏庶流の時家が婿入りをしたというのである。さらに、これも中世に成立した『北酒出本源氏系図』から、大和源氏の出身で、十二世紀の半ば頃、興福寺の僧兵を率いたことで有名な信実の母がこの時家の娘であったことが明らかなのである。

かつて、伊豆時代の北条氏について、時政以前に枝分かれした一族がなく、支配する領域から見ても、頼朝が挙兵したときに時政が動員した軍勢の数から見ても、とても三浦氏や千葉氏に匹敵するような勢力は持たなかったことから、武士団としてはとても小規模な存在であると評価されたのだが、時家が実質的な初代であるとするならば、それは当然のことなのであった。

一方、北条氏が中央の情報に通じていたことについては、伊豆が坂東諸国よりも京都に近く、北条の地が国府に近接し、伊豆国の水陸交通の要衝をしめることを理由としてきたが、時家がもともと京武者的な存在であったのだから当然のことといえる。とくに大和国の在地勢力や興福寺との関係は重要で、仁安二年（一一六七）、興福寺一乗院の院主だった恵信（関白藤原忠通の子）が伊豆に流されてきたとき、時政は当然接触を持ったことであろうし、時政が営作した願成就院に安置された諸仏の造像を契機に南都仏師運慶が東国で活躍するようになったされる背景も説明がつくのである。

時家の実父とされる貞時については確実な史料にその姿は見いだせないが、その父の盛基は検非違使から受領に至ったことが明らかで、千葉氏などの坂東武士よりは明らかに高いステイタスを有していたから、時政もまたそのような視点から評価されなければならないだろう。彼が平忠盛の正室藤原宗子（池禅尼）の姪を後妻に迎えていたことや、少年期に伊豆守に任じたことのある藤原（吉田）経房と関係を持っていたこと、また北条氏邸址の発掘調査で手づくねの土器など、頼朝挙兵以前の段階から京都との密接な交流を示す遺物が検出されていることなどから、北条氏が所領規模は小さくても、伊豆全体に交通路をのばす水陸の大動脈を扼する要衝を押さえ、天野・仁田氏など周辺の在地武士を膝下に従えるような立場にあったことが想定されるのである。また、時政が聟である頼朝を擁して蹶起した背景には、反平家の兵を挙げた以仁王に殉じた伊豆の前知行国主源頼政との関係も考慮されなければならないだろう。

伊豆北条氏は在地に根を生やした生粋の東国の在地領主というよりは、中央権力、京都文化と繫がりの深い新来の武家として評価したほうがよいように思われるのである。

（野口実）

北条氏と藤原・源・平氏との関係系図

※兄姉弟妹順不同　野口実「「京武者」の東国進出とその本拠地について」（『京都女子大学宗教・文化研究所紀要』19、2006年）をもとに作成

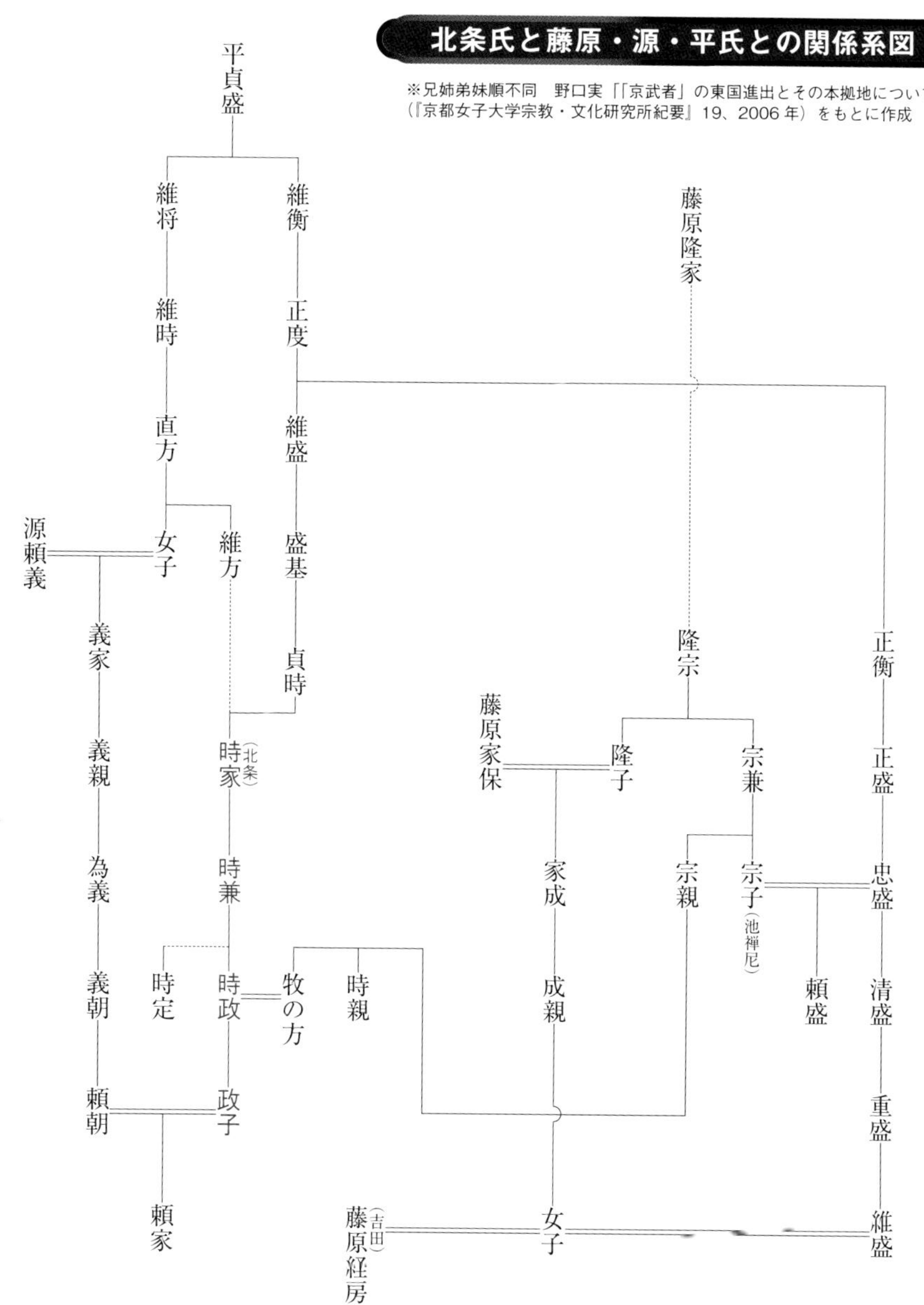

02 北条時政――頼朝の挙兵を助けた初代執権

保延四年（一一三八）、伊豆国の在庁官人で「北条介」と称した時兼と伴為房の娘との間に生まれたと伝えられる。父については「時方」とする説もあるが、中世成立の系図に従った。外家とされる伴氏がどのような存在であったのかは一切不明である。

『山内首藤家文書』所収の系図によると、源義朝の専一の郎等であった鎌田政清を烏帽子親として元服し、輩号を「北条四郎」としたという。父の後をうけて在庁官人に連なったころ、目代（知行国主・国守の代官）から咎めを受けて召し籠められたことがあったが、その際、国守であった藤原（吉田）経房の対応に感じ入るところがあり、それが鎌倉幕府成立後に経房を対朝廷交渉の窓口（関東申次）とする一つのきっかけになったらしい。

妻には同じ伊豆国を本拠とする伊東祐親の娘を迎え、政子・義時らを儲けたが、彼女が亡くなった後、伊豆と国境を接する駿河国大岡牧（庄）の預所をつとめる藤原宗親の娘（牧の方）を正室に迎えた。大岡庄の本家は八条院（後白河院の妹暲子内親王）であったらしく、その政所別当をつとめた平頼盛（清盛の弟）の知行下にあり、宗親は頼盛の母宗子（池禅尼）の兄弟であったから、その現地支配を委ねられていたものとみられる。時政はこのような家の女性と婚姻可能な高いステイタスを有する存在であったことがわかる。

「伊豆時代の北条氏」の項で述べたように、時政の祖父時家はおそらく伊勢平氏傍流の京武者の出身で、興福寺の悪僧として有名な信実を婿に迎えるような存在であったから、東国武士社会における時政のステイタスは高いものとみてよい。ちなみに、時政の弟時定は在京活動の実績を踏まえて、文治二年（一一八六）七月に左兵衛尉、同五年四月には左衛門尉に任じており、正治二年（一二〇〇）四月、時政が一躍従五位下・遠江守に叙任されたのは建久四年（一一九三）に早

『太平記絵巻』に描かれた北条時政◆相模国江の島（神奈川県藤沢市）に参籠し、子孫の繁栄を祈っている場面　埼玉県立歴史と民俗の博物館蔵

世した時定の官歴をうけたものとみてよいであろう。

治承四年（一一八〇）八月、長女・政子の婿に迎えていた源頼朝による平家打倒の蜂起に従い、自ら国目代山木兼隆を襲撃。石橋山の合戦に敗れて長男の宗時を失うが、次男義時とともに海路安房国に逃れて頼朝の到着を迎えた。その後、甲斐源氏との連絡にあたって、富士川の戦で頼朝軍と合流する。

寿永元年（一一八二）八月、頼朝・政子夫妻に男子（のちの頼家）が誕生すると、時政は、頼朝の後継者（「御曹司」）の立場にあった義経の存在をうとましく考えるようになったらしい。義経が兄と対立して京都を退去した後、義経勢力の掃蕩を目的として上洛したのは、彼の義経排斥の積極的な意志の反映とみることもできる。しかし、このとき彼は王城守護や畿内・近国の軍政をになっており（鎌倉政権による初代の「京都守護」）、牧の方の人脈も含めて、中央の政界や畿内近国の在地状況に対する理解度が前提になっていたのである。

時政が「京都守護」をつとめたのは文治元年十一月から翌年三月までの短期間であったが、頼朝が諸国に守護（国地頭）、荘園・公領に地頭を置く権限や兵糧米を徴収することを認めさせたり、後白河法皇の近臣を除き、頼朝の推す藤原（九条）兼実を関白とする朝廷政治の刷新をはかるなど、その政治活動は特筆に値するものがあった。また、捕らえた群盗を検非違使に渡さずに処刑するなど、武士として厳しい態度も示している。在地支配においては、頼朝の知行国となった伊豆国を実質的な支配下に置くとともに、かつて甲斐源氏（武田・一条・安田氏）の進出していた駿河・遠江にも勢力を拡大している。

一方、鎌倉の背後に位置して多くの馬牧を有する武蔵国の掌握を企図し、義経の舅であったために粛清された河越重頼に代わって同国の在庁官人の筆頭の地位に就いた畠山重忠を婿に迎え、同国比企郡を本拠とし頼家の乳母の家として勢力を伸長しつつあった比企氏の勢力を牽制。さらに、武蔵守に任じた源氏一族の平賀朝雅にも後妻牧の方の生んだ娘を配した。

建仁三年（一二〇三）、頼家の病を契機に比企氏を滅ぼした時政は、頼家を廃して弟の実朝を将軍に立てて、政所の別当の一員となり、実朝の仰せを受けた形で単独署名した公文書を発給するようになる。いわゆる「執権政治」の始まりである。時政の時代、幕府における「執権」という職は制度的なものではなく、将軍政務の後見を意味するものとして捉えなければならない。時政は頼朝が挙兵した当時、平家方について敵対した在地武士を赦免したり、京都における人脈を活用して幕府吏僚や鶴岡八幡宮寺の供僧を推挙することによって幕府内における支持勢力を拡大するなど、さまざまな方面で権力基盤の拡大に腐心した結果、幕府の実権を掌握したのである。

元久二年（一二〇五）、武蔵の在地支配において平賀朝雅と対立した畠山重忠を討ったことで、北条氏は武蔵国の全面的支配を確実なものとしたが、重忠を支持する御家人も多かった。そんななか、牧の方が、在京して後鳥羽院の上北面に祗候するようなステイタスをえていた婿の朝雅を将軍に擁立することを企てたことを理由に、政子・義時は実朝の身柄を確保するとともに三浦義村ら有力御家人の支持を得て、時政と牧の方を伊豆に追放。時政は出家して法名を明盛と称した。しかし、その後も政治的影響力を有していたことが、近年紹介された「慈円自筆書状断簡」の記事からうかがわれる。建保三年（一二一五）正月六日に死去、七十八歳であった。

（野口実）

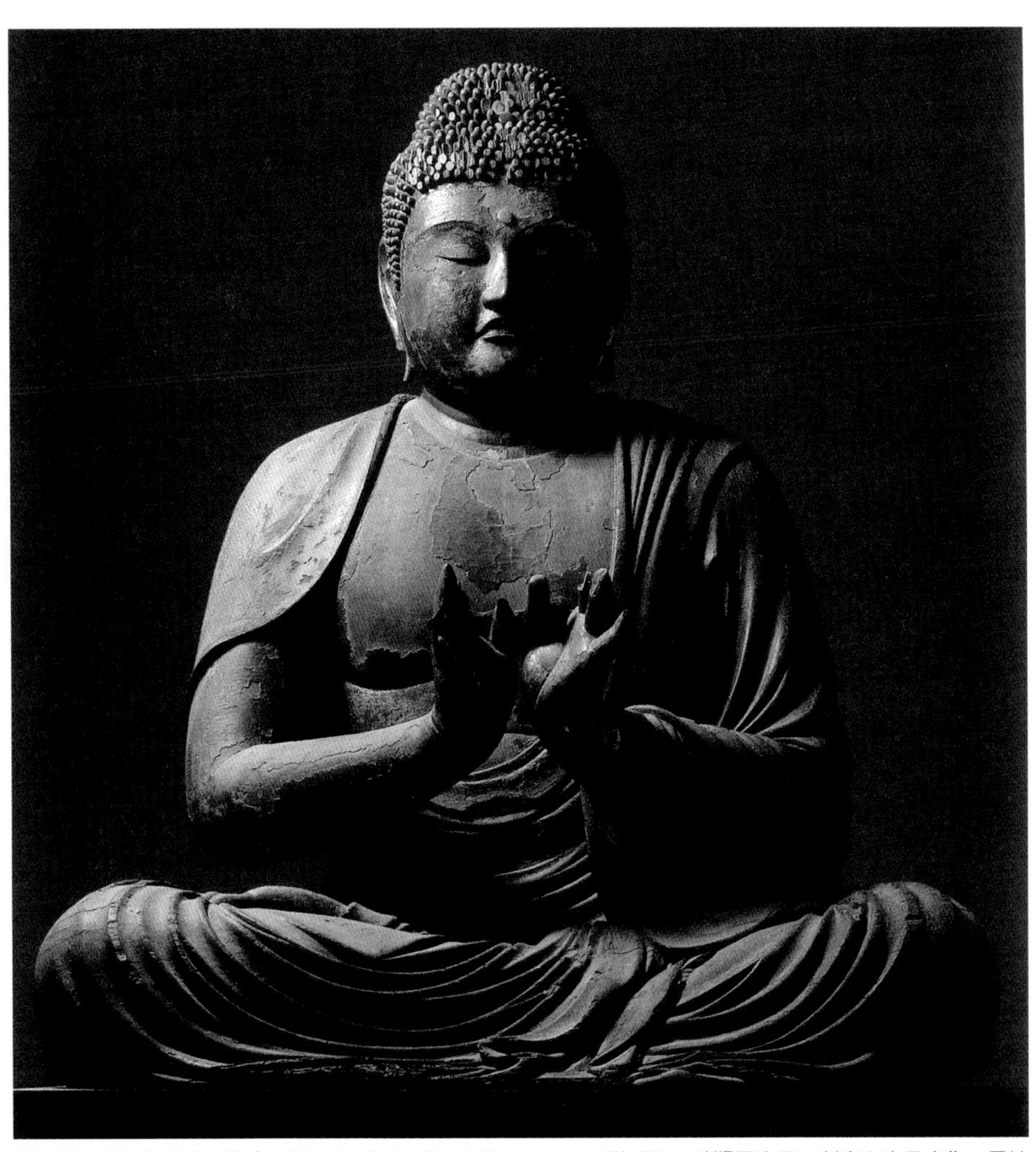

御本尊　阿弥陀如来坐像◆文治２年（1186）、運慶によって不動明王・矜羯羅童子・制多迦童子立像、毘沙門天立像とともに造像された。願成就院の開基である北条時政の発願によって造立され、運慶が東国で活動を始める端緒となった貴重な作品である。上記５体が国宝に指定されている　静岡県伊豆の国市・願成就院蔵

03 北条義時——承久の乱で院方を撃破

北条義時は執権政治の基礎を築いた人物である。将軍権力を抑制して幕府政治の実権を掌握したとされてきたが、近年の研究ではこうした義時の人物像は見直されつつある。

義時は、長寛元年（一一六三）に伊豆国の武士である北条時政の二男として生まれた。時政は在庁官人（国衙の実務を担った役人）であり勢力規模はそれほど大きくなかったが、流人の源頼朝を庇護しており、姉政子は頼朝の妻となった。

治承四年（一一八〇）八月、源頼朝が反平氏の挙兵をおこなうと、義時は父や兄とともに挙兵に参加した。頼朝軍は伊豆国の目代（国司の代官）山木兼隆を討ったが、石橋山合戦で平氏方の大庭景親らに惨敗した。義時は父時政とともに甲斐国に敗走しており、十月に駿河国の黄瀬川（静岡県沼津市）で頼朝に合流したが、兄宗時は敗走中に討ち死にした。

鎌倉幕府の開設により義時も御家人となって頼朝に仕えた。治承五年四月に頼朝が寝所を警備する武士を選抜した際には義時も選ばれている。御台所（将軍の妻）となった政子の弟として頼朝の側近御家人に登用されたのである。建久三年（一一九二）九月には頼朝は義時と幕府女房である姫前（比企朝宗の娘）の結婚を認めた。なお、義時は伊豆国の江間（静岡県伊豆の国市）を領有したために江間小四郎と称した。

建久十年正月、頼朝の死去により頼家が鎌倉殿となった。頼家の政務を補佐するために十三人の合議制が成立したが、義時も父時政と加わった。建仁三年（一二〇三）八月、頼家は重病となったために出家して子の一幡に家督を譲ろうとした。幼少の一幡に鎌倉殿を継承させて外祖父の比企能員に後見させようとしたのである。時政は、鎌倉殿の外戚の立場が北条氏から比企氏に移ることを阻止するために、能員を謀殺して比企氏一族を滅ぼした。義時は父時政、姉政子と行動をともにしており、比企氏一族が籠もった小御所を

（年未詳）5月9日付け北条義時書状◆嶋津左衛門尉（島津忠久）に対し、富山刑部丞の子息（小童）と母親を連れて上洛するように命じている　「島津家文書」　東京大学史料編纂所蔵

江間の北条義時館跡◆義時が領した江間は狩野川を挟んで北条の対岸に所在する。義時の館があった場所付近は現在江間公園として整備されている　静岡県伊豆の国市

攻撃した。頼家は幽閉されて弟の実朝が鎌倉殿に擁立された。義時は比企氏出身の妻姫前を離縁しており、のちに伊賀朝光の娘と結婚している。

源実朝は元服して将軍に任官したが、幼少であったために政所別当（長官）の北条時政と大江広元が政務を補佐した。元久二年（一二〇五）六月、時政と

牧の方（時政後妻）は娘婿の平賀朝雅の讒訴を受けて、武蔵国の有力御家人である畠山重忠を討った。義時は大手大将軍として出陣したが、重忠に叛意はなかったとして時政を非難したとされる。北条氏内部の対立が表面化していき、同年閏七月には牧の方が実朝を廃立して娘婿の朝雅を将軍に擁立しようと計画していることが発覚した。政子と義時は父時政を伊豆国に追放して、京都守護となっていた朝雅を討った。義時は父の追放により家督を継承して執権（政所別当の首位）に就いたのである。

建暦三年（一二一三）二月に、信濃国の泉親衡らによる謀叛計画に和田義盛の子息や甥が関与したとして処罰され、侍所の別当（長官）である義盛は義時との対立を深めていった。同年五月に義盛は義時打倒のために挙兵して和田合戦が勃発した。相模国や武蔵国の御家人の多くが和田方に与したが、義時は将軍実朝を擁立して激戦の末に勝利した。義時は幕府の軍事を管轄する侍所の別当も兼任するようになり、幕府内における政治的地位を強化していった。

将軍実朝は政務に意欲的であり、義時は執権として大江広元とともに実朝を補佐した。建保七年（一二一九）正月、将軍実朝は鶴岡八幡宮で甥の公暁（頼家遺児）によって暗殺された。公暁は義時も殺害しようとしたが、実朝側近の源仲章を義時と誤認して殺害したとされる。政子と義時は後鳥羽院の皇子を将軍後継に迎えようとしたが拒否されたために、九条道家の子三寅（頼朝妹の曾孫）を後継とした。同年七月、三寅は鎌倉に到着したが、幼少であるために政子が鎌倉殿として政務をとることになり義時が執権として補佐した。幕府から御家人に対して命令や伝達をする文書は、鎌倉殿政子の「仰」を受けて執権義時が署判（サイン）することにより発給された。

三寅の邸宅は義時邸の敷地内に新造され、三寅の警備を管轄する小侍所の別当には義時の三男重時が就いた。また、義時は三寅とともに鎌倉に下向した一条実雅（三寅の大叔父）を娘婿に迎えている。義時は次期将軍である三寅との関係強化に努めたのである。

承久三年（一二二一）五月には承久の乱が勃発した。後鳥羽院が義時追討命令を出して挙兵したのである。近年、後鳥羽院の挙兵目的は討幕ではなく義時個人の排除であったとする議論が盛んになっている。しかし、義時追討は鎌倉殿（事実上の将軍）である政子

北条義時夫妻の墓◆向かって右が義時の墓、左が義時の妻の墓である。墓のある北条寺は義時による創建とされ、義時が住んだ江間地域に所在する。寺宝として姉政子が寄進したと伝わる「牡丹鳥獣文繍帳」等を所蔵する
静岡県伊豆の国市・北条寺

を頂点とする幕府の政治体制を否定することを意味しており、後鳥羽院は鎌倉幕府の打倒を意図していたと考えるべきであろう。後鳥羽院は東国御家人が蜂起して義時を討つことを期待したが、政子は演説によって御家人を結束させたうえで軍勢を上洛させた。義時自身は鎌倉に留まったが、幕府軍は北条時房（義時弟）、泰時（義時長男）らの東海道軍、武田信光らの東山道軍、北条朝時（義時二男）らの北陸道軍に分かれて進軍して京都を制圧した。

承久の乱は幕府の勝利により終結した。幕府は後鳥羽院を「謀叛人」として処分して、後鳥羽院は隠岐国に、順徳院は佐渡国にそれぞれ配流された。土御門院も自身の意思により土佐国に赴いた。践祚したばかりの懐成（順徳院皇子）は廃された。幕府は後堀河天皇を践祚させて、その父である後高倉院（後鳥羽の兄）を治天の君に擁立した。また、時房と泰時は戦後処理のために在京を続けたために、六波羅探題が成立した。

承久の乱では義時は自身が追討の対象となったが、姉政子とともに治天の君である後鳥羽院と戦って勝利した。南北朝期には「承久に義時が天下を従えた」（「建武式目」）と認識されている。後鳥羽院の軍事的敗北により京都の武士社会は解体され、公武関係も大きく変化した。鎌倉後期の説話集『雑談集』では「故義時は三度の難を逃れて、その身を久しく保った」としており、和田合戦・実朝暗殺・承久の乱を「三度の難」としている。義時にとって「三度の難」は危機であったが、そうした危機を乗り越えることにより政治

義時法華堂跡◆義時の法華堂（墓所）は源頼朝の法華堂の東隣りに位置する。鎌倉市教育委員会による2005年の発掘調査により遺構が発見された。幕府関係者が頼朝法華堂とともに参詣している様子が『吾妻鏡』に記されている　神奈川県鎌倉市

的立場は強化されていった。特に実朝暗殺から承久の乱にいたる幕府の危機に対応するなかで、義時は鎌倉殿政子とともに執権として幕府政治を主導するようになったのである。

貞応三年（一二二四）六月、義時は急病により六十二歳で死去した。義時の死をめぐっては義時の妻（伊賀朝光の娘）によって毒殺されたとする噂が生じた。泰時（義時長子）は承久の乱で活躍したが、生母阿波局の出自は不明であり、義時の正室を母にもつ朝時（母姫前）や政村（母伊賀の方）も後継者候補であった。義時死後には後継者をめぐって対立が生じることになる。

義時は伊豆国の武士の二男として生まれたが、姉政子の夫・源頼朝が鎌倉幕府を開設したことにより歴史の表舞台に登場した。義時は頼朝によって側近御家人に登用され、将軍実朝を執権として補佐した。実朝暗殺後には政子とともに幕府政治を主導した。義時は頼朝・頼家・実朝・政子の四人の鎌倉殿（将軍）に仕えて、鎌倉殿を頂点とする幕府の政治体制を支える姿勢を取り続けており、将軍権力を抑制して幕府の実権を掌握した人物と捉えるべきではない。義時は執権として幕府政治を主導する立場になったが、それは実朝暗殺から承久の乱にいたる鎌倉幕府の危機に際して政子とともに幕府権力の存続に努めた結果だったのである。

（田辺旬）

04 北条政子——実質的な四代将軍

北条政子は、鎌倉幕府の初代将軍・源頼朝の妻であり、二代将軍・頼家と三代将軍・実朝の母である。政子は地方武士の娘として生まれたが、頼朝の幕府開設によって御台所となり、実朝暗殺後には幕府政治を主導した。

政子は、伊豆国北条（静岡県伊豆の国市）に生まれた。父の時政は平治の乱後に伊豆国に流されていた源頼朝を保護しており、政子は頼朝と結婚した。治承四年（一一八〇）に反平氏の挙兵をおこなった頼朝が鎌倉に軍事権力を樹立すると、政子も鎌倉に迎えられた。政子は鶴岡八幡宮や永福寺の仏事には御台所として頼朝とともに臨席しており、建久六年（一一九五）に頼朝が娘大姫の入内工作のために上洛した際にも同行した。丹後局（後白河院の寵妃）と会見するなど、公武交渉の一翼を担っている。

建久十年に頼朝が死去すると、政子は後家として頼朝のカリスマ性を継承する存在となった。将軍頼家を補完する役割をはたしたが、建仁三年（一二〇三）には父時政とともに比企氏を滅ぼして、頼家を廃立し実朝を将軍に擁立した。将軍外戚の立場が北条氏から比企氏に移ることを阻止したのである。頼家は幽閉され翌年に暗殺されたが、政子は頼家の遺児を養育しており、のちに公暁を鶴岡八幡宮の別当に就かせている。元久二年（一二〇五）には、継母牧の方が実朝の廃立を計画しているとして、弟義時とともに父時政を失脚させた。

将軍実朝は成長すると政務に意欲的になった。建保六年（一二一八）に政子は藤原兼子と京都で会見したが、後鳥羽院の皇子を実朝の後継者とすることを話したとされる。政子は実朝後継についての公武交渉を担ったのであり、頼朝後家として将軍実朝を補完していたのである。

建保七年正月、実朝は甥の公暁によって暗殺された。幕府は実朝後継として皇子の下向を要請したが、後鳥

源頼朝木像◆胎内の墨書銘に頼朝の忌日である「正治元年正月十三日」の年紀が記されている。頼朝の面貌を伝えており貴重である　甲府市・善光寺蔵

羽院が拒否したために九条道家の子三寅を後継に迎えることになった。三寅は幼少であったために、政子が政務をとることになった。幕政運営は義時や大江広元らの評議（会議）を踏まえたうえで、政子が最終的判断を下してなされた。また、幕府が御家人に所領を与える際には、政子の「仰」を受けて執権義時が署判（サイン）した文書が発給された。政子は実質的な四代将軍として幕府政治を主導したのである。また、政子は「和字御文」と呼ばれる文書を発給して自分の意志を伝達した。

承久三年（一二二一）に、後鳥羽院は北条義時追討の命令を出して挙兵して、承久の乱が勃発した。義時追討は政子が主導する幕府政治の否定を意味しており、後鳥羽院は鎌倉幕府の打倒を目指したと考えられる。政子は御家人に対して演説をおこなって幕府方の結束をはかった。頼朝後家として御家人に「頼朝の御恩」を強調することにより、幕府からの離反を防いだのである。承久の乱は幕府の勝利で終結したが、のちに公家の九条道家は「承久の大乱では故政子と義時が後鳥羽院に敵対申し上げた」と回顧している。政子は義時とともに後鳥羽院と戦って、鎌倉幕府を守ったといえよう。

貞応三年（一二二四）に義時が急死すると、義時の妻伊賀の方は政村を執権に擁立しようとしたが、政子は伊賀の方の動きをおさえて泰時（やすとき）の執権就任を後押しした。嘉禄（かろく）元年（一二二五）に政子は六十九歳で死去した。執権泰時は政子の死去を受けて、三寅（藤原（ふじわらの）〈九条（くじょう）〉頼経（よりつね））の元服と将軍任官を急ぐなど幕政改革をおこなっている。政子の存在感の大きさがうかがわれよう。政子は四人の子（大姫・頼家・三幡（さんまん）・実朝）に先立たれたが、頼家遺児の竹御所（たけのごしょ）を養育しており政子の仏事は竹御所によって担われた。

北条政子は実朝暗殺から承久の乱という危機に際して、実質的な将軍として幕府政治を主導して幕府権力の存続に尽力した。伊豆国の武士であった北条氏の政治的成長も政子の存在によるところが大きいといえよう。

（田辺旬）

北条政子産湯の井戸◆北条氏邸東側に位置する。現地の案内板によれば「妊婦がこの井戸の水を飲んで安産祈願するという信仰」があったという。ただし現在は飲むことができない　静岡県伊豆の国市

源頼朝・北条政子の供養塔◆八田知家を祖とする茂木氏の本拠地に伝わる　栃木県茂木町・安養寺

05 北条時房――泰時の信頼厚い初代連署

北条時政の三男として、安元元年（一一七五）に生まれた（母は足立遠元の娘）。初名は「時連」だったが、建仁二年（一二〇二）に改名している。鎌倉幕府の政治史上、はじめて六波羅探題（南方）・連署に就いたことが注目されている。なぜ、彼はこのような幕府の重要ポストに就くことができたのだろうか。以下では、時房の「履歴書」からその背景を考えてみたい。

時房は、文治五年（一一八九）四月に十五歳で元服し、七月には源頼朝による奥州合戦に参陣している。この時期、頼朝や姉の北条政子の出向に供奉することや鶴岡八幡宮の放生会において流鏑馬の射手を務めること以外には、それほど活躍の機会は与えられなかったようである。ところが、頼朝が死去したのち源頼家が鎌倉殿を継ぐと、その近臣として活動するようになる。ただし、単に頼家に気に入られたというよりは、父時政の息がかかった監視役であった可能性が指摘されている。

建仁三年に頼家が排除され、その弟源実朝の時代になると、時房の政治的な立場も変化した。まず、元久二年（一二〇五）八月、従五位下に叙爵し、出家した父時政にかわって遠江守となったのち、翌月には駿河守へ転じている。そして承元四年（一二一〇）には武蔵守となり、鎌倉殿の永代知行国である武蔵国の国務を担うにいたった。ちなみに、はじめて北条氏のなかで武蔵守に任じられた事例であり、重鎮としての立場を示している。その前年には実朝家政所別当にも就いており、これらの点から幕府中枢としての地位を確立させたといえよう。

そののち、実朝が甥の公暁に暗殺されたことを契機として朝幕関係が急速に悪化し、承久三年（一二二一）の承久の乱に発展する。時房は、幕府軍の大将軍のひとりとして勝利に貢献し、甥の北条泰時とともに六波羅館において戦後処理に当たった。このとき、六波羅探題（南方）に就いたと理解されている。

貞応三年（一二二四）に執権北条義時が急死すると、時房は泰時と鎌倉に戻り、「伊賀氏の乱」で混乱した幕府政治の安定化に努めた。泰時はそのまま執権に就いたが、時房が連署となったのはこのときではなく、翌年の姉政子の死後とする説が有力視されている。

ところで、一般的には連署は執権の補佐役というイメージが持たれているが、これまでみてきたように、時房の政治的立場は極めて高い（たとえば正月垸飯という幕府内の序列を表すとされる年中行事で、安貞二年〈一二二八〉から仁治元年〈一二四〇〉まで元日の沙汰人〈＝序列一位〉として経費を負担している）。そのイメージは、泰時と時房との関係においては一概に当てはまらないことに注意しなければならない。

（工藤祐一）

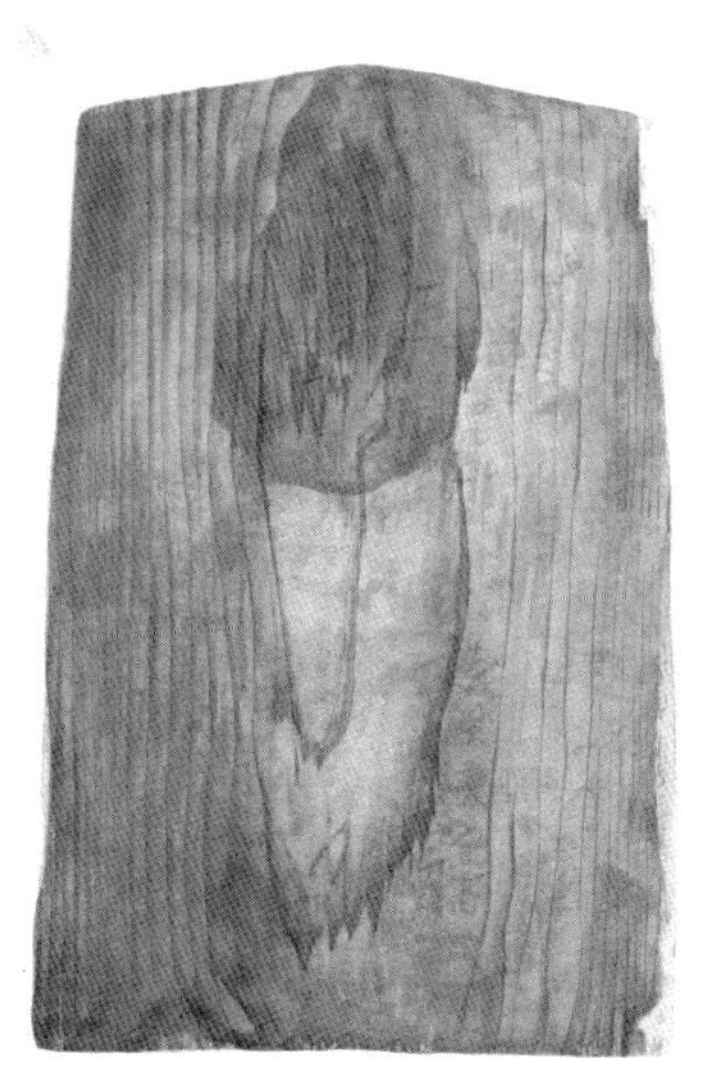

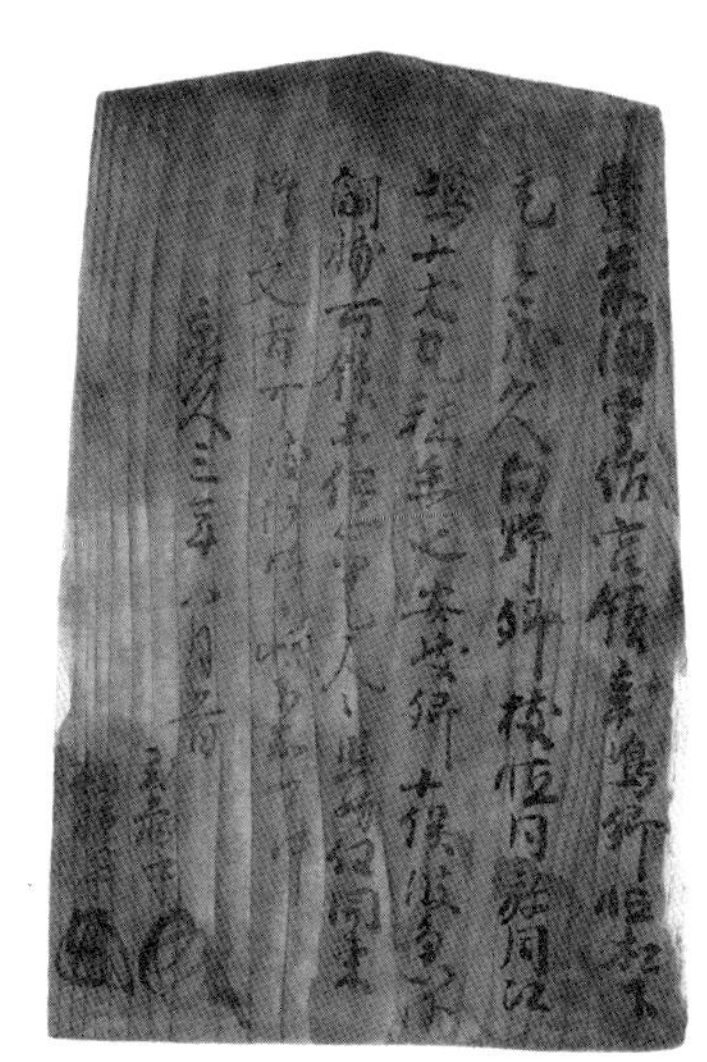

承久３年８月21日付北条泰時・同時房連署制札模写◆東京大学史料編纂所蔵

北条時房邸跡◆鶴岡八幡宮近くの若宮大路沿いに所在する　神奈川県鎌倉市

06 北条泰時(ほうじょうやすとき)——御成敗式目で目指した公平な裁判

北条泰時(やすとき)は執権(しっけん)政治を確立した人物であり、後世には武家政権の理想として評価された。泰時が執権をつとめたのは、鎌倉幕府がさまざまな危機に直面した時期であった。泰時は危機に対応しながら幕府政治をすすめたのである。

泰時は義時(よしとき)の長子であり、建保(けんぽう)六年（一二一八）には父の後任として侍所(さむらいどころ)の別当(べっとう)（長官）に就いている。承久(じょうきゅう)三年（一二二一）に承久の乱が勃発すると、東海道(とうかいどう)の大将軍のひとりとして上洛(じょうらく)して京都を制圧した。叔父時房(ときふさ)とともに戦後処理のために在京を続けて、六波羅探題(ろくはらたんだい)として朝廷との交渉や西国支配を担当した。

泰時は幕府の要職をつとめたが、義時の後継者としての地位を固めていたわけではなかった。泰時の母阿(あ)波局(わのつぼね)は出自が不明であり、義時の正室を母にもつ朝(とも)時(とき)（母は比企朝宗(ひきともむね)の娘）や政村(まさむら)（母は伊賀朝光(いがともみつ)の娘）といった弟たちも後継者候補だったからである。

貞応(じょうおう)三年（一二二四）に義時が急死すると、義時後家(ごけ)の伊賀の方は政村を執権に擁立しようとした。泰時は急ぎ京都から鎌倉に戻り、北条政子(まさこ)の裁定によって執権に就任した。政子は鎌倉幕府を開設した源(みなもとの)頼朝(よりとも)の妻であり、実朝(さねとも)暗殺後には鎌倉殿(かまくらどの)（実質的な将軍）として幕府政治を主導していた。泰時は幕府権力の頂点にあった伯母政子の後押しによって執権に就くことができたのである。

嘉禄(かろく)元年（一二二五）に政子が死去したことは泰時には痛手であった。泰時は将軍後継として養育していた三寅(みとら)（藤原(ふじわらの)〈九条(くじょう)〉頼経）の元服(げんぷく)を急ぎおこない征夷大将軍(せいいたいしょうぐん)に任官させた。鎌倉殿であった政子の死を受けて、将軍頼経を擁立して幕府権力の存続をはかったのである。また、評定衆(ひょうじょうしゅう)の任命をおこなって執権が主導する評定会議を制度化した。泰時の政治を支えたのは、連署(れんしょ)となった時房と三浦義村(みうらよしむら)であった。寛喜(かんぎ)二年（一二三〇）と翌年には天候不順によって

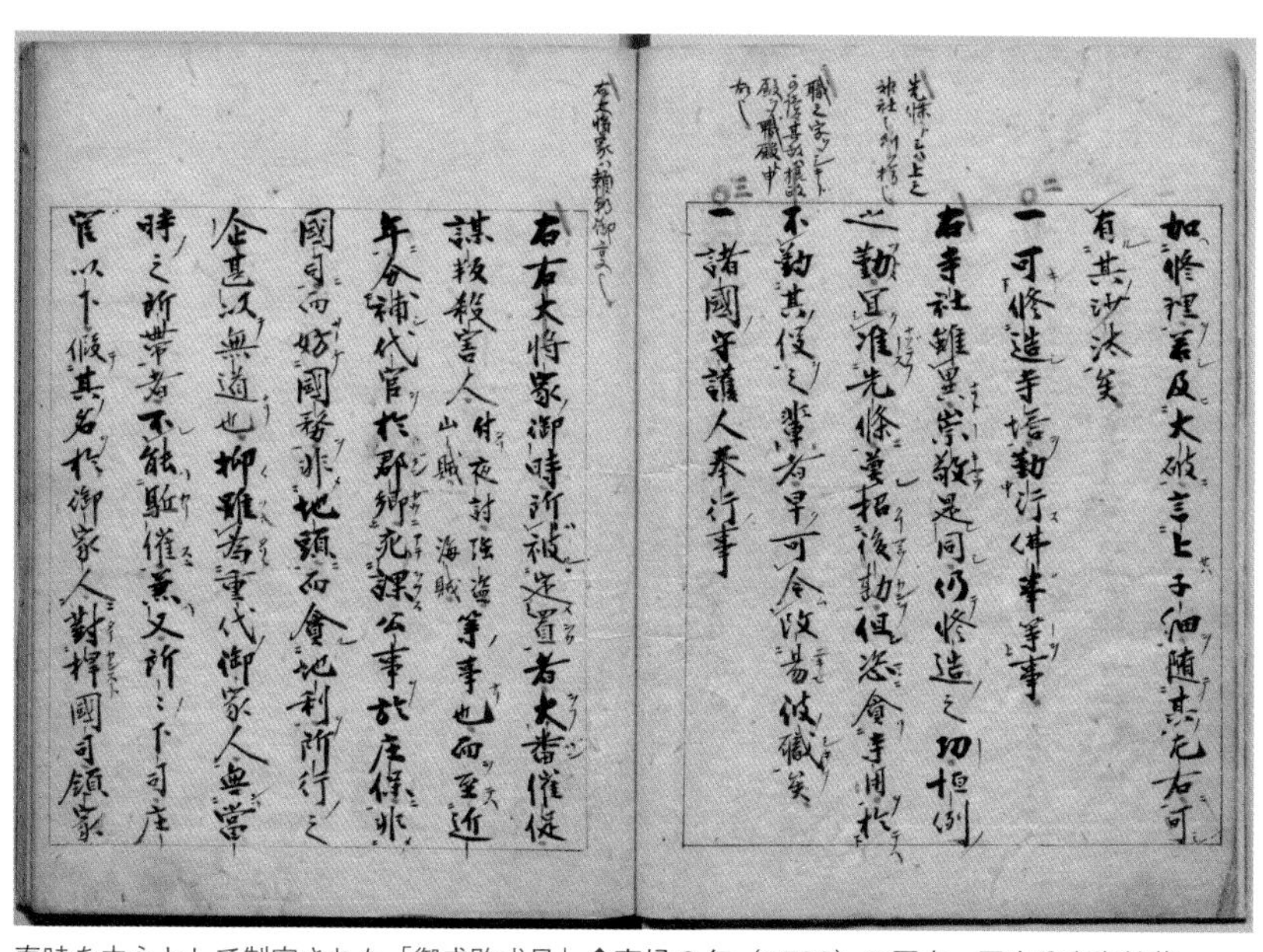

如修理若及大破言上子細随其左右可
有其沙汰矣
一　可修造寺塔勤行仏事等事
右寺社雖異崇敬是同仍修造之功恒例
之勤宜准先条莫招後勘但恣貪寺用不
勤其役之輩者早可令改易彼職矣
一　諸国守護人奉行事
右右大将家御時所被定置者大番催促
謀叛殺害人付夜討強盗山賊海賊等事也而至近
年令補代官於郡郷充課公事於庄保非
国司而妨国務非地頭而貪地利所行之
企甚以無道也抑雖為重代御家人無当
時之所帯者不能駈催兼又所々下司庄
官以下假其名於御家人対捍国司領家

泰時を中心として制定された「御成敗式目」◆享禄２年（1529）の写本　国立公文書館蔵

後鳥羽院画像◆北条義時追討の命を発し承久の乱が勃発するも、泰時らが率いる幕府軍の前に敗れ、隠岐島に配流された。文暦２年（1235）に九条道家が還京を提案するも泰時は受け入れず、延応元年（1239）に隠岐で死去した　「天子摂関御影」　宮内庁三の丸尚蔵館蔵　三の丸尚蔵館展覧会図録『鎌倉期の宸筆と名筆』（2012年）より転載

日本列島を大飢饉が襲った。大飢饉は所領支配をめぐる紛争を誘発した。貞永元年（一二三二）に泰時は御成敗式目を制定した。式目は幕府の法典であり、公平な裁判を目指したものであった。

泰時の時代には、幕府が所在する都市鎌倉の整備もすすめられた。外港である六浦へ通じる朝比奈の切通が開削され、山内庄へ通じる巨福呂坂の切通の工事もおこなわれた。また、泰時は勧進聖による鎌倉の内港である和賀江島の築造にも協力した。さらに、

明治時代の浮世絵に描かれた北条泰時◆個人蔵

京都で用いられていた保という行政単位を導入して奉行人をおいた。

泰時の次子時実は嘉禄三年（一二二七）に家人によって殺害されており、長子時氏も寛喜二年（一二三〇）に病死している。子息に先立たれた泰時は孫の経時（時氏遺児）を後継者として養育した。

仁治三年（一二四二）正月、四条天皇の急死により、承久の乱後に幕府によって擁立された後堀河天皇の皇統は断絶した。九条道家は順徳院の皇子忠成を後継にしようとしたが、泰時は忠成ではなく土御門院の皇子邦仁（後嵯峨天皇）の践祚を求めた。承久の乱に関与した順徳院の皇子を斥けて、乱に直接関与しなかった土御門院の皇子を擁立したのである。朝廷側で泰時と提携したのは、邦仁を養育していた土御門定通（妻は泰時妹の竹殿）であった。邦仁擁立は将軍頼経の父である九条道家との関係を悪化させたが、泰時は承久の乱の戦後処理を堅持する方針をとったのである。

仁治三年五月に泰時は病気のために出家して、翌月に六十歳で死去した。泰時出家により弟朝時も出家したが、日頃兄弟は疎遠であったために驚かれたという。泰時の後継者である経時はいまだ十九歳であり、執権に次ぐ地位にあった朝時とは緊張関係が生じていたのであろう。

公家の藤原経光は泰時死去の報せを受けて「性格は廉直である」（『民経記』）と評している。泰時は北条得宗家の先祖のひとりとして顕彰されていき、鎌倉後期には「救世観音の転身」（「中原政連諫草」）と称賛された。

泰時が擁立した後嵯峨天皇の皇統が続いていったために、公家社会においても泰時の政治は評価された。北畠親房の『神皇正統記』も泰時の治世を讃えている。こうして泰時を武家政権の理想とする評価が定着していったのである。

（田辺旬）

和賀江島◆大潮の干潮時には遺構が現れる　神奈川県鎌倉市

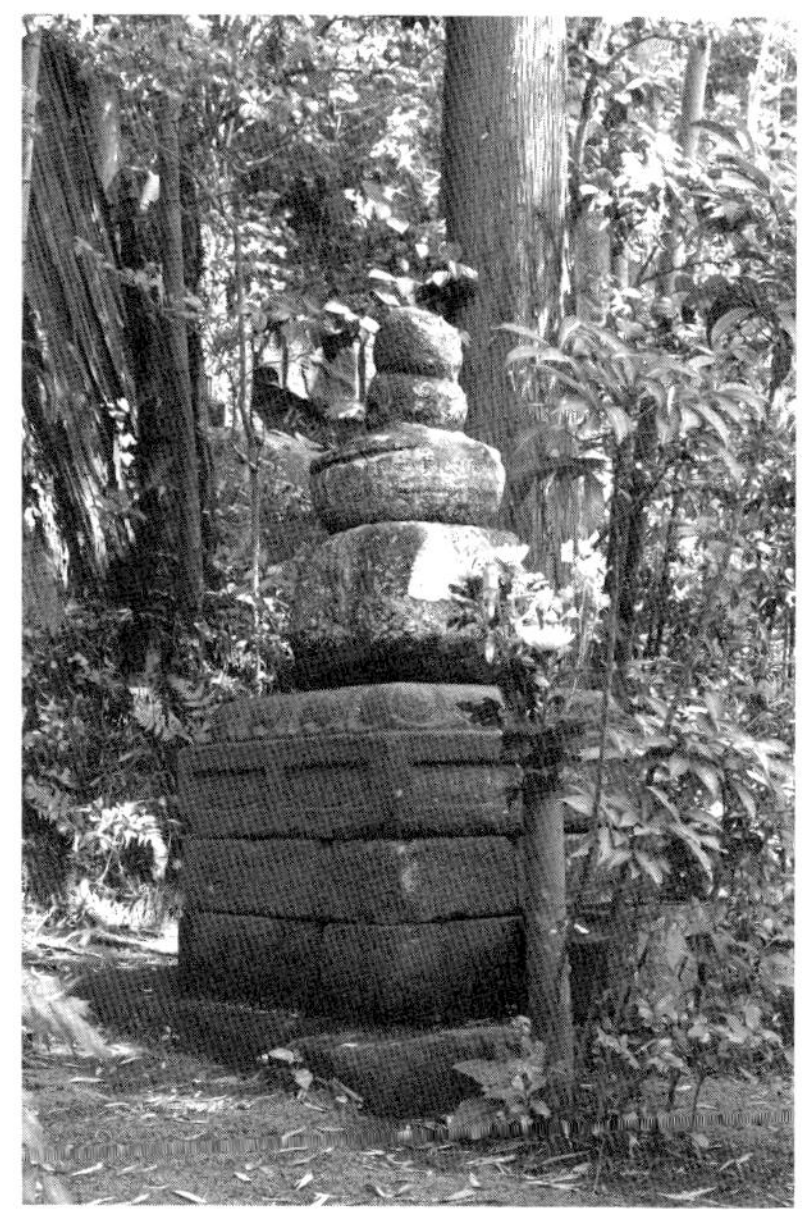

北条泰時の墓◆泰時の墓のある常楽寺は泰時夫人の母の菩提を弔うために建立された。本尊の木造阿弥陀如来像は泰時の発願による造立とされる　神奈川県鎌倉市

六波羅探題跡の碑◆北条泰時・時房から始まった六波羅探題は旧平清盛邸の跡地を拠点とした。現在、石碑は六波羅蜜寺に移されている　京都市東山区

07 北条経時――反執権勢力掣肘のための政治改革

北条泰時の嫡孫として元仁元年（一二二四）に生まれた。仁治三年（一二四二）に四代執権となるが、三代執権の泰時、五代執権で弟の北条時頼という大きな存在感のある二人の狭間にあって、きわめて印象の薄い執権であろう。ところが、実は経時政権期こそが、鎌倉幕府の政治史上における重要な転換点であった。そこで、経時の経歴を追いながら、当該期の政治動向についてみていきたい。

寛喜二年（一二三〇）、経時が七歳のとき、父北条時氏が二十八歳で早世してしまう。そのため、経時は同母弟の時頼とともに祖父泰時・母松下禅尼（安達景盛の娘）によって養育される。そして文暦元年（一二三四）に元服した際、烏帽子親となった将軍藤原（九条）頼経から「経」の字を賜わって「弥四郎経時」と名乗った。

このように将軍が烏帽子親となり、そして偏諱を授与されることは、まさに得宗家嫡流にふさわしい待遇であり、経時が泰時の正統な後継者として期待されていたことがわかる。また、経時の仮名（通称）弥四郎には、泰時の政治的な意図も含まれている。すなわち、兄がいないとおぼしい経時に「太郎」ではなくあえて「四郎」を含んだ仮名を名乗らせることで、北条時政・義時の仮名（どちらも「四郎」）を意識させ、北条氏家督としての正統性を示そうとしたものである。

そののち、嘉禎二年（一二三五）に小侍所別当となり、同三年、十三歳のときに叙爵（従五位下に叙されること）する。そして仁治二年（一二四一）に評定衆となり、同三年に祖父泰時が亡くなったことを受けて、四代執権に就任したのである。

その治世において特筆すべきは、訴訟制度の改革である。寛元元年（一二四三）、問注所（書面審理や口頭弁論などを担う機関）に対し、案件の重要度に応じた判決草案の作成期限を定めている。また、評定衆を三つのグループにわけ、それぞれ月に五回ずつ会議

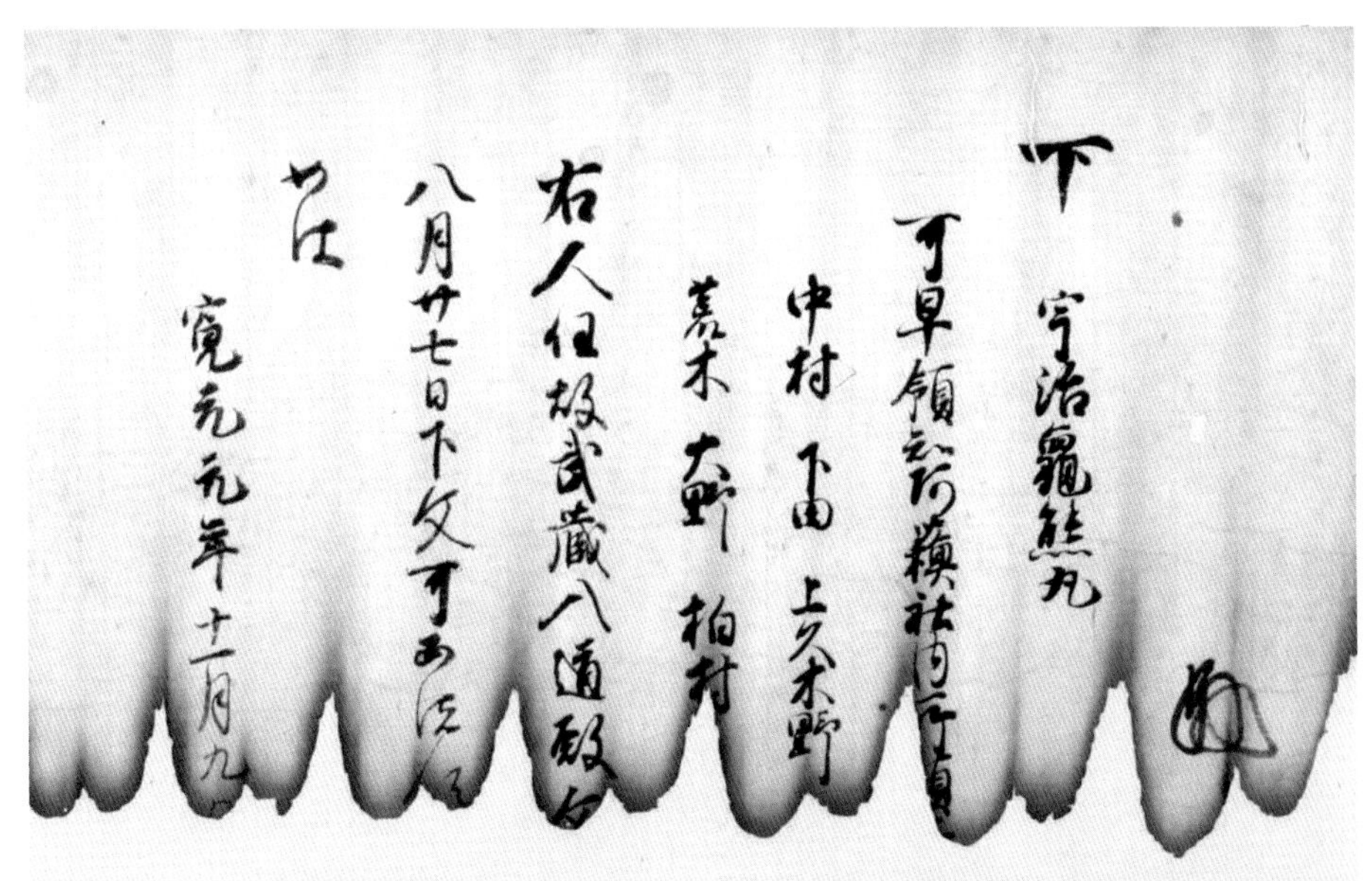

寛元元年 11 月 9 日付北条経時下文◆「阿蘇家文書」 熊本大学附属図書館蔵

北条経時の墓◆経時が死去すると、息子たち（隆政・頼助）は出家して僧侶となった。隆政は早世したが、頼助は鶴岡八幡宮別当、東寺長者などを歴任するなど活躍した　神奈川県鎌倉市・光明寺

『前賢故実』に描かれた母松下禅尼◆北条時氏の正室で、経時のほか時頼・時定・檜皮姫などを生んだ　国立国会図書館蔵

光明寺◆北条経時の帰依をうけた良忠上人によって寛元元年(1243) に開かれたと伝わる。関東の念仏道場の中心として発展し、室町時代には後土御門天皇より「関東総本山」に認定され、勅願所として繁栄した　神奈川県鎌倉市

日を設けて訴訟を担当させている。この変更の背景には、全員の出席が求められた評定に欠席者が多かったことが想定されており、時頼政権期にはじまる引付制の嚆矢とする見解がある。さらに、原告・被告の書類に不備がない場合は問注所での口頭弁論を省略して判決を下すように定めた。

とりわけ注目されるのは、判決を記した関東下知状が発給される前に、その原案を将軍が閲覧するという手続きを省略したことである。すなわち、幕府裁判は、正確性・迅速性の重視はもとより、将軍を排除するあり方へと大きく舵を切ったのである。

このような経時による改革は、名越流をはじめとする人びとが将軍頼経と結びつき、反執権勢力を形成していたことへの掣肘であると考えられる。翌年には、将軍勢力の削減のため、頼経に強要して子の頼嗣に将軍を譲らせている。さらに、彼の正妻として檜皮姫（経時の妹）を嫁がせることによって、北条氏は将軍の外戚という立場を獲得し、執権勢力の安定化を目指したのである（ただし頼経は「大殿」として鎌倉に居つづけ、権力を維持していた）。

しかし、経時は寛元三年ごろより体調を崩すようになり、翌四年三月下旬には「深秘御沙汰」（のちの「寄合」につながる私的な意思決定会議）によって弟時頼が執権を継ぐことが決定した。それを見届けた経時は閏四月に死去する。その在任期間はわずか四年弱であったが、訴訟制度改革と将軍の更迭という点において大きな足跡を残した。そして、執権勢力とそれに対抗する勢力との対立解消は、五代執権時頼の「宿題」として課されたのであった。

（工藤祐一）

コラム

北条時氏

三代執権北条泰時の嫡子として、建仁三年（一二〇三）に生まれた。母は三浦義村の娘（矢部禅尼）。また、正妻は安達景盛の娘（松下禅尼）で、子に四代執権北条経時・五代執権北条時頼などがいる。このように子息たちが執権に就いた一方、時氏自身は執権になることはなかった。その要因を承久の乱（一二二一年）前後における時氏の活動から探ってみよう。

承久の乱において、時氏は父泰時とともに出陣し、京方との合戦に臨んだ。大激戦となった宇治川の戦いでは、泰時の指示により、大雨で増水した宇治川を命がけで渡河して先陣を切り、鎌倉方を勝利へと導いた（『平家物語』における「宇治川の先陣争い」は、時氏のエピソードに着想を得たとされている）。

そののち時氏は、元仁元年（一二二四）に執権となった泰時の後任として六波羅探題（北方）に着任する。この時期の六波羅探題は、所領の年貢や権利関係にかかわる訴訟が持ち込まれ、戦後処理の最前線に立っていた。そこで、鎌倉との連携関係を強化するために、新執権の嫡子である時氏が選任され、御成敗式目に先行して訴訟手続に関する幕府法が矢継ぎ早に発出されたのである。

しかし、これらの施策の成否が、若年かつ要職経験が少ない時氏の双肩にのしかかったことで、重大なストレス・プレッシャーが彼を襲ったことは想像に難くない。また、荘園領主とのたび重なる交渉もタフなものであったろう。こうした重責が災いしたのか、寛喜二年（一二三〇）、時氏は執権に就くことなく二十八歳で早逝する。父泰時をはじめとする幕府要人たちは悲しみにくれ、後を追って出家した者も数十人に及んだという。

（工藤祐一）

08 北条時頼──たび重なる政変への対処

北条時頼は、安貞元年（一二二七）五月十四日に京都の六波羅で誕生した。父は北条時氏、母は安達景盛の娘松下禅尼である。兄弟には、経時・時定（為時）がいる。嘉禎三年（一二三七）四月、北条泰時邸で元服し、将軍藤原（九条）頼経の一字を賜り時頼と称した。寛元四年（一二四六）三月、執権であった兄経時の病状が悪化したことにより、時頼は執権に就任した。

執権となった時頼を待っていたのは、反執権勢力との対決であった。寛元四年五月、前将軍頼経と名越光時等による陰謀が発覚した。時頼が先手を打ったことにより大規模な合戦とはならなかったが、反乱の首謀者である光時は出家・配流となり、頼経の側近であった後藤基綱らは評定衆を罷免された。さらに七月には、頼経を京都へ送還した。この事件を寛元の政変（宮騒動）という。政変の影響は京都にも及び、頼経の父である九条道家は関東申次の任を解かれ、後嵯峨院政下に院評定制が創設された。

無事に反勢力を排除した時頼であったが、宝治元年（一二四七）六月には、幕府の有力御家人であった三浦氏・千葉氏と合戦になった（宝治合戦）。結果、時頼側の奇襲により三浦氏は敗北を認め、源頼朝の法華堂にて一族五百人余りが自害した。また時頼は、上総国にいた千葉秀胤追討のために軍勢を派遣し、秀胤一族等を自害に追い込んだ。

この合戦の翌月、六波羅探題の北条重時を連署として呼び戻し、幕政の改革に着手する。まず、御家人役の一つであった京都大番役の滞在期間を六ヶ月から三ヶ月に縮小し、御家人の負担を軽減した。また、建長元年（一二四九）には引付を設置し、訴訟審理の迅速化を進めた。このようにして時頼は、たび重なる政変で動揺した御家人等の信頼を回復し、政権の安定化を目指したのである。

建長三年になると、建長の政変が起こる。寛元の政

「法然上人行状絵図」巻二十六に描かれた時頼の臨終の場面◆中央の椅子に座り合掌をしている人物が時頼。周囲にいる大勢の人物は得宗家の関係者であると考えられている。なお、『吾妻鏡』によると、時頼の往生は禅密融合の様で記されている　京都市東山区・知恩院蔵

北条時頼像◆袈裟をまとい、上畳に坐し、恰幅の良い姿で描かれている。現存する北条一族の肖像画は数が少なく、貴重である　神奈川県立歴史博物館蔵　『武家の古都・鎌倉』展図録（神奈川県立歴史博物館ほか、2012年）より転載

変で失脚していた九条道家が、反執権派を募り時頼政権の打倒を謀ったのである。しかし計画は未然に防がれ、了行法師(りょうぎょうほっし)等が捕縛のうえ処罰された。また、時頼の妹を妻としていた足利泰氏(あしかがやすうじ)もこの事件に関わっていると考えられ、発覚後に出家している。この事件により道家は後嵯峨院の勅勘(ちょっかん)を蒙り、政界から廃された。そして、時頼は将軍藤原（九条）頼嗣(よりつぐ)を京都へ送還し、後嵯峨院の第一皇子であった宗尊親王(むねたかしんのう)を将軍と

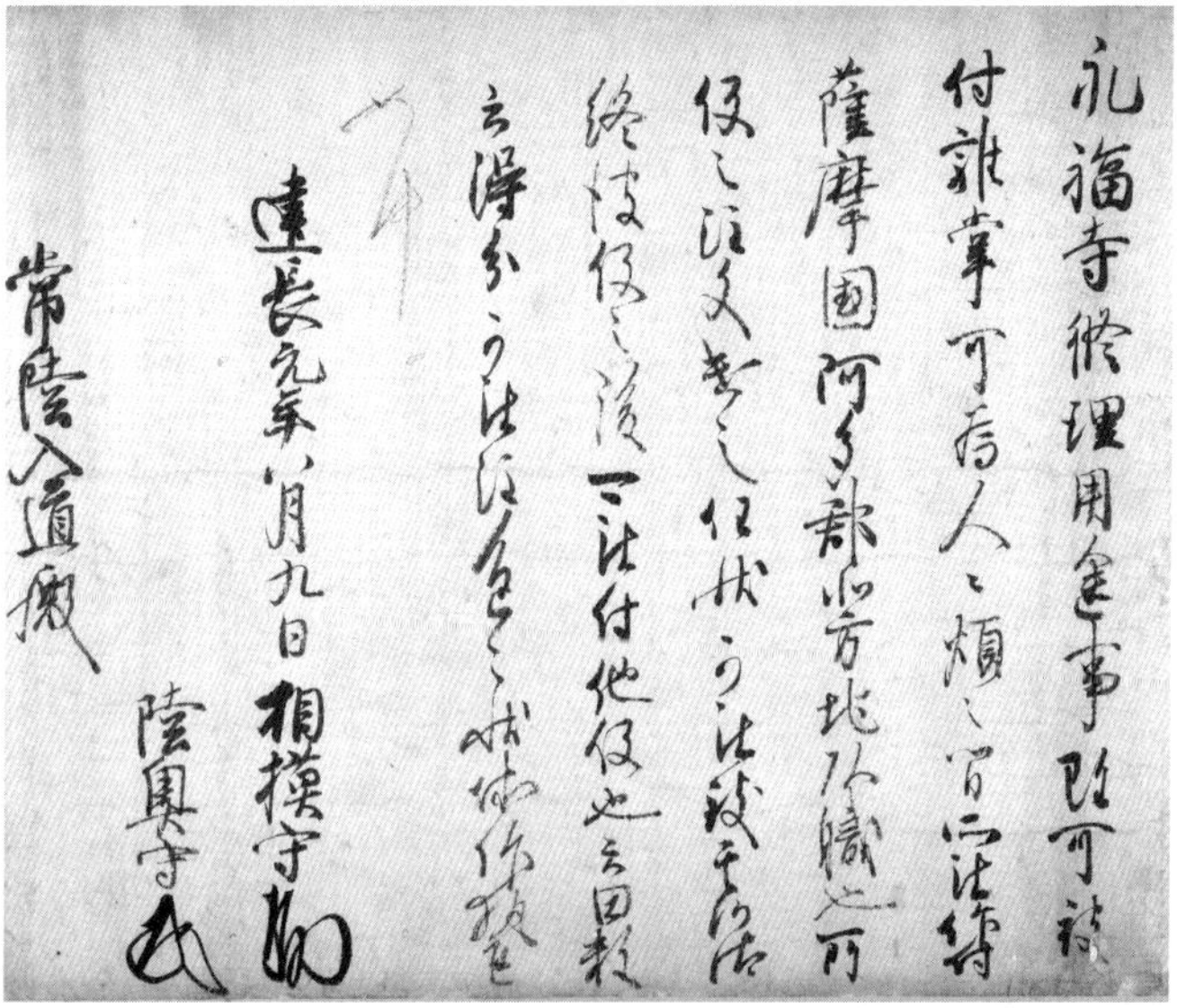

して迎えたのである。その後、康元元年（一二五六）に出家するも、依然として幕府の指導者であり続け、弘長三年（一二六三）十一月二十二日に最明寺北亭で没した。

時頼は、神仏への信仰が篤い人物であった。無住の著した『雑談集』には、幼少の頃の時頼は、弓矢を使う遊びではなく、お堂や仏像を造ることが好きであったという記述がある。故に、寺社の保護政策も数多く確認できる。晩年は特に禅宗を篤く信仰し、南宋から蘭渓道隆を招き、鎌倉山内に本格的な禅宗寺院である建長寺を開いた。また、南北朝時代以降には、時頼が出家後に諸国を旅し、困窮する人々を救うという廻国伝説が作られるようになった。

（池松直樹）

建長元年8月9日付関東御教書◆北条時頼（相模守）と北条重時（陸奥守）が連署している　「島津家文書」　東京大学史料編纂所蔵

北条時頼の墓所◆神奈川県鎌倉市・明月院　このほか、時頼の墓は静岡県伊豆の国市の最明寺にもある

コラム

北条時輔

宝治二年（一二四八）五月二十八日、北条時頼の長男として誕生した。母は「讃岐局」と呼ばれた女性で、出雲国横田庄の地頭三処氏の出身とされる。はじめ「三郎時利」と名乗り、のちに時輔と改名している。異母弟には、八代執権となる北条時宗や幕府の要職を歴任した北条宗政などがいる（時宗・宗政の母は北条重時の娘で、「讃岐局」よりも家格が高い女性であった）。文永元年（一二六四）、六波羅探題南方に就任するが、同九年の「二月騒動」で時宗の命を受けた六波羅探題北方（時輔の同僚）の北条義宗によって討たれた。

この「二月騒動」について、弟である時宗や宗政が時輔よりも上位とされたことや、六波羅探題に「左遷」されたことを恨み、謀反を起こそうとしたところを誅伐されたという理解が根強い。しかし、このような理解は十四世紀半ばに成立した『保暦間記』の記述から遡及された解釈である。

たとえば、烏帽子親や結婚相手の選定、官位の授与状況などをみると、時輔に対し父時頼による得宗家庶子としての相応の配慮が見られ、不当に差別されていたとは言いがたい。また、六波羅探題への「左遷」についても、時宗は兄時輔を二十年以上不在だった南方に就任させることで六波羅探題府の再建・強化をめざした、という評価が有力となっている。

時輔が討たれた「二月騒動」を契機として、時宗への権力集中や戦時体制の構築がすすむと考えられており、蒙古襲来が現実味を帯びつつあるなかで、幕府内、とくに時宗の危機感増大が時輔の運命を決定づけたのである。

（工藤祐一）

北条時輔の花押

09 北条時宗――蒙古襲来という未曾有の国難

北条時宗は、建長三年（一二五一）五月十五日に祖母松下禅尼の居宅である甘縄邸で生まれた。父は北条時頼、母は北条重時の娘である。康元二年（一二五七）二月、将軍宗尊親王の御所で元服し時宗と命名された。

文応元年（一二六〇）二月、十歳の時宗は、小侍所の別当に就任した。当時、小侍所の別当には、金沢実時が在任していた。時頼は時宗を実時に預けることで、一人前の政治家に育てようとしたのである。弘長三年（一二六三）十一月に時頼が死去し、文永元年（一二六四）七月に執権長時が病により出家すると、連署の北条政村が執権となり、十四歳の時宗が連署となった。

同三年六月、時宗邸にて「深秘御沙汰」（秘密の会議）が開かれた。議題は、宗尊親王の京都送還についてである。そして、翌月には宗尊親王が京都へ送られ、宗尊の子惟康王が三歳で将軍となった。これは、時宗を中心とする政治体制を整えるための措置であった。

文永五年（一二六八）正月、蒙古からの国書が日本にもたらされ、日本中が騒然となった。これを受け時宗は執権となり、蒙古襲来という未曾有の国難に立ち向かうことになる。

文永九年（一二七二）二月、謀反の疑いのあった名越時章・教時の兄弟を討ち取った。また京都でも、六波羅探題北方の北条義宗に命じ、南方であった兄時輔を誅した（二月騒動）。この事件は、反時宗勢力を粛清するために起こったと解されるが、蒙古襲来も大きく影響している。このとき謀反の疑いをかけられた時章は、九州三ケ国（筑後・肥後・大隅）にわたって守護職を有しており、これらの守護職は没収となった。時宗は、反対勢力を排除すると同時に、異国警固の重要地である九州の守護職を手に入れることとなった。この事件により時宗は、北条氏一門を完全に掌握し、得宗としての地位を安定させ、蒙古襲来に備える体制を築いたのである。

巨福呂坂で出会う北条時宗と一遍◆建長５年（1282）３月１日、念仏を布教するため一遍は鎌倉に入ろうとしたが、北条時宗に制止されてしまう　「一遍上人絵伝」　神奈川県藤沢市・清浄光寺蔵

「蒙古襲来合戦絵巻」に描かれた蒙古軍◆文永・弘安の２度にわたる蒙古襲来は日本社会を揺るがす未曾有の国難となった　国立国会図書館蔵

伝北条時宗画像（法体）◆東京大学史料編纂所蔵模写

文永・弘安の二度にわたる蒙古襲来を乗り切るために、時宗は数々の防御体制を整備した。まず、これまで幕府が不介入としてきた本所領家一円地にも軍事動員をかけ、御家人ばかりでなく非御家人にも防御を命じた。次に、九州北部から長門国の沿岸に石築地を設け、御家人等に異国警固番役を勤仕させた。さらに、実現はしなかったが、異国への発向計画も打ち出し、西国・九州の地域にその準備を命じている。

さて、このような軍事的対応とは別に、宗教的対応として異国降伏祈禱も実施している。蒙古からの国書到来以降、蒙古軍の退散や国家安寧を祈願した祈禱を全国の寺社に命じた。また鎌倉でも、弘安四年（一二八一）四月に、大規模な異国降伏祈禱を実施している。この祈禱において重要なのが、祈禱の大阿闍梨に頼助を任命した点である。頼助は、四代執権北条経時の子である。時宗による頼助の抜擢は、北条氏出身の僧を最高責任者として国家の危機を脱するための祈禱をおこなうことを意味した。つまり鎌倉内における寺院社会の頂点に北条氏が君臨することになったというアピールであった。

また、時宗は父時頼同様に禅宗を崇敬していた。建長寺の住持であった蘭渓道隆に師事し、同じく渡来僧であった大休正念にも帰依した。さらに弘安五年、建長寺の住持として迎えていた無学祖元を開山として円覚寺を創建した。これは、蒙古襲来における戦没者への供養を目的としたものであった。

弘安の役以降も蒙古襲来の危機は去らず、長期間におよぶ防備態勢の維持や合戦後の恩賞問題など多くの課題が残された。その最中の弘安七年四月、時宗は三十四歳で亡くなった。彼の墓堂は、円覚寺仏日庵にある。

（池松直樹）

無学祖元画像◆南宋の出身で、時宗の招きに応じ弘安２年（1279）に来日した。多くの武士の帰依を得、高峰顕日・規庵祖円などの弟子を育てた　東京大学史料編纂所蔵模写

北条時宗産湯の井戸◆時宗は父時頼の母松下禅尼の実家・安達氏の甘縄邸で生まれた。元服に際しては安達泰盛が烏帽子親をつとめ、さらに弘長元年（1261）には泰盛の妹と婚姻を結ぶなど、安達氏との関係が強かった　神奈川県鎌倉市・甘縄神明宮

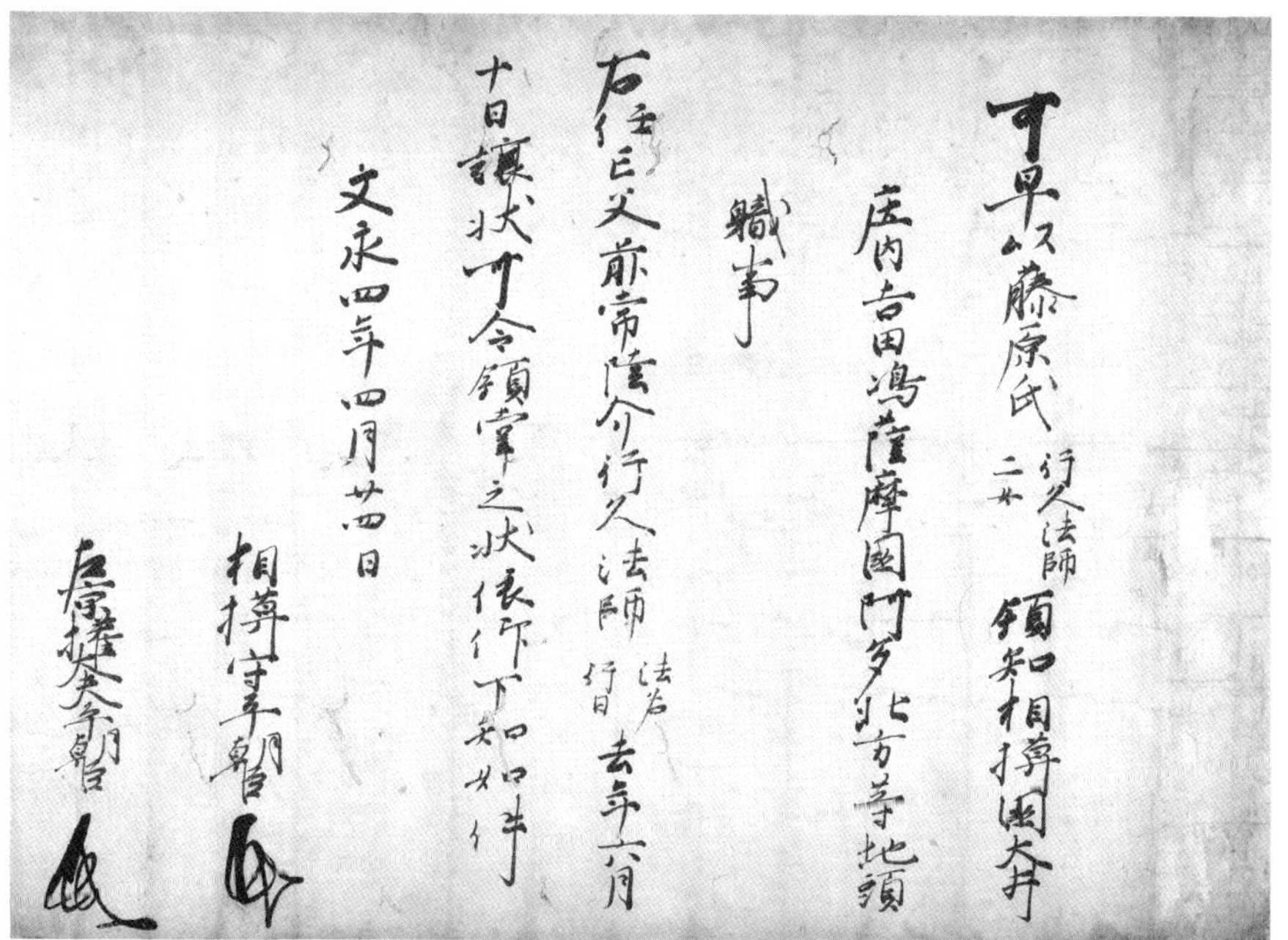

可早以藤原氏 行久法師二女 領知相摸国大井
庄内吉田嶋薩摩国阿多北方等地頭
職事
右任亡父前常陸介行久法師 法名行日 去年六月
十日譲状、可令領掌之状、依仰下知如件
文永四年四月廿四日
相摸守平朝臣
左京権大夫平朝臣

文永４年４月24日付関東下知状◆北条時宗（相模守）と北条政村（左京権大夫）が連署している　「島津家文書」　東京大学史料編纂所蔵

10 北条貞時——動揺する得宗権力

北条貞時は、時宗の子として文永八年（一二七一）十二月十二日に生まれた。母は安達義景の娘で堀内殿と称された女性であり、内管領平頼綱が乳父として養育に当たったようである。父時宗が弘安七年（一二八四）に没すると、若年の貞時に代わり安達泰盛が諸政策を展開したが、その施策方針をめぐり平頼綱と対立、翌年には頼綱により滅ぼされる（霜月騒動）。以後、恐怖政治として著名な頼綱の独裁が八年弱に及んだが、正応六年（一二九三）四月、成長した貞時は、ついに頼綱とその息子助宗を誅殺し（平禅門の乱）、自ら政務に臨むこととなる。早速貞時は頼綱政権期になされた霜月騒動にともなう賞罰を否定する処置をとっているが、これは頼綱政権を否定して、時宗期の体制に回帰することを目指していたと考えられる。

貞時が積極的に取り組んだものに、訴訟制度の改革がある。頼綱誅殺と同年、貞時は引付を廃止のうえ代わりに執奏を設置し、彼らを介して上申された案件を貞時自らが直接裁断するという体制を整えた。この改革は軌道に乗らず、結局は引付制度の復活をみるが、それ以後も依然として重大な案件については貞時が直に聴断する体制が維持されている。

その貞時を支えたのは、二人の従弟である師時・宗方であった。貞時は師時を執権に、宗方を越訴頭人・侍所所司・得宗家公文所執事といった重職に就かせることで、貞時・師時・宗方の得宗家による専制体制を強化していったと考えられている。時宗は師時・宗方を猶子としているため、三人は義兄弟の関係でもあり、また、貞時の妻は師時の姉妹、師時の妻は貞時の娘であり、姻戚関係でも結ばれていた。彼らは得宗家の権力集中に反発する、得宗家以外の北条氏庶家と対立しながらも、幕府政治の主たる担い手となっていったのである。

しかしながら、貞時の政治は突然挫折を迎えることになる。そのきっかけとなったのが、嘉元の乱と呼

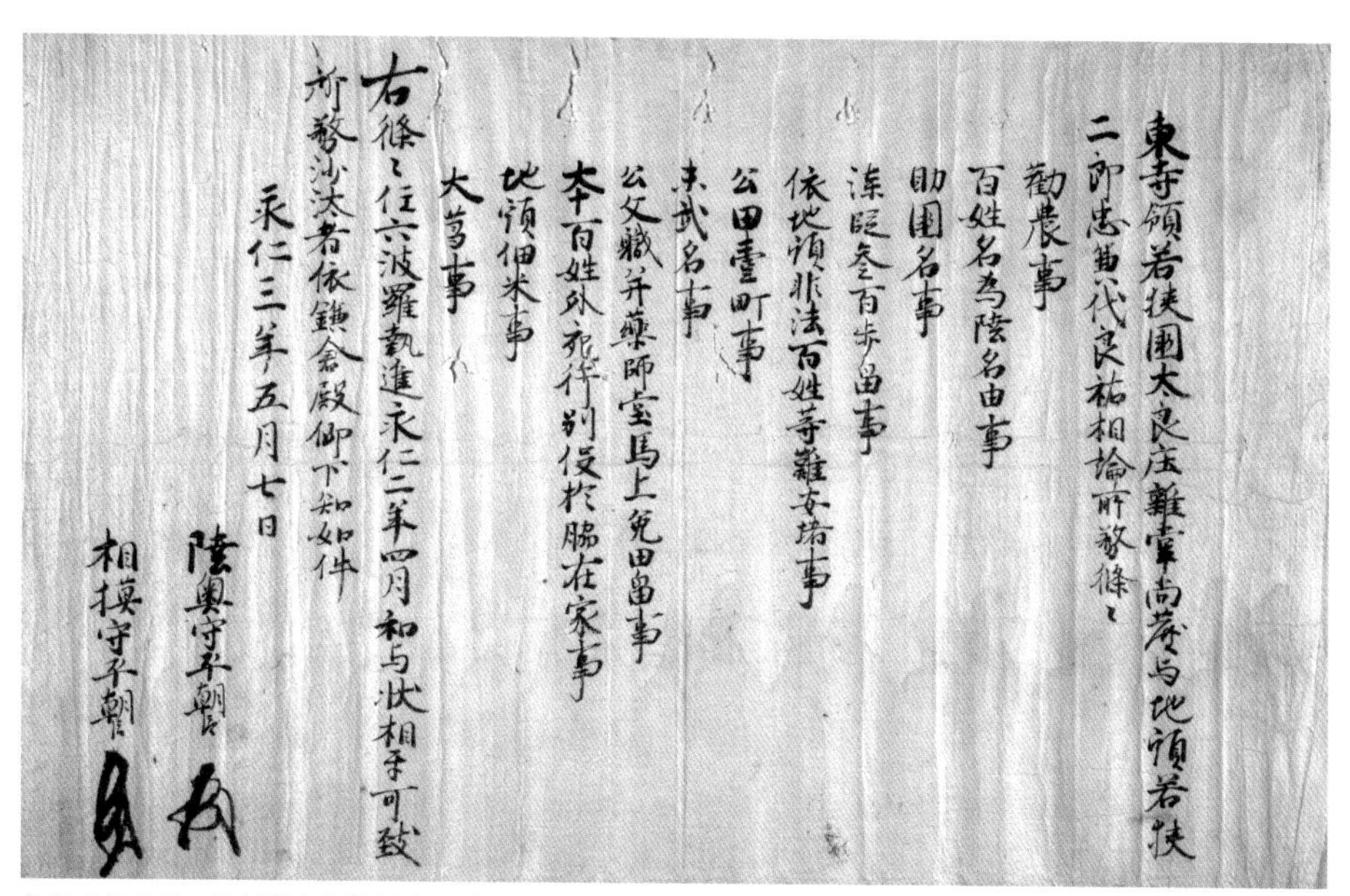
東寺領若狭国太良庄雑掌尚慶与地頭若狭
二郎忠兼代良祐相論所務條々
一 勧農事
一 百姓名為除名由事
一 助国名事
一 漆脛参百歩畠事
一 依地頭非法百姓等離散事
一 公田壹町事
一 末武名事
一 公文職并薬師堂馬上免田畠事
一 本百姓外死亡跡所役於勝在家事
一 地頭佃米事
一 大呂事
右條々任六波羅執進永仁二年四月和与状相互可致
所務沙汰者依鎌倉殿仰下知如件
永仁三年五月七日
陸奥守平朝臣（花押）
相模守平朝臣（花押）

永仁３年５月７日付関東裁許状◆若狭国太良庄の相論に関し、北条貞時（相模守）が花押を据えた判決書　「東寺百合文書」　京都府立京都学・歴彩館蔵

ばれる事件である。嘉元三年（一三〇五）四月二十三日、突如として北条宗方の軍勢が連署の時村邸を襲撃し、時村を殺害するという事件が起きる。時村は北条氏庶家のなかでも長老的存在であった。襲撃の際、宗方はこの行為は貞時の指示によるものであると主張したという。五月二日、今度は時村誅殺は誤りであったとして、時村邸襲撃を実行した武士十一名が処刑される。二日後、貞時は騒動に対処するために執権師時邸で評定を開いたが、そのさなか、事件当事者の宗方が師時邸に押し寄せ、これを制止しようとした佐々木時清と合戦になり、双方が討ち死に。さらに、幕府から宗方邸に軍勢が差し向けられ、宗方余党も誅殺された。

以上が事件の顛末であるが、その真相は明らかでなく、政治史的な位置づけも定まっていない。貞時が宗方をして北条氏庶家の中心的人物である時村を殺害させたものの、周囲の反発が予想以上に大きかったため、致し方なく宗方をも誅殺したという見方もあり、たしかに貞時が宗方とともに権力集中を図り計画したものと考えることは可能だろう。

嘉元の乱は謎に満ちた事件であるが、貞時はこの事件を機に政治の表舞台に姿を見せなくなる。事件から三年後の徳治三年（一三〇八）、奉行人の中原政連が貞時に対して諫言した内容が伝わっているが、そこでは、評定や寄合へ出席することや連日の酒宴を取りやめることなどが求められており、貞時が政務に取り組む意欲を失い、酒宴に明け暮れるさまが見て取れる。

応長元年（一三一一）、貞時はわずか八歳の子息高時を残し、四十一歳で没した。

（野村航平）

嘉元の乱相関図

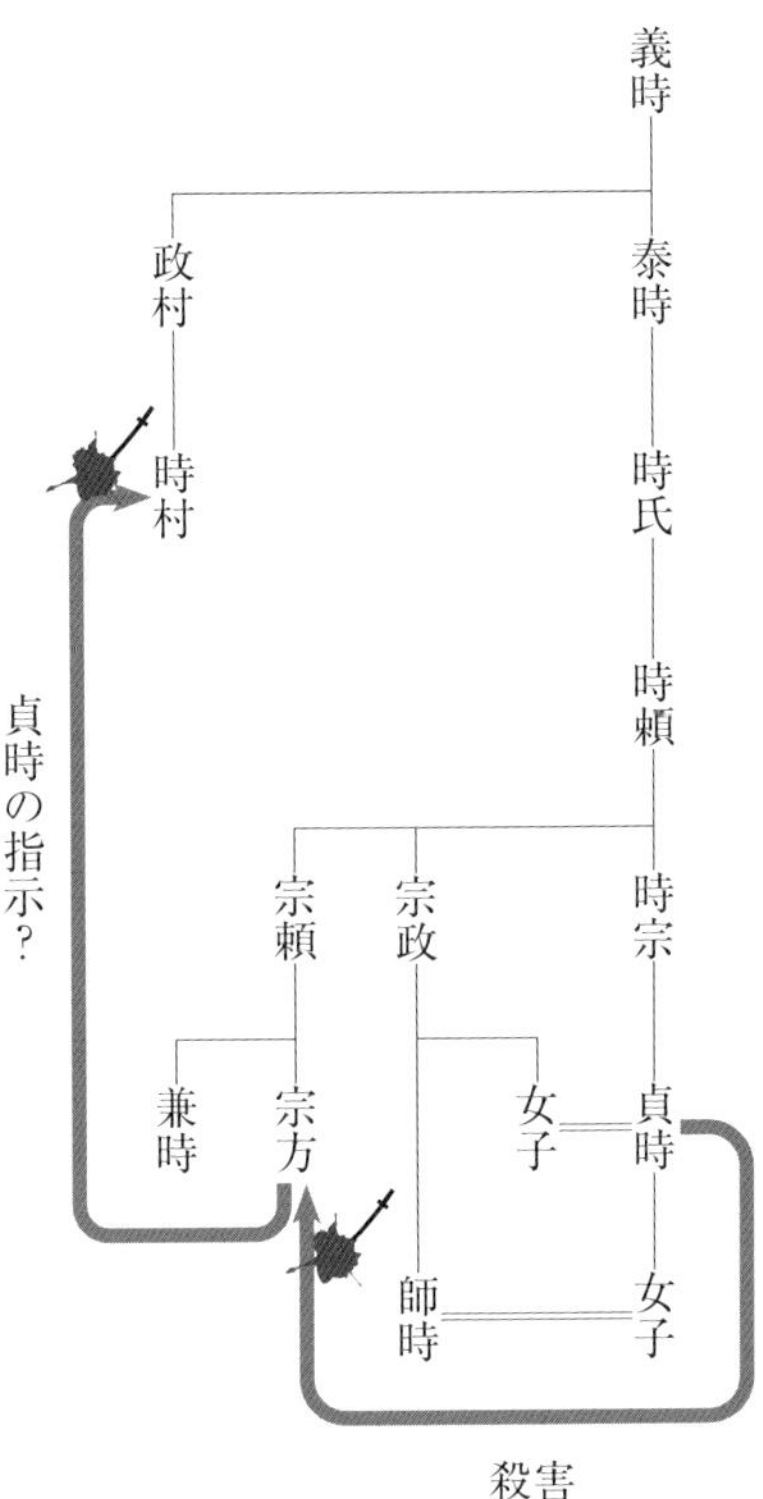

円覚寺仏日庵開基廟◆仏日庵は、円覚寺の開基となった北条時宗を祀る塔頭。貞時・高時の廟所にもなった。開基廟には時宗・貞時・高時の木像も安置されている　神奈川県鎌倉市

11 北条高時——幕府を滅亡させた最後の得宗

北条高時は、貞時の子として嘉元元年（一三〇三）に生まれた。母は安達氏一族の大室泰宗の娘（大方殿、覚海円成）。父貞時は臨終にあたって、長崎盛宗（高綱とも称される。法名円喜）と安達時顕に高時を後見するよう遺言したと伝えられる。長崎盛宗は得宗家執事、安達氏は代々得宗家の外戚となった家であり、時顕の娘ものちに高時の室となっている。この遺言の実在を確実視することはできないが、事実、長崎・安達両人が高時政権期の事実上の首班として幕政を主導することになる。

長崎盛宗は平禅門の乱で誅殺された平頼綱の従弟の子、安達時顕は霜月騒動で滅ぼされた安達泰盛の弟の孫にあたり、両人による幕政主導の体制は、時宗政権期を支えた平頼綱と安達泰盛の両人の体制が再現されたものだという見方がある。このように、高時政権期に特徴的なことに先例偏重主義があり、たとえば高時の元服（七歳）、執権就任（十四歳）、相模守任官（十五歳）など、得宗の経歴として重要な節目は、時宗・貞時の先例と同一の年齢や日程で迎えられていることは象徴的な事例である。

高時については、病弱のうえ暗愚であり、もっぱら田楽や闘犬に傾倒していたというイメージが共有されてきた。しかし、これらのイメージは『太平記』など後世に作成された史料の記述に基づいている場合が多く、それらには高時が鎌倉幕府滅亡を招いた暗君であるという悪意ある誇張が含まれている可能性に注意しなければならない。

高時政権期は、幕府によるいわゆる文保の和談の取り成しや、津軽安東氏の乱の長期化、後醍醐天皇による倒幕の企てである正中・元弘の変への対処など、たび重なる困難な課題に向き合わざるをえない状況にあった。病気がちでもあった高時が、これらの問題に表立って対処した様子はほとんど見受けられず、長崎盛宗や安達時顕、盛宗の息高資といった面々が表舞台で活躍している。また、幕府内では高時の母大方殿の意見も影響力を持っていたようである。

　正中三年（一三二六）、二十四歳のときに高時は出家する（法名崇鑑）。その前年には御内人五大院宗繁の妹との間に子息邦時を儲けており、高時の出家にともない高時の後継者に邦時を推す長崎氏と、高時の同母弟の泰家を推す大方殿の間で対立があったらしい。泰家は大方殿の命に従い出家し、中継ぎとして執権に就いていた金沢貞顕は両勢力の板挟みとなり、十日ほどで同職を辞している（嘉暦の騒動）。この騒動でも、高時自身が事態の収拾を図った様子はない。

　このように、高時の主体性がうかがえるできごとは多くないが、元徳三年（一三三一）八月、高時の側近であった長崎高頼が捕縛・配流されたという話が伝わっており興味深い。高頼にかけられた嫌疑は、当時専横を極めていた長崎高資を討とうとしていたというもので、これが高時の命によると疑われたようだ。高時は身の潔白を主張したというが、実際のところは不明である。この事件について確かなことはわからないが、高時の関与が事実であれば、自ら長崎氏の専権を断ち切ろうとした試みとして評価できるだろう。しかし、この挑戦も結局挫折に終わっているのである。

　元弘三年（一三三三）五月十八日、鎌倉幕府打倒のため蜂起した新田義貞の軍勢が鎌倉に突入する。迎え打つ鎌倉方も奮戦し、合戦は五日間にも及んだが、二十二日、ついに幕府滅亡の時を迎える。高時以下の北条一族をはじめ幕府のおもだった面々は、北条氏の菩提寺である東勝寺で自害を遂げた。『太平記』が伝えるところでは、高時は自らの後見人であった長崎盛宗とその孫の自決を見るやそれを追って自害に及び、続いて安達時顕も自ら命を絶ったという。当時の認識においても、この最後の得宗である高時らの死をもって鎌倉幕府の滅亡と理解されている。享年三十一だった。

　将軍ではなく得宗が幕府の実権掌握者であるという認識は社会に共有されていたようだが、高時自身もまた彼を取り囲む外戚や御内人の動向によって翻弄されていたことは想像に難くない。こうした状況における高時個人についてはその人となりを伝える史料が少なく、幕府滅亡を招いた暗愚としてのイメージばかりが強調されてしまうというのが実情であろう。

（野村航平）

北条高時画像◆鎌倉幕府の滅亡後、後醍醐天皇から神号「徳崇大権現」が与えられ宝戒寺に祀られた。本図は同寺の徳崇大権現堂に納められた肖像画の写し　東京大学史料編纂所蔵模写

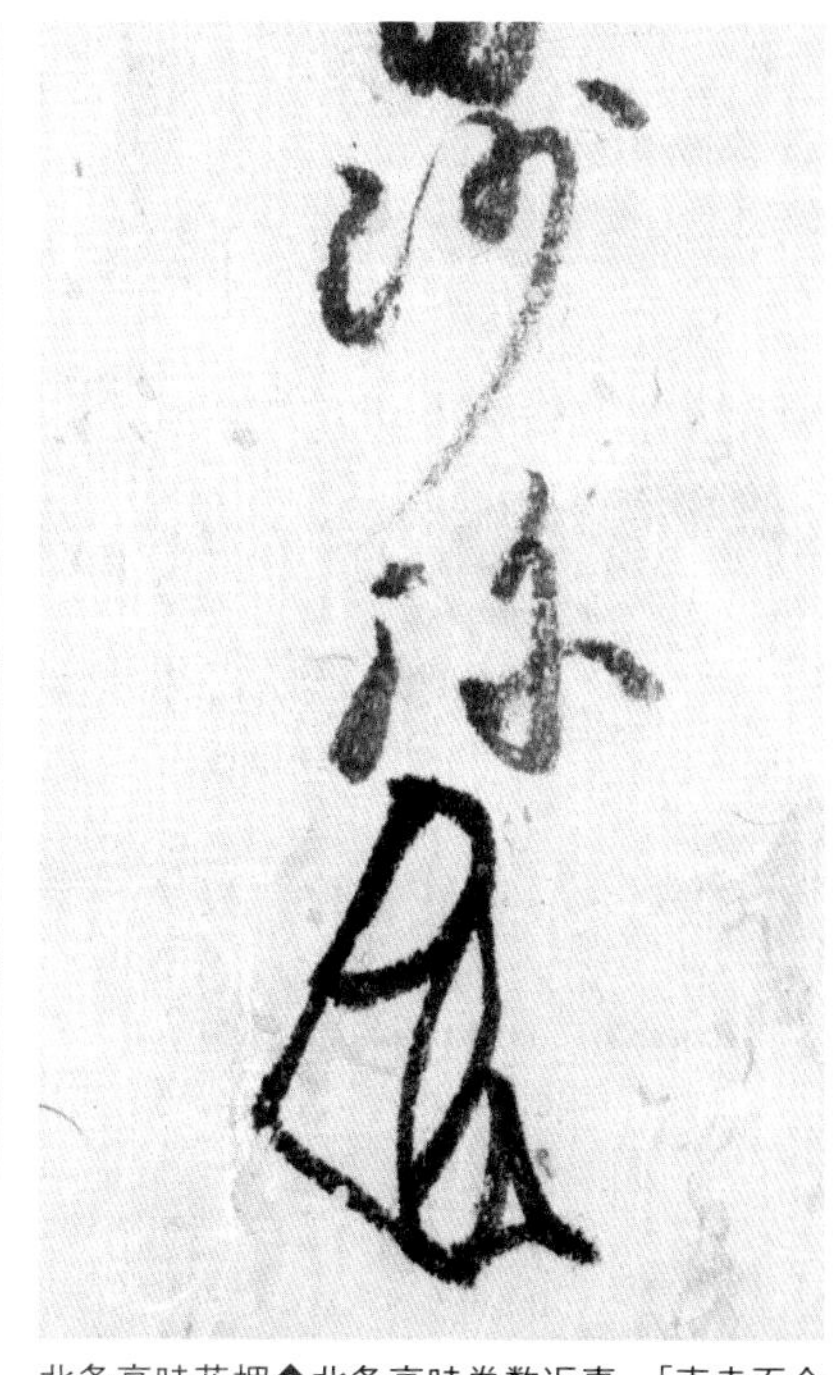

北条高時花押◆北条高時巻数返事　「東寺百合文書」　京都府立京都学・歴彩館蔵

宝戒寺◆幕府滅亡後、後醍醐天皇が高時を弔うために高時邸宅跡に建立したとされる天台宗寺院。建武親政が破綻した後は足利尊氏がその造営を引き継いで外護者となった　神奈川県鎌倉市

コラム

北条時行

元弘三年（一三三三）五月二十二日、新田義貞等の軍勢に攻められ、鎌倉の東勝寺で北条氏の多くが自刃したが、北条得宗家（北条氏嫡流）高時の遺児邦時と時行の兄弟は、得宗被官（北条得宗家の家臣）の手引きで、このとき密かに鎌倉を脱出していた。兄の邦時は途中で新田義貞に捕まり殺されたが、弟の時行は信濃国で匿われ、その後は鎌倉の奪回を目指して建武政権や室町幕府に抗戦した。ここでは北条時行の動向を通して、その後の北条氏を見てみよう。

建武二年（一三三五）七月十四日、時行は諏訪頼重・時継親子や滋野一族らに擁立されて信濃国で挙兵した（中先代の乱）。時行を擁する軍勢は破竹の勢いで進軍し、二十四日に鎌倉を奪還したものの、八月中に足利尊氏の軍勢に鎮圧された。

落ち延びた時行は、建武四年（延元二年、一三三七）頃に南朝方に転身したという。そして、同年十二月には奥州から西上する北畠顕家とともに再度鎌倉を攻め落とした。さらに翌年正月の美濃国青野ヶ原合戦（岐阜県大垣市・垂井町）にも参加し、高師冬・土岐頼遠等の足利の軍勢を敗走させている。

その後、文和元年（正平七年、一三五二）閏二月二十日、新田義興・義宗兄弟と組んで尊氏と戦い、一時鎌倉に入ったものの、同二年五月二十日、ついに捕えられて長崎駿河四郎・工藤二郎らとともに鎌倉龍口で処刑された。

（矢嶋翔）

龍口刑場跡◆北条時行のほか、元の使者・杜世忠などがここで処刑されている　神奈川県藤沢市

第2部　北条氏庶流の歴史

元弘の乱で挙兵した延暦寺の大衆の討伐に向かう北条方（六波羅）の軍勢◆『太平記絵巻』　埼玉県立歴史と民俗の博物館蔵

01 大仏流――時房流の惣領家

大仏流とは、北条時房の四男・朝直を祖とする北条氏一族である。時房が鎌倉の深沢に居住し、その付近にあった大仏にちなんで「大仏殿」と呼ばれたことにより、この系統は大仏流北条氏と言われている。

朝直の妻は当初伊賀光宗の娘であったが、貞応三年（一二二四）に起こった伊賀氏事件（伯父義時の後妻伊賀の方が娘婿の一条実雅を将軍、実子政村を執権に擁立しようとした事件）で舅光宗が失脚したために離縁させられ、その後北条泰時の娘を後妻に迎えた。この姻戚関係は、のちに大仏流が時房流惣領家として優位に立つ要因の一つになった。

延応元年（一二三九）三十四歳の朝直は、一歳年上の従兄弟である北条政村とともに評定衆に就任した。これは兄資時（時房の三男）に次ぐ北条氏一族の評定衆就任であり、前年四月に舅泰時の辞任によって任官した武蔵守（寛元元年〈一二四三〉まで在任）とあわせ、朝直が北条氏一族の中で将来を嘱望されていたことがわかる。朝直は以後、文永元年（一二六四）に五十九歳で卒去するまでの二十六年間、評定衆に在任し続けた。

その一方で朝直は、貞応三年以来、六波羅探題南方の職にあり、就任当時時房の後継者と目されていた兄時盛（時房の長男）と時房流惣領家をめぐる政争に勝利し、時房流の嫡宗としての立場を築き始めた。仁治三年（一二四二）の時盛の失脚以降、朝直は建長元年（一二四九）の引付衆の開始とともに二番引付頭人、正嘉元年（一二五七）には評定衆筆頭になり、順調に出世を遂げていった。泰時以来歴代の執権を補佐し続けてきた朝直であるが、寛元四年（一二四六）から時頼の自邸で行われた「深秘御沙汰」（のちの寄合衆の前身）のメンバーには選ばれておらず、この点に北条氏一族における朝直の政治的地位の限界があったと思われる。

朝直の跡を継いだ嫡子宣時は、父朝直死去の翌文永

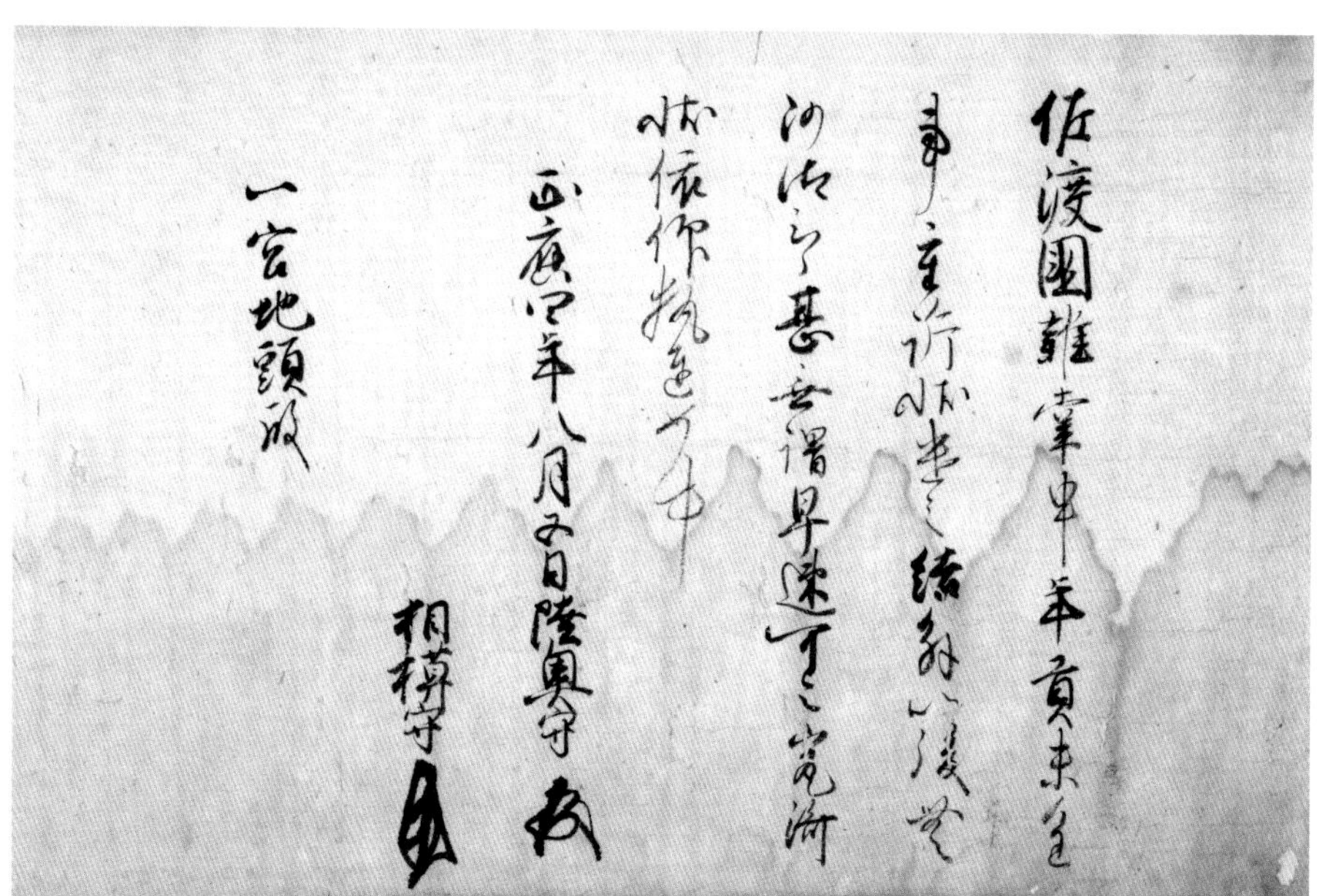

正応４年８月５日付関東御教書◆北条貞時（相模守）とともに大仏宣時（陸奥守）が花押を据えている　「東寺百合文書」　京都府立京都学・歴彩館蔵

「法然上人行状絵図」に描かれた若き日の北条朝直（画面左）◆京都市東山区・知恩院蔵

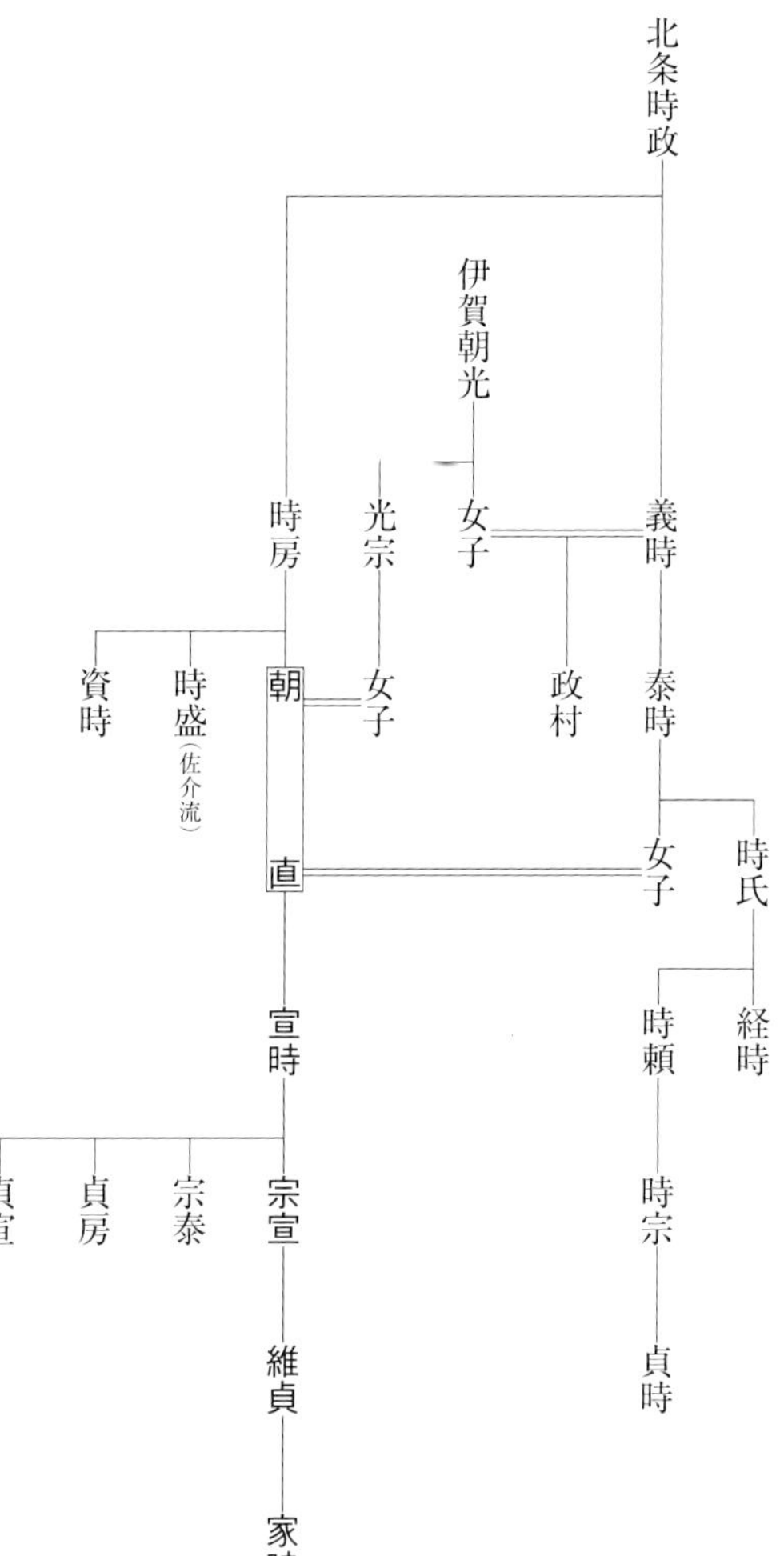

二年六月に引付衆に就任した。翌年、引付衆廃止のため辞任したものの、同六年の引付衆復活により再任されている。また、この間には朝直も歴任した武蔵守に任官した。以後、順調に出世を遂げ、文永十年には評定衆、弘安六年（一二八三）には一番引付頭人の座に就いた。朝直が歴任した幕府要職や官職をその嫡子である宣時が襲うことで、北条氏一族内部での大仏流の政治的地位は確立しつつあった。

また弘安七年の執権北条時宗の没後、有力御家人安達泰盛を滅ぼし幕府の実権を掌握した御内人平頼綱と連携していたと思われ、大仏流の政治的地位はさらに上昇した。宣時は、弘安十年には祖父時房以来の連署に昇任し、正安三年（一三〇一）の辞任に至るまで、執権貞時（時宗の嫡男）を補佐した。また、正応二年（一二八九）六月には陸奥守に任官し、以後元弘三年（一三三三）まで大仏流が世襲していくこととなった。

宣時は元亨三年（一三二三）六月に八十六歳で没するが、朝直・宣時が築いた政治的地位は、宣時の男子宗宣・宗泰・貞房・貞宣に受け継がれていった。特に宣時の嫡子宗宣は、父宣時より早くに引付衆・評定衆に就任しており、正安三年九月には宣時の引退を受けて陸奥守に任官した。その後も越訴頭人・引付頭人などの要職を経て、永仁四年（一二九六）には寄合衆に加えられており、祖父朝直が越えられなかった大仏流の政治的地位の限界を突破した。嘉元三年（一三〇五）には連署となり、六年後の応長元年（一三一一）には時房の系統では初めての執権に就任した。

その後、宗宣の跡を継いだ維貞・家時もまた父祖同様に幕府の要職に就くが、いずれも若年での就任であり、鎌倉時代末期における北条氏一族の家格偏重の一端を物語っている。その背景には、さらなる専制化を志向した北条得宗家の政治的地位の不安定さがあり、そこに依存して政治的地位を確立した大仏流の特徴を垣間見ることができる。

（滑川敦子）

『前賢故実』に描かれた大仏宣時◆国立国会図書館蔵

『勇猛百人一首』に描かれた大仏宗宣◆跡見学園女子大学図書館蔵　画像提供：国立国会図書館

02 佐介流——家運を左右した二つの事件

佐介流とは、北条時房の長男・時盛を祖とする北条氏一族である。鎌倉の「佐介ガ谷」に時盛の館があり、時盛の子孫もまたこの地に居住したことから、この一族は佐介流北条氏と呼ばれている。

時盛の父時房は、安元元年（一一七五）に北条時政の三男として生まれ、文治五年（一一八九）の奥州合戦以来、姉政子・兄義時とともに幕政に参与してきた。承久の乱に際しては、甥泰時（義時の長男）とともに京都を目指して進軍し、後鳥羽上皇方の軍勢を打ち破った。その後、泰時とともに六波羅館に入った時房は、六波羅探題南方として嘉禄元年（一二二五）までの四年間、戦後処理や洛中警固に従事した。しかし、貞応三年（一二二四）六月に義時、翌年七月に政子が相次いで死去すると、泰時とともに鎌倉へ帰還し、仁治元年（一二四〇）四月に六十六歳で没するまで、初代連署として執権に就任した泰時を補佐した。

このとき、父時房と入れ替わりに上洛したのが長男の時盛である。時盛は、父の後任として六波羅探題南方に就任し、仁治三年正月までの十八年間、その職を務めた。同じく北方に就任した泰時の嫡子時氏とともに六波羅探題に就任（ただし時氏は在任中の寛喜二年〈一二三〇〉に死去）したことを考えると、探題就任段階において時盛は時房の後継者としての地位を約束されていたと思われる。

松谷寺及佐助文庫址の碑◆佐助文庫の創設者は北条時盛と推定されている　神奈川県鎌倉市

しかし仁治三年正月、探題職を辞し鎌倉に戻った時盛は六月に出家し、以後建治三年（一二七七）五月に八十一歳で没するまで、幕府の要職に就くことはなかった。また、ほぼ同時期に時盛の長男時景は「配流」されたようで、寛元元年（一二四三）九月に卒去している。時盛の辞任・出家と時景の配流が関連しているかは不明であるが、時盛・時景没落の背景にはすでに幕府の要職に就いていた時盛の弟朝直との間で時房流惣領家の地位をめぐる確執があり、これに時盛・時景が敗北したためと考えられている。

時盛の没落により、時盛の男子はいずれも要職に就くことはなかった。しかし、時盛の孫時国（六男時員の子）が、建治元年（一二七五）十二月に六波羅探題南方に就任するため上洛し、佐介流は復権の兆しをみせる。このとき、齢七十九歳の祖父時盛もともに上洛したが、弱冠十三歳の時国を後見するためであったと思われる。建治三年、時国は正式に南方に就任し、時盛の辞任以来約三十三年ぶりに佐介流は探題職に復帰したのである。

ところが、弘安七年（一二八四）の執権北条時宗の没後、佐介流は立て続けに事件を起こし、二度目の没落の憂き目に遭う。詳細は不明であるが、時国は「悪行」により探題職を罷免され、常陸国に配流ののち

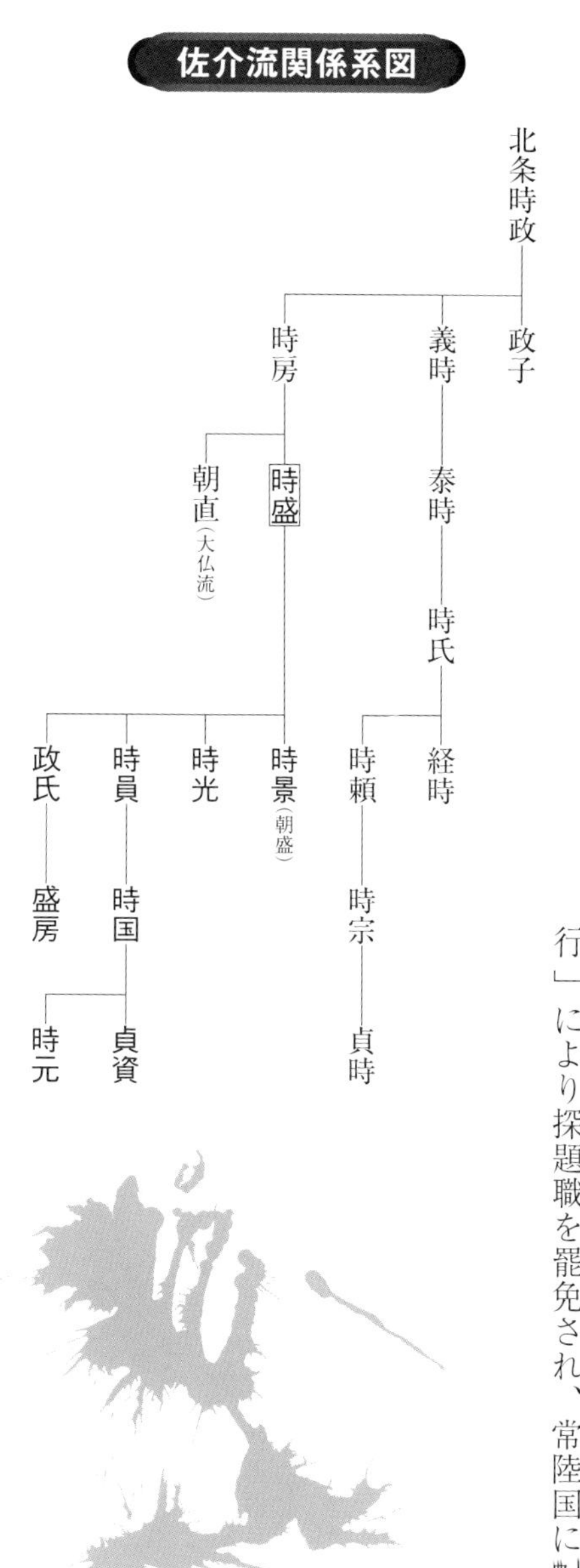

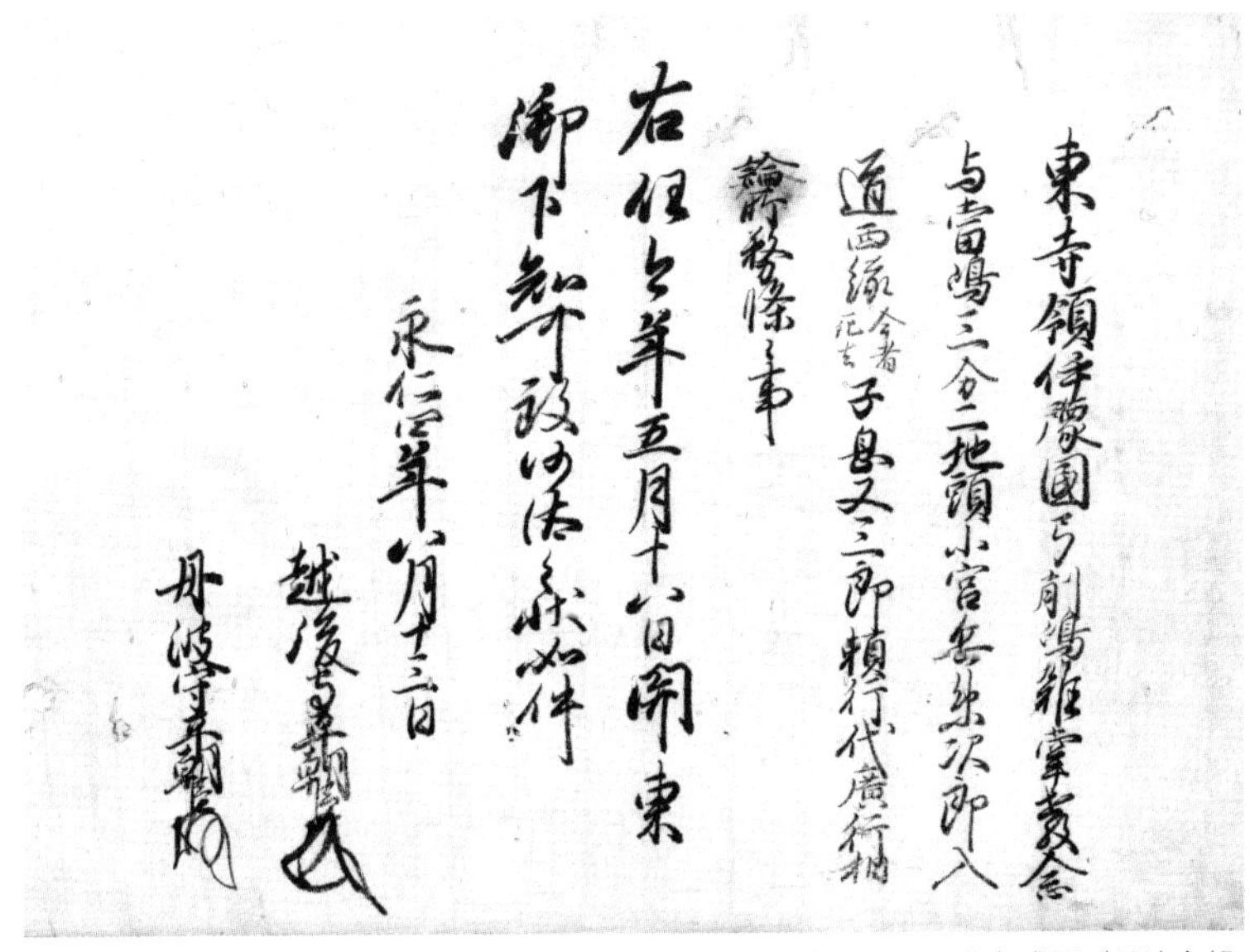

永仁４年８月13日付六波羅施行状◆当時六波羅探題南方であった北条盛房（丹波守朝臣）が花押を据えている　「東寺百合文書」　京都府立京都学・歴彩館蔵

誅殺（享年二十二歳）、さらに時盛の二男時光（時国の伯父）が、陰謀露見のため佐渡国に配流されたのである。この二つの事件を機に、時房流において大仏流の優位が確定し、本来惣領家の流れを汲んでいた佐介流の没落が決定的となった。

こののち、佐介流を代表し幕府中枢への復帰を果たすことになるのは、時盛の孫（政氏の子）で時国の従兄弟にあたる盛房である。盛房は弘安九年に引付衆・評定衆を歴任し、二年後の正応元年（一二八八）二月に六波羅探題南方に就任した。永仁五年（一二九七）五月までの九年間在職したのち、関東に帰還し同年七月に五十六歳で没した。

佐介流は、家祖時盛の六波羅探題南方就任段階においては時房流惣領家として有力な系統であったが、二度の没落によって、時盛の弟朝直を家祖とする大仏流の風下に立つことになり、ついに時盛期の栄光を取り戻すことはできなかった。しかし、元亨三年（一三二三）十月の北条貞時十三年忌供養において、時国の子である備前前司貞資・土佐前司時元の活動が確認されることから、鎌倉時代末期にいたるまで佐介流は幕府から姿を消すことはなかったと考えられる。（滑川敦子）

03 名越流――反得宗家の筆頭勢力

名越流とは、北条義時の二男・朝時を祖とする北条氏一族である。朝時の母は比企朝宗の娘で、義時の正室であった。祖父時政の名越亭を継承したことにより、この系統は名越流と呼ばれる。

建久四年（一一九三）に誕生した朝時は、建永元年（一二〇六）十月に元服した。おそらく、将軍源実朝の偏諱である「朝」の字を賜わったと思われ、北条氏嫡男として将来を嘱望されていたはずである。しかし、建仁三年（一二〇三）九月に母の実家比企氏が滅亡し、北条氏嫡男としての朝時の立場に影が射していった。

その後朝時は、建暦三年（一二一三）の和田合戦で奮戦し、承久の乱では北陸道大将軍として越中国で後鳥羽上皇方を撃破するなど、数々の戦功を挙げた。また、北条氏嫡男の地位は父義時の後室・伊賀の方を生母とする弟政村に移ったものの、朝時は依然として北条氏の嫡流を自認していた。そうした朝時の意識は、伯母政子と兄泰時が故義時の四十九日の法要を実施した直後の貞応三年（一二二四）閏七月、自身が施主として独自に四十九日の仏事を催行したことにも見受けられる。

朝時の思惑とは裏腹に、貞応三年六月、政子の要請により泰時が執権、叔父時房が連署となり、北条氏の家督は泰時が継ぐことになった。その翌年、政子は実朝の後継者として養育してきた藤原（九条）頼経を元服させ、次期将軍就任へと歩を進めた。

そうした状況のなかで、朝時は執権・連署に次ぐ地位を築き、嘉禄二年（一二二六）以降の歳首垸飯（鎌倉幕府正月儀礼の一つで、将軍に対しておこなわれる有力御家人の饗応）で、朝時は泰時・時房とともに饗応役である垸飯沙汰人を務めている（垸飯役は幕府内の地位の高さを意味する）。また、嘉禎二年（一二三六）九月には評定衆に加えられており、ほどなく辞退したものの幕府に重きをなした。

北条朝時画像◆北条義時の子で名越流の祖。兄泰時の出家にともない自らも出家したが、これは当時の政治情勢によるものとも考えられる「義烈百人一首」　個人蔵

しかし、執権・連署を中心とする政治体制が確立していくと、朝時は次第に幕政から疎外され、執権泰時に対抗するべく将軍頼経との関係を強めていった。そうした関係性は、将軍頼経家の行事にも反映され、将軍家の方違先に朝時の邸宅（名越亭）が通例となるほか、将軍家若君（頼嗣）の誕生行事においても、朝時とその一族が参仕している。

延応二年（一二四〇）正月に時房、その二年後の仁治三年六月に泰時が相次いで死去すると、朝時の地位は新執権となった経時（泰時の孫で時氏の長男）や幕府の創始者・源頼朝と同じ清和源氏の流れをくむ足利義氏に超えられた。朝時は寛元三年（一二四五）四月に五十三歳で卒去するが、朝時の北条氏嫡流意識はその子光時らに受け継がれた。

朝時の死後、光時らは父の遺言により翌寛元四年三月に信濃国善光寺（長野市）の落慶法要をおこなっているが、その目的は北条得宗家の転覆計画の準備であったと考えられている。同時期に執権経時の病気が重篤になったこともあり、この混乱に乗じて得宗家を打倒し名越流の復権を目指したのかもしれない。しかし、経時の弟で執権職を継いだ時頼が先手を打ち、事件の張本人光時はその責任をとって出家し、伊豆国に配流となった（寛元の政変）。この政変により、朝時以来密接な関係にあった前将軍頼経は京都に送還され、名越流もまた多くの所帯を没収され大打撃を受けた。

光時の没落後、光時の弟で名越流の当主となった時章や教時・時基は、得宗家と協調し、評定衆・引付衆の要職に就いた。しかし文永九年（一二七二）二月、謀反の嫌疑をかけられた時章は教時とともに得宗家の被官に誅殺されてしまう。その後、時章の嫌疑は晴れ、時章の子孫は生き延びた。時章の嫡子である公時は評定衆・寄合衆、その子時家は引付衆に進み、幕府の要職に就いた。また、貞家・高家は得宗家（貞時・高時）から偏諱を受けており、事実上名越流は得宗家に服従することになった。

家祖朝時以来保持してきた名越流の北条氏嫡流意識は、ここに潰えたのであった。

（滑川敦子）

名越流関係系図

- 北条時政
  - 義時（妻：比企朝宗女子）
    - 朝時
      - 光時
      - 時章
        - 公時
          - 時家
            - 貞家
              - 高家
      - 教時
      - 時基
    - 重時
  - 義時（妻：伊賀朝光女子）
    - 政村
  - 義時
    - 泰時
      - 時氏
        - 経時
        - 時頼
  - 時房
  - 政子（夫：源頼朝）
    - 実朝

善光寺◆治承３年に大火災にあった善光寺は幕府によって再建事業がすすめられ、その中心になったのが北条朝時であった。現在の本堂は宝永４年（1707）再建　長野市

04 極楽寺流――得宗家に次ぐ北条氏の名門

北条義時の三男北条重時（母は比企朝宗の娘）を祖とする一族で、北条氏のなかでも高い家格を有し、執権や連署をはじめとする鎌倉幕府の重要ポストに就くことができた。重時の子息のなかでも、長時にはじまる嫡流の赤橋流、時茂にはじまる常葉（常磐・常盤）流、義政にはじまる塩田流、業時にはじまる普恩寺（普音寺）流の各家は、得宗家に次いで官位の昇進スピードがはやく、かつ幕府の重要ポストを世襲する特権的な地位にあった。このように、極楽寺流が鎌倉幕府内で大きな地位を占めた要因として、重時の事績があげられよう。

建久九年（一一九八）に誕生した重時は、承久元年（一二一九）に将軍や御所を警備する小侍所別当に就任し、貞応二年（一二二三）に二十六歳で叙爵（従五位下に叙されること）した。そして、寛喜二年（一二三〇）から宝治元年（一二四七）まで約二十年にわたって六波羅探題（北方）に在職した。そこでは、朝廷や貴族、寺社などの諸権門（有力な政治勢力）との交渉、鎌倉幕府と連携した訴訟手続の整備、在京人や探題被官の統率と京都周辺の治安維持などに従事した。なお、仁治三年（一二四〇）以降、同僚であった南方の北条時盛が離任したことで南方が不在となり、単独で執務している。

また、重時が離職したのちも約三十年にわたり、極楽寺流から連続して六波羅探題を輩出し（北条長時・時茂・義宗）、かつ極楽寺流の被官も活動していることから、事実上、六波羅探題は極楽寺流の請負によって運営されていたのである。このことも、幕府内における極楽寺流の地位を向上させる要因となったと考えられる。

さて重時は、宝治元年の宝治合戦後に北条時頼の連署として鎌倉へ戻った。ただし、その政治的な立場は時頼よりも上位であったと考えられており（必ずしも連署は執権の下位ではない）、時頼は重時の娘を正妻に

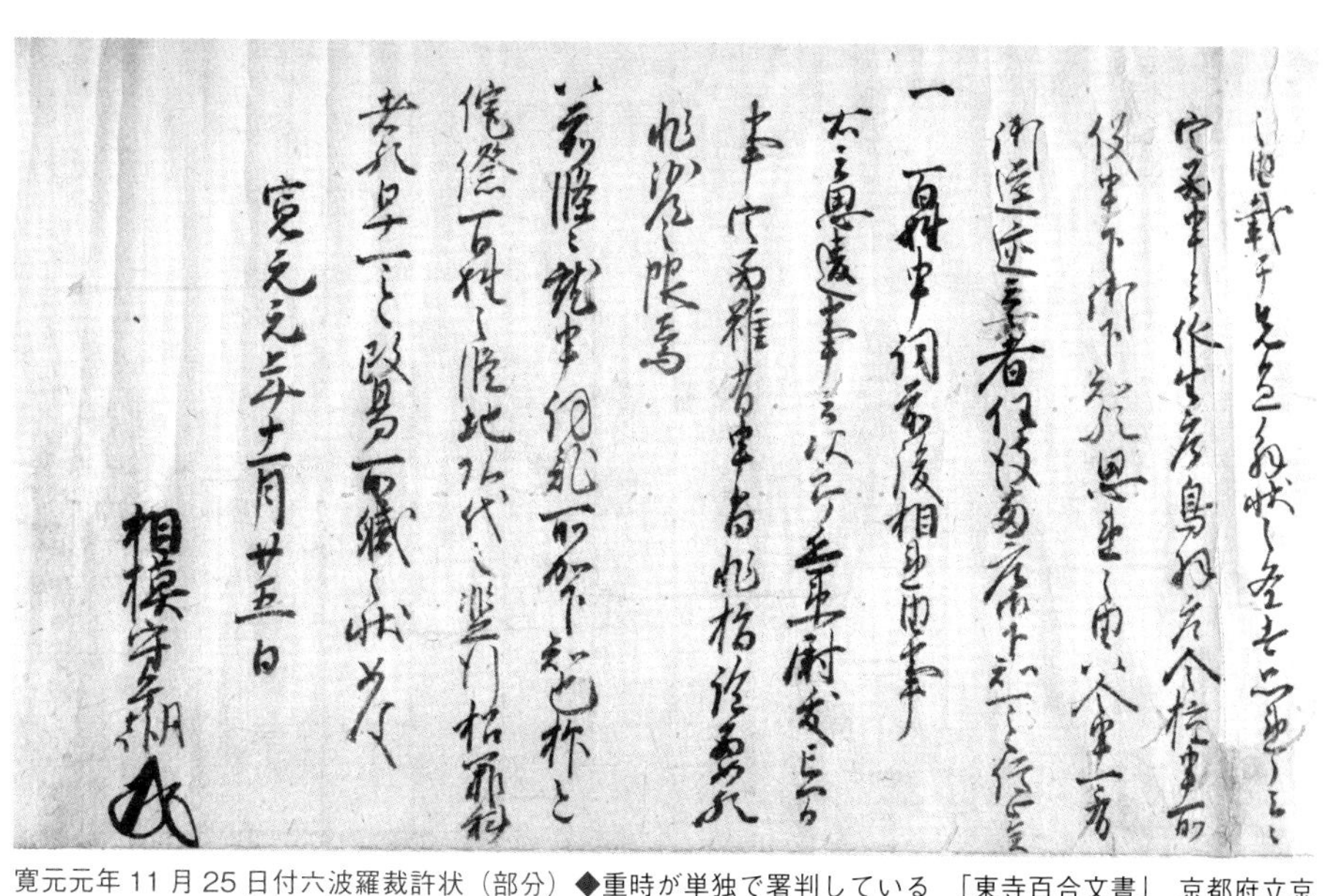

寛元元年11月25日付六波羅裁許状（部分）◆重時が単独で署判している　「東寺百合文書」　京都府立京都学・歴彩館蔵

迎えることによって、自身の権力を安定させようとしている。

建長八年（一二五六）に重時は出家し、彼の地位は嫡子長時に継承された。長時は同年十一月に執権へ抜擢され、また、のちに義政・業時も連署となるなど、極楽寺流は得宗家に次ぐ家格を確立させた。ただし、長男為時は疱瘡にかかって廃嫡され、若死したらしい。この系統は苅田流と呼ばれるが、要職への就任は確認できない。また、末子忠時にはじまる坂田流も、忠時が引付衆となったのみで、その子孫が役職に就いた形跡はない。

なお、重時はすべての子息に対し『六波羅殿御家訓』『極楽寺殿御消息』という二つの家訓を残している。そこには重時の得宗観や撫民観、人としての振る舞い方にいたるまで記されており、常に幕府の中枢を担い続けた重時の思考・見識を今に伝えている。

（工藤祐一）

05 政村流——幕府を揺るがす伊賀氏事件

政村流とは、北条義時の四男・政村を祖とする北条氏一族である。政村の母は伊賀朝光の娘で、義時が比企朝宗の娘（朝時・重時の生母）と離縁した後に迎えた正室であった。

政村は、元久二年（一二〇五）六月に生まれ、八年後の建保元年（一二一三）十二月に三浦義村を烏帽子親として元服し「相模四郎政村」と名乗った。このときわずか九歳で、兄である泰時・朝時のとき（いずれも十三歳で元服）よりも早く、しかも五歳年長の異母兄有時よりも先に元服した。この背景には、北条氏嫡流が代々名乗る仮名「四郎」を政村に与えようとする義時の意図があったのではないかと考えられている。

かくして元服した政村は、次期将軍として伯母北条政子が養育していた藤原（九条）三寅（のちの頼経）の近習として仕えていたが、第一の転機を迎えたのが貞応三年（一二二四）六月、父義時の死後に発生した伊賀氏事件である。当時政村は二十歳であった。

伊賀氏事件とは義時の後継者をめぐる内紛で、北条氏家督として政村の異母兄である泰時を支持する政子に不満をもった政村の母伊賀の方が、わが子政村を執権に据え、娘婿の一条実雅（一条能保の三男）を将軍に擁立しようと画策した事件である。伊賀の方は、実兄で政所執事の職にあった伊賀光宗と共謀し、政村の烏帽子親である三浦義村に協力を要請した。しかし計画は潰え、首謀者である伊賀の方は伊豆国北条（静岡県伊豆の国市）、光宗は信濃国へ流罪となり、実雅は京都送還ののち越前国へ配流された。

当時の武家社会において夫の死後、その遺領を処分し後継者を選定する権利を有するのは、家長代行者たる後家（未亡人）であった。ゆえに伊賀の方が、後家の権利を侵害した政子に不満を覚えるのは至極当然で、この内紛は起るべくして起きたといえよう。

処罰は免れたものの、この事件を境に政村は北条氏家督の地位を手放した。以後、政村は北条氏家督となった兄泰時やその嫡孫である経時（時氏の長男）と協調し、順調に幕府内での地位を上昇させていった。延応元年（一二三九）十月には評定衆に選ばれており、翌年にはその筆頭に就任している。寛元四年（一二四六）四月、執権経時が重病により引退し、代わって経時の弟時頼が執権職を継承するなか、幕府は不穏な空気に包まれた。名越流の北条光時が前将軍・藤原（九条）頼経と結託し時頼の排斥を目論んだ事件（寛元の政変）が起こり、翌年の宝治元年（一二四七）六月には時頼と幕府草創以来の有力御家人・三浦氏との対立によって武力衝突（宝治合戦）が発生したのである。そうした不安定な状況においても、政村は執権時頼を支持し幕府の安定化に努め、建長八年（一二五六）三月には兄重時の後任として連署に就仕している。

そして文永元年（一二六四）八月、六十歳になった政村は執権就任という第二の転機を迎えた。母伊賀の方が自身を執権に擁立しようとした伊賀氏事件から、四十年後のことである。しかし、この段階における政村の執権職就任は、時頼から時宗へ得宗家が安定的に執権職を継承していくための中継的措置にすぎず、北条氏家督の地位が不安定だった四十年前とは事情が異なる。政村は自らの執権就任をもって、北条氏家督たる得宗家の地位確立に努め、文永五年十八歳になった時宗にその職を譲った。

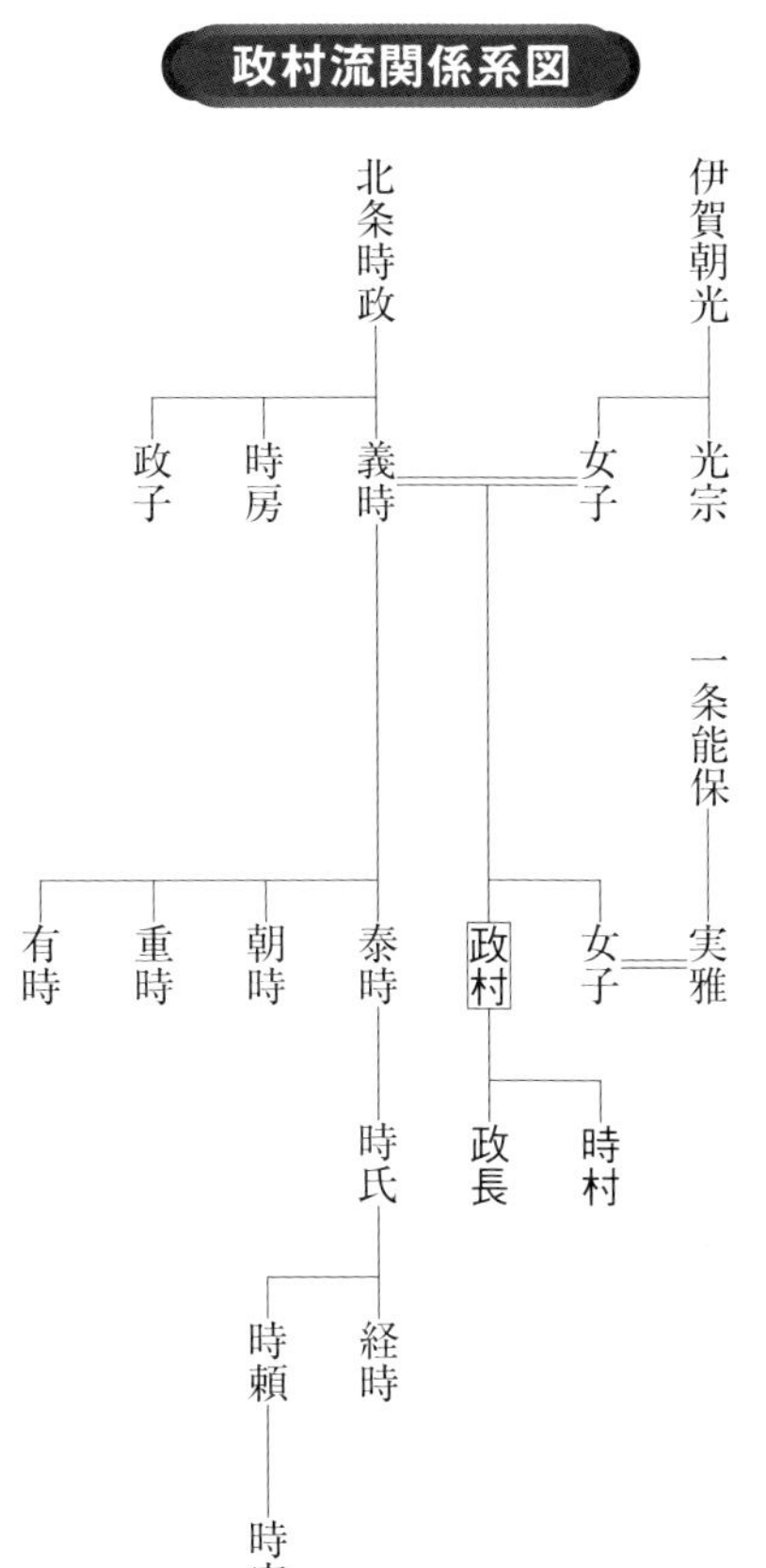

若年期より数多の権力闘争を経験してきた政村は、文永十年五月に六十九歳で死去した。得宗家を支持するという政村の生き方はその子孫にも受け継がれ、評定衆や引付衆などの要職に就き政権の中枢に身を置き続けたのである。

（滑川敦子）

06 金沢流――漢籍を収集した文化的な一族

金沢流北条氏は、北条氏の一支流で、北条義時の子実泰を祖とする。実泰は兄政村と同じく伊賀の方を母としていたが、泰時は伊賀氏事件において政村・実泰らに寛大な処置を取ったとされる。

実泰が心身不調となると、泰時によりその子実時が実泰の小侍所別当職を継承し、家督を継いだとされる。実時は泰時から泰時の子経時を支えるために育成されたと考えられている。また、宗尊親王の小侍所別当も務めた。その職責は当時、幕府は親王将軍を天皇家から迎え将軍家の家格が急激に上昇したため、鎌倉幕府の儀礼を公卿階層に合わせた形で再編する必要性から要請されたものであったとされるが、そこで、実時は小侍所別当として将軍御所に出仕する御家人を選抜し、京都出身の貴族とも関わりつつ将軍御所の運営を取り仕切ったため、その必要に応じて収集した典籍を金沢文庫に収蔵したと考えられている。

実時の文化的事績としては以下のように論及されている。すなわち実時は、藤原（九条）頼嗣の侍読・清原教隆から典籍の訓読・註釈の教えを受ける一方、舅であり伯父の北条政村から和歌や『源氏物語』を学んだ。実時の和歌は、後藤基政の撰による『東撰和歌六帖』に納められている。また、実時は蹴鞠を飛鳥井家（実時の娘は飛鳥井雅有との間に雅頼をもうけている）から学んだほか、法性寺流の書にも親しむなど、まさに鎌倉随一の文化人であったと評価が高い。

実時の子顕時（母は北条政村の娘）は、安達泰盛の娘を正室に迎え、引付衆・評定衆を経て、弘安四年（一二八一）には引付四番頭人に就任し、父実時の地位に追いついたとされる。弘安八年に霜月騒動が発生すると、顕時は舅泰盛に連座し、下総国埴生庄に隠居をするが、平禅門の乱後の永仁元年（一二九三）、顕時は鎌倉に召還され、引付四番頭人に復帰したことが明らかにされている。顕時は得宗貞時の篤い信頼を得るとともに、将軍御所では多くの漢籍の書写校合

金沢流北条氏の菩提寺・称名寺◆実時の持仏堂が起源とされ、顕時や貞顕の頃に伽藍が整備された。北条氏が滅亡すると荒廃したが、江戸時代になって復興された。真言宗別格本山　横浜市金沢区

をおこなった。また、文永六年（一一六九）には顕時は父実時を本願主として菩提寺である称名寺を建立している。称名寺の歴代の学僧は多数の書物を収集・書写し、幕府滅亡後は金沢文庫を運営した。

顕時の子貞顕は、得宗家からの信頼厚く、父祖の家格を超えて六波羅探題に抜擢され、悪党への対処や権門寺院、朝廷との交渉によく当たったことが特筆されている。その後、執権高時の下では連署に就任し、高

北条顕時画像◆実時の子で、初名は時方。墓所は称名寺にある　京都市立芸術大学芸術資料館蔵

時政権では幕府首脳らと協調路線を指向したとされている。その後、執権に就任するも、反対派から命を狙われ（嘉暦の騒動）出家、わずか十日ほどで辞任した。

この頃の金沢流北条氏の所領は、鎮西や京都における活動にともない、称名寺の寺領も合わせて水陸交通の要衝を中心に全国に展開していたことが指摘されている。貞顕ら金沢流北条氏は、鎌倉幕府の滅亡と運命を共にするが、貞顕の残した大量の書状群は、鎌倉時代末期の政治や経済、文化を知るうえで欠かせない基本史料であると高く評価されている。

また、実時の子実政は、鎮西探題に抜擢された。実政は、九州において元に対抗するため軍事統率や訴訟裁断権など広範な権限を与えられたとされ、金沢流北条氏の分家・鎮西金沢氏の祖となった。実政の孫・高政と貞義は、幕府滅亡後に北九州で挙兵するも、鎮圧されたとされる。

（弓山慎太郎）

北条実時の墓◆実泰の子で、母は天野政景の娘。「時」は北条泰時の偏諱とされる。幕府の要職を歴任したのち、建治元年（1275）に政務から離れて六浦庄金沢の地に移った。建治2年に死去した　横浜市金沢区・称名寺

北条貞顕の墓◆顕時の子で、母は遠藤為俊の娘とする説と安達泰盛の娘とする説がある。「貞」は北条貞時の偏諱とされる。新田義貞の鎌倉攻めに際し、北条高時らとともに東勝寺で自害した。なお、息子の貞将（母は北条時村の娘）も幕府滅亡の際に討ち死にしたが、壮絶な最期の様子が『太平記』に描写されている　横浜市金沢区・称名寺

コラム

金沢文庫

金沢文庫とは、武蔵国久良岐郡六浦庄金沢郷金沢村（横浜市金沢区金沢町）にある、金沢流北条氏が管理をしていた文庫である。金沢文庫の成立を語る資料は現在見つかっていない。そのため、成立時期には諸説あるが、金沢実時が設立したという説が現在では有力である。

鎌倉期当時の目録が現存せず、所蔵物の全容は不明だが、金沢流北条氏の政務に密接に関係していたと推測されている。実時が漢籍を収集した理由として、彼が藤原（九条）頼経、頼嗣、宗尊親王の将軍御所の小侍所別当を務め、京都出身の将軍側近の公家や高僧、学者と関わり合い、御家人を率いて将軍御所の儀式を運営する必要性が学説として挙げられている。

また、実時の孫貞顕も、六波羅探題として京都にあったが、その職務に必要な朝廷の政務や儀式に関する書物を積極的に収集していることが指摘されている。このように、歴代金沢流北条氏によって蔵書の充実が図られた金沢文庫の運営は、幕府滅亡後も、称名寺の学僧によって担われた。京都では失われてしまった書物を現代に伝えているという点で、金沢文庫は現在の研究の進展に欠かすことのできない重要な意義を有していると評価されている。

（弓山慎太郎）

北条実時画像◆本像は称名寺所蔵の北条実時像（国宝）を写したものである　東京大学史料編纂所蔵模写

07 伊具流──東北に関わる有時の後胤

伊具流とは、北条義時の子息・有時を祖とする北条氏一族である。

有時は、正治二年（一二〇〇）五月に生まれた。生母は常陸国伊佐郡（茨城県筑西市）を拠点としたと思われる御家人伊佐朝政の娘と伝わり、義時の側室と考えられる。そのせいか有時の地位は低く、それは有時の五歳下の弟で正室伊賀の方の生んだ政村が有時より先に元服を済ませていることからもわかる。

兄弟間の格差のなかで成長した有時は、承久の乱では兄泰時とともに京都へ進発し、乱の鎮圧に携わった。その後は将軍藤原（九条）頼経の近習を務めているものの、目立った活動は見られない。

仁治二年（一二四一）、有時は四十二歳で評定衆に加えられたが（当初は辞退）、ほどなくして病気を理由に引退、寛元元年（一二四三）以後は出仕しなかったようである。文永七年（一二七〇）には出家したが、同年に死去した（享年七十一歳）。

ところで、有時の系統を表す「伊具」の苗字は、陸奥国伊具郡（宮城県角田市・丸森町北部）に由来する。伊具を名乗るのは有時の代からではないが、正嘉三年（一二五九）に大規模な飢饉が発生した際、有時は伊具郡地頭として幕府より飢民救済令を受給しており、この段階ですでに伊具郡との関わりをもっていたと考えられる。また、『太平記』巻第十「高時并一門以下於東勝寺自害事」に「伊具越前々司宗有」の記載があることから、遅くとも有時の孫・宗有の代には伊具を名乗っていたと思われる。

伊具流は多くの子孫を残したが、その活動がみられるのはごくわずかである。嘉元元年（一三〇三）に四十二歳で引付頭人に就任した有時の孫・斎時、建治三年（一二七七）に北条氏一族では異例の六波羅評定衆に就任した「駿川二郎」（系譜不明）がいる。

北条氏一族のなかで政治的地位が低い有時の子孫が伊具を名乗ったのは、有時以来、実力で支配してきた

伊具流関係系図

伊佐朝政─女子
北条時政─義時
伊賀朝光─女子

伊佐朝政女子＝義時─有時
伊賀朝光女子＝義時─政村
義時─泰時
義時─朝時
義時─重時
有時─通時─斎時
有時─兼義─宗有

陸奥国伊具郡の位置

宮城郡
柴田郡
名取郡
刈田郡
亘理郡
伊具郡
太平洋
信夫郡
伊達郡
宇多郡
行方郡
安達郡
標葉郡

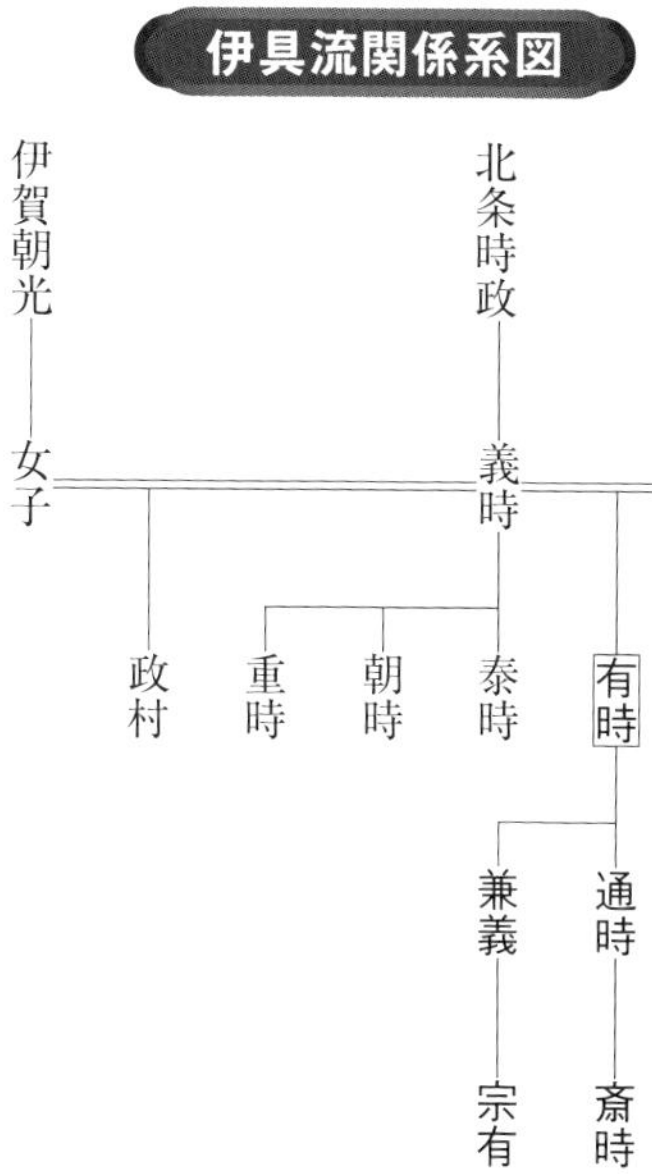

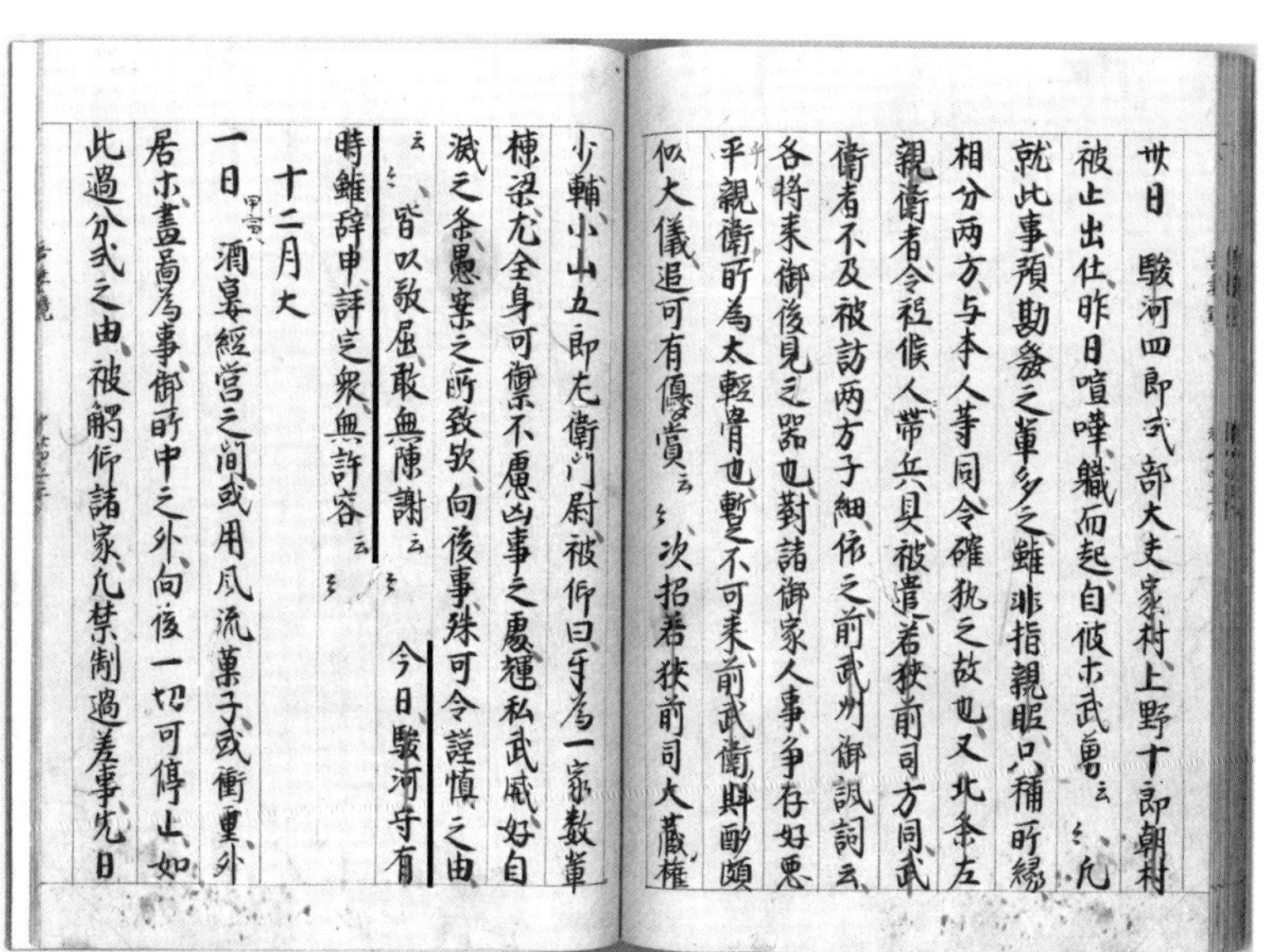
廿日　駿河四郎式部大夫家村上野十郎朝村
被止出仕昨日喧嘩職而起自彼等武勇云々凡
就此事預勘發之輩多之雖非指親昵只稱所縁
相分両方与本人等同令確執之故也又北条左
親衛者令祗候人帯兵具被遣若狭前司方同武
衛者不及被訪両方子細依之前武州御諷詞云
各将来御後見之器也對諸御家人争存好悪
乎親衛所為太軽骨也暫之不可来前武衛斟酌頗
似大儀追可有優賞云々　次招若狭前司大蔵権
少輔小山五郎左衛門尉被仰曰守為一家数輩
棟梁尤全身可衛不慮凶事之處趣私武威好自
滅之条愚案之所致歟向後事殊可令謹慎之由
云々　皆以敬屈敢無陳謝云々　今日駿河守有
時雖辞申評定衆無許容云々
十二月大
一日甲寅　酒宴経営之間或用風流菓子或衛重外
居等盡高為事御所中之外向後一切可停止如
此過分式之由被觸仰諸家凡禁制過差事先日

『吾妻鏡』仁治２年11月30日条◆有時が評定衆の辞退を申し入れたものの認められなかったとある　国立公文書館蔵

陸奥国伊具郡に、一族の活路を見出したからかもしれない。

（滑川敦子）

視点　東北地方との関係

文治五年（一一八九）の奥州合戦、続く翌年の大河兼任の乱での勝利により、鎌倉幕府は国府を通じて東北地方（奥羽）の国衙行政権に関与する「奥州羽州地下管領」権を獲得した。奥州合戦後、葛西清重は陸奥国御家人の奉行と平泉郡内検非違使所の管領を担い、大河兼任の乱後、京下りの吏僚系武士である伊沢家景が陸奥国留守職に任じられて国内行政を担った。

また、国衙行政権の一部（領内における公田の掌握・官物の徴収・検断や相論の裁判・寺社造営役の徴収など）を付与された「郡（惣）地頭」が奥羽両国に設置され、地頭に任命された多くの幕府御家人が奥羽に所領を得た。陸奥国では葛西氏（胆沢・磐井・牡鹿・江刺・気仙各郡）・畠山氏（葛西郡）・工藤氏（岩手郡）・和田氏（名取郡・遠田郡）・結城氏（高野郡）など伝統的な東国武士、出羽国では大江（長井）氏（成島・屋代・長井・大山・寒河江各荘）・安達氏（大曾根荘）・二階堂氏（成生荘）・武藤氏（大泉・海辺各荘）など京下りの吏僚や武士が中心である。

では、こうした幕府成立期の奥羽支配の特徴は、十三世紀以降の奥羽における北条氏の所領形成にも影響したのであろうか。若干ながら考えてみたい。

先行研究によれば、鎌倉時代の奥羽における所領数（推測含む）について、陸奥国は九十一ヶ所、出羽国は二十七ヶ所であるが、そのうち北条氏の所領に組み込まれたのは前者で三十一ヶ所、後者で九ヶ所でいずれも三割程度と考えられている。さらに、北条氏の被官（御内人）や北条氏と親密な関係にあった者が地頭を務める所領もあったことから、鎌倉時代末期までには奥羽両国のおよそ半分が北条氏の勢力下に置かれたと考えられている。

しかし、陸奥国と出羽国では北条氏の所領形成過程の道筋が異なったはずである。というのも陸奥国については、寛喜三年（一二三一）八月に関東御分国になっているからである。関東御分国とは将軍家（鎌倉殿）が支配した知行国で、その国主は当時の将軍藤原（九条）頼経である。知行国主は知行国の国司推薦権と官物収得権を有しており、知行国主頼経のもとで陸奥守に任じられたのが北条氏である。

　では、なぜこの時期に幕府は陸奥国を関東御分国にしなければならなかったのか。その背景には、幕府成立期以来の支配方針の動揺があったと思われる。一つは、旧来の勢力である「秀衡・泰衡の先例」に基づいて奥州合戦以降も所領を維持しえた在地領主（陸奥国御家人）間の対立、もう一つは「奥州羽州地下管領」に基づいて設置された郡地頭の所領内部における分割相続と所領の細分化である。特に陸奥国の郡地頭には伝統的な東国武士が多く、実務に長けた京下りの吏僚や武士に比べ在地領主との利害の調整を図りながら支配を進めていくのは困難だったのかもしれない（逆に出羽国で同様の事態が発生しなかったのは、鎌倉時代を通じて京下りの吏僚や武士による安定的な支配が貫徹していたと考えられる）。また、建保元年（一二一三）の和田合戦により、陸奥国に地頭職を有していた有力御家人和田氏が滅亡したことも要因の一つであろう。そうした現状を打開するべく、幕府は陸奥国を関東御分国にするよう京都政権に要請したと考えられる。京都側としても、陸奥国支配の難航により、当地からもたらされる交易品（砂金・駿馬・鷹羽・鷲羽・海豹皮など）の停滞は回避すべきと考え、幕府の要請を承認したと思われる。

　かくして陸奥国は、知行国制という枠組の中で支配されるに至った。よって奥羽における北条氏の所領形成も、知行国制との関係で展開したものと考えることができると思われ、今後の研究の進展が俟たれる。（滑川敦子）

東北の政治の中心となった多賀国府跡とその周辺◆宮城県多賀城市　画像提供：東北歴史博物館

08 赤橋流――執権を輩出した極楽寺流嫡流

北条重時を祖とする極楽寺流の嫡流で、重時の嫡子北条長時とその子孫の系統にあたる。この一族は、官位の授与と昇進のはやさは得宗家と遜色ない待遇であり、また、元服の際には将軍が烏帽子親となって偏諱が与えられるなど、得宗家に次ぐ高い家格を有していた。鎌倉幕府内における昇進コースは、六波羅探題に就かなかった守時や鎮西探題となったその弟英時をのぞけば《十代後半までに叙爵（従五位下に叙せられること）→六波羅探題（北方）→引付衆を経ずに評定衆・一番引付頭人・寄合衆→執権》と定式化することができる。以下、赤橋流の人びとを具体的にみていきたい。

まず、寛喜二年（一二三〇）に生まれた長時は、寛元三年（一二四五）に十六歳で叙爵し、宝治元年（一二四七）に六波羅探題（北方）だった父重時が連署として鎌倉に下向したことをうけて、その北方探題の後任に就いた（南方探題は不在であり、単独で執務している）。建長八年（一二五六）には出家した父重時の政治的な地位を継承し、評定衆に任じられた。さらに同年、執権北条時頼が危篤状態となり、嫡子の北条時宗が成長するまでの中継ぎとして執権に抜擢された。これは、時頼の正妻が長時の姉妹であるという親族関係にもとづく人事と考えられ、同時に非得宗家出身者が執権に就くはじめての事例でもある。

次に、長時の子北条義宗は、文永五年（一二六八）に十六歳で叙爵し、同八年に六波羅探題（北方）に任じられた。義宗は翌年の二月騒動で南方の北条時輔を滅ぼし、当時執権だった北条時宗による「得宗専制」への道を拓いたとされている。また、義宗の子北条久時も、正安元年（一二八八）、十七歳で叙爵し、永仁元年（一二九三）に六波羅探題（北方）に任じられている。義宗・久時のいずれも評定衆にいたっており、長時の叙爵および昇進コースを先例として踏襲したものと考えられ、得宗家に次ぐ家格が確立したことを意味している。

最後に、幕府滅亡時における赤橋流の動きをみてみたい。鎌倉幕府の最後の執権となったのは、久時の子北条守時であった。守時は、徳治二年（一三〇七）、十三歳で叙爵し、得宗家とほぼ同じ待遇を与えられていたとおぼしい。そして、嘉暦元年（一三二六）におこった得宗家の家督継承をめぐる内紛である「嘉暦の騒動」ののちに執権へ就任したが、実権は得宗の北条高時、内管領の長崎高資、そして両者の外戚である安達時顕らが握っていた。また、守時は彼の妹（「登子」と呼ばれる）を正妻としていた足利高氏（尊氏）と縁戚関係にあった。そのため、幕府滅亡に際して倒幕軍への内通を疑われ、その疑惑を払拭すべく勇敢に戦い、そののち自害している（『太平記』）。しかし、妹（登子）やその子千寿王丸（のちの足利義詮）は生き残り、赤橋流の血脈は室町幕府の二代将軍足利義詮に受け継がれたのである。

（工藤祐一）

赤橋流の菩提寺・浄光明寺◆建長３年（1251）に北条長時を開基、真阿を開山として創建された。境内には伝北条守時の墓がある。中先代の乱で鎌倉に下向したことで後醍醐天皇から朝敵とみなされた足利尊氏が籠居したことでも知られる。室町時代には鎌倉公方家の菩提寺になった　神奈川県鎌倉市

洲崎の泣塔◆新田義貞の鎌倉攻めの際、激戦となった洲崎の合戦で戦死した者たちの霊を鎮めるために建立された。洲崎では赤橋守時が迎え撃つも、敗れて自害した　神奈川県鎌倉市

09 常葉流――六波羅探題との深い繋がり

「常盤」「常磐」とも記す。極楽寺流の一つで、北条重時の三男北条時茂が鎌倉の常葉に邸宅を構えたことに由来する。

常葉流の昇進コースは《二十歳までに叙爵（従五位下に叙されること）→引付衆・六波羅探題（北方）→評定衆・引付頭人》であり、引付衆を経ることや執権・連署に就任しなかった点から、赤橋流・普恩寺流などほかの極楽寺流の一族よりも家格が低いとされている。以下、実際には鎌倉幕府内においてどのように処遇されていたのかみてみよう。

時茂の職歴は、建長六年（一二五四）の小侍所別当への就任（父重時もかつて任じられた）にはじまり、同八年に六波羅探題（北方）となった。これは、兄の北条長時（赤橋流）が六波羅探題（北方）から評定衆に異動したことを受けた人事で、極楽寺流の六波羅探題が三代続いたことになる。そして、翌年に十七歳で叙爵し、赤橋流とおなじように順調な昇進を遂げたが、文永七年（一二七〇）正月に三十歳で急逝した。

この時茂の子孫のうち、比較的著名なのが子の北条時範・孫の北条範貞である。時範は、弘安八年（一二八五）に二十歳で叙爵し、同十年に引付衆に任じられた。そして嘉元元年（一三〇三）、執権となった北条基時（普恩寺流）の後任として六波羅探題（北方）に任命されたが、徳治二年（一三〇七）に在任中のまま死去した。また、時範の子範貞は、嘉元二年に叙爵し、正和四年（一三一五）に引付衆、元応二年（一三二〇）に評定衆となり、翌元亨元年（一三二一）に北条時敦（政村流）の後任として六波羅探題（北方）に着任した。元徳二年（一三三〇）に三番引付頭人へ転じ、幕府滅亡に際しては、得宗北条高時をはじめほかの一族の人びとと運命をともにしている。

このように、昇進の過程で引付衆を経ることや、執権・連署に就任しなかった点において、常葉流は赤橋流・普恩寺流とはことなる昇進コースであったことは

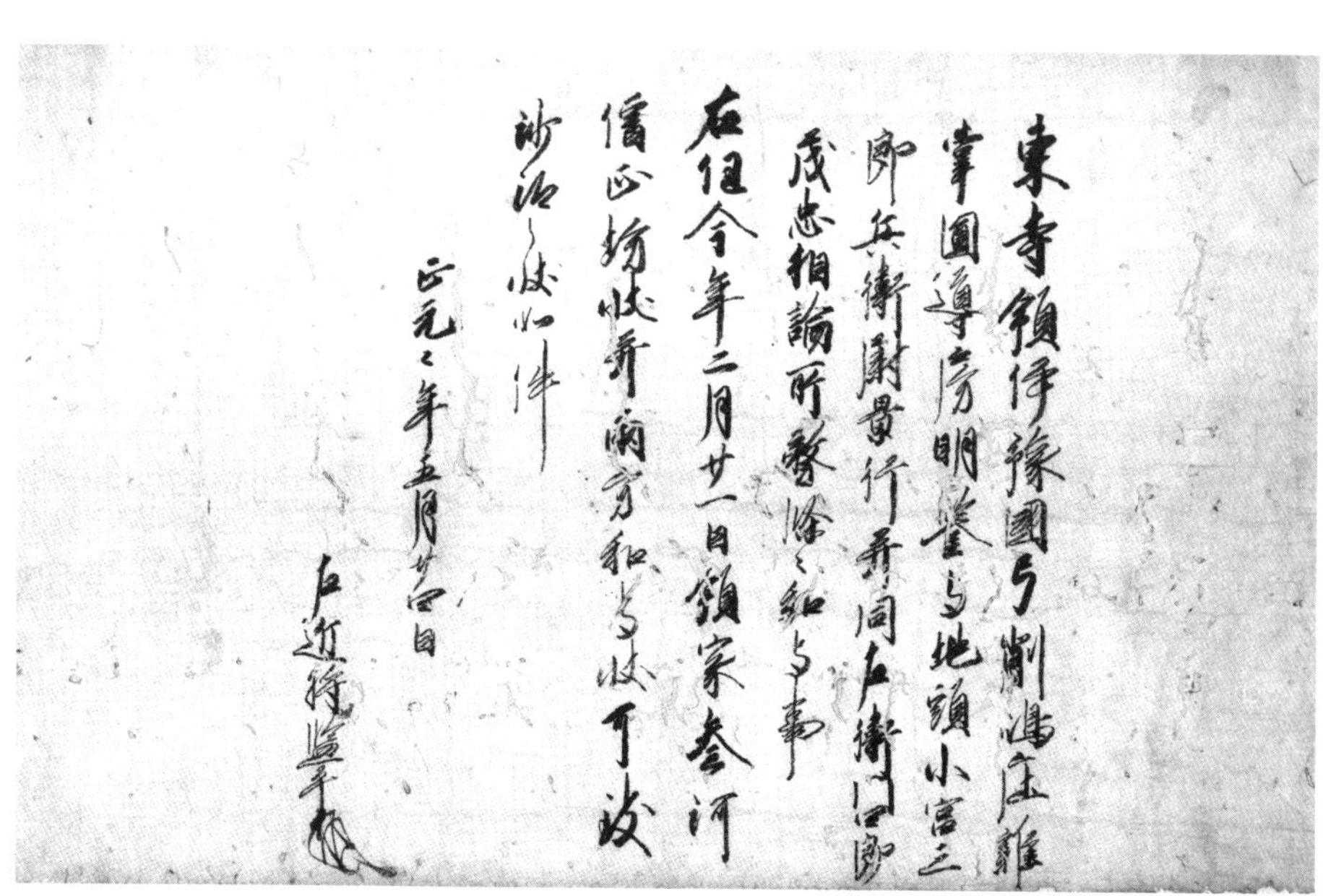
東寺領伊豫國弓削嶋庄雑
掌圓導房明鑒与地頭小宮三
郎兵衛尉景行并同左衛門四郎
長忠相論所務條々和与事
右任今年二月廿一日領家参河
僧正坊状并兩方和与状可致
沙汰之状如件
正元々年五月廿四日
左近将監

正元元年5月24日付六波羅裁許状◆北条時茂（左近将監）が署判している　「東寺百合文書」　京都府立京都学・歴彩館蔵

間違いない。他方、極楽寺流の重代の職として先例・ノウハウが蓄積されてきた六波羅探題へ三代にわたって就任したことは、まさしく極楽寺流一門としての待遇であった。

また、かつては時範の叙爵時の年齢が二十七歳と考えられ（近世に作成された「系図纂要」などをもとに年齢を算出）、その点でも赤橋流との家格の差が歴然であると指摘されてきた。しかし、南北朝期ごろに書写された「関東開闢皇代并年代記事」によって二十歳へと修正されたことで、常葉流の家格をことさら低く位置づける積極的な理由も失われた。以上から、常葉流は、これまで考えられてきたよりも極楽寺流の傍系として相応の処遇を受けていたといえよう。

（工藤祐一）

10 塩田流——隠棲により低下した家格

北条重時の子北条義政（初名は「時量」）を祖とする一族で、家名は義政が隠棲した信濃国塩田庄（長野県上田市）に由来する。

鎌倉幕府の役職への就任状況を確認すると、家祖の義政は連署となったものの、その子国時・時春、孫の俊時（国時の子）は引付頭人への就任にとどまっている。また、極楽寺流の出身者が多くを占める六波羅探題への就任もみられないことから、極楽寺流のなかでは家格が低いと考えられている。このように、塩田流が低く位置づけられた背景について、義政の隠棲という点から探ってみたい。

義政は正元元年（一二五九）に十八歳で叙爵（従五位下に叙されること）し、文永二年（一二六五）に引付衆、同四年に評定衆となり、同六年に三番引付頭人を兼ねるようになった。そして、同九年の二月騒動後、北条時宗の連署だった北条政村が死去したことを受けて、その後任の連署に起用されている。このように《十代後半で叙爵→引付衆→評定衆・引付頭人→連署》という昇進コースは、極楽寺流に固有のものであり、義政の待遇は順当なものであった。

しかし、二月騒動に象徴されるように、現実味を帯びつつあった蒙古襲来に対する戦時体制の構築と実際に直面した文永の役によって、義政の運命は狂いはじめる。その翌年ごろより、義政の署判を欠いた鎌倉幕府発給文書が散見するようになり、出仕が滞りがちになったようである。記録類にも「所労」「病」と記されており、蒙古襲来への対応による相当の過労とストレスを抱えていたと想定されている。

そして、建治三年（一二七七）四月に突如出家し、五月末には鎌倉を出奔して所領の塩田庄に籠居した。驚いた時宗は慰留したものの、義政が翻意しなかったため、やむをえず連署を解任のうえ所領を没収したようである。ただし実際には、塩田庄は義政ののち国時・俊時と伝領されており、没収対象ではなかったとみら

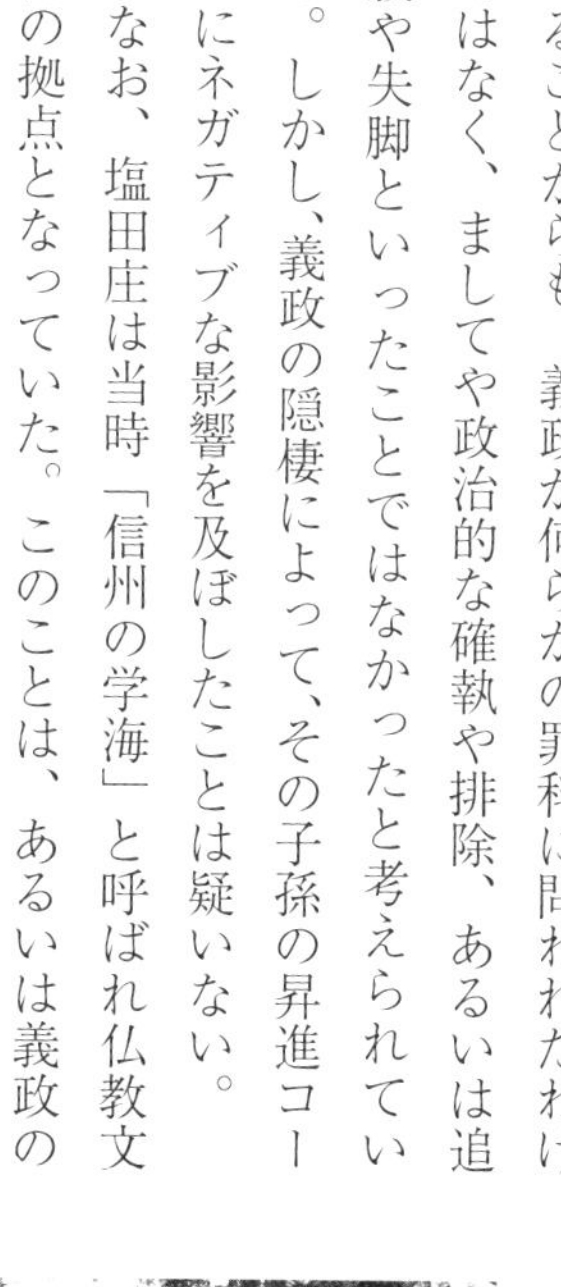

れている。また、塩田流の人びとは幕府滅亡に殉じていることからも、義政が何らかの罪科に問われたわけではなく、ましてや政治的な確執や排除、あるいは追放や失脚といったことではなかったと考えられている。しかし、義政の隠棲によって、その子孫の昇進コースにネガティブな影響を及ぼしたことは疑いない。

なお、塩田庄は当時「信州の学海」と呼ばれ仏教文化の拠点となっていた。このことは、あるいは義政の出家と関係するかもしれない。

（工藤祐一）

安楽寺八角三重塔◆鎌倉時代末期の創建とされ、塩田流北条氏との関係が想定されている　長野県上田市

北条義政の供養塔◆長野県上田市・龍光院

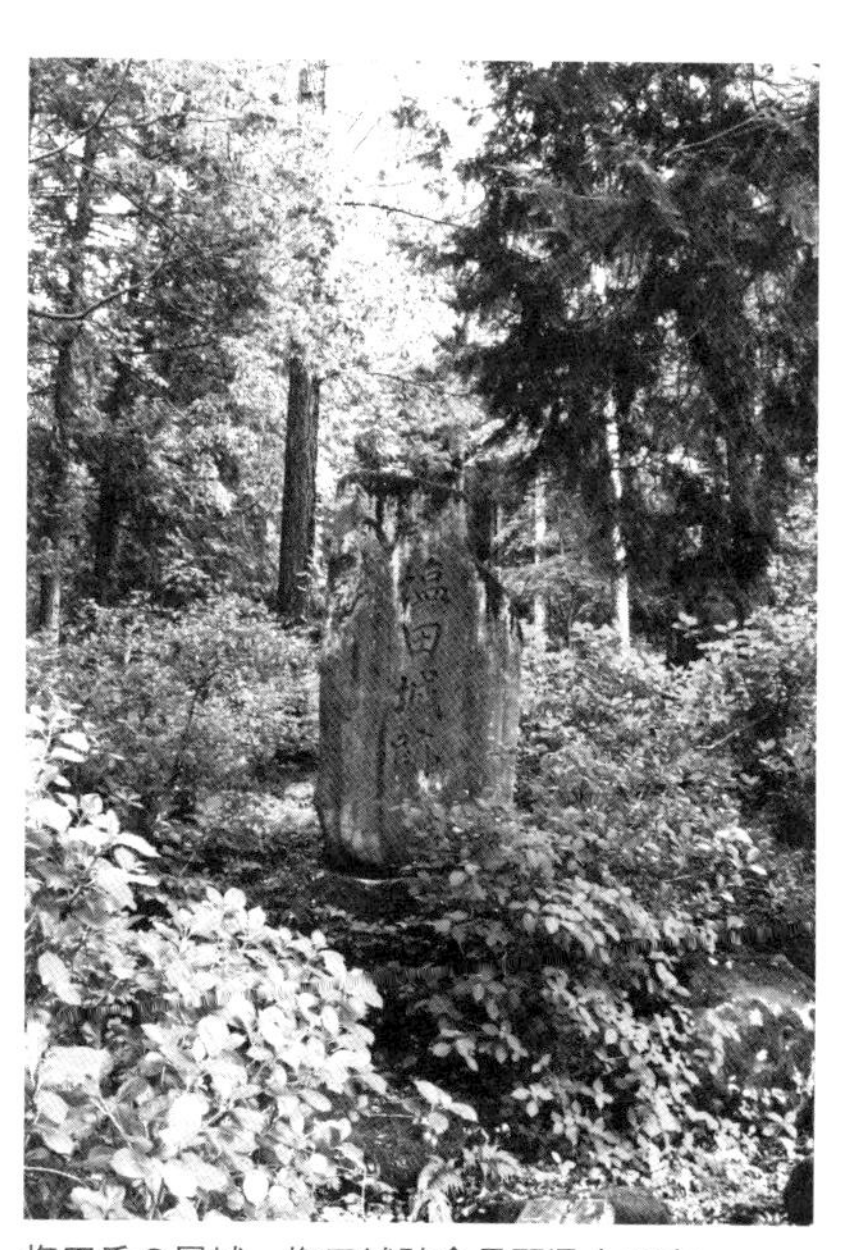

塩田氏の居城・塩田城跡◆長野県上田市

11 普恩寺流――兄の失脚による家格上昇

「普音寺」とも記す。北条重時の子北条業時（初名は「重長」）にはじまる系統で、家名は業時が創建した寺院名（現在は廃寺）にちなむ。鎌倉幕府内における昇進コースは《十代後半までに叙爵（従五位下に叙されること）→引付衆・六波羅探題→評定衆・引付頭人→執権・連署》というものである。引付衆への就任をのぞけば、ほぼ赤橋流とおなじような年齢での叙爵・役職就任が確認されるとともに、業時は連署、その孫北条基時にいたっては執権に昇っている。それでは、このような高い家格を確立した経緯について、業時・基時の経歴を中心に探ってみたい。

まず業時は、正元元年（一二五九）、十九歳のときに叙爵した。そして、文永二年（一二六五）に兄北条義政（塩田流）とともに引付衆へ任じられ、建治二年（一二七六）には評定衆、翌年は三番引付頭人を兼ねた。そして、弘安六年（一二八三）、不在となっていた連署に就任したのである。

この背景には、連署であった兄義政が、建治三年に突然出家し、鎌倉から逐電して信濃善光寺に詣でたのち、所領の信濃国塩田庄（長野県上田市）に籠居した事件があった。執権北条時宗は慰留したものの、やむなく連署を解任している。業時が三番頭人となったのはこの直後であり、極楽寺流一門で業時以外に適任者がいなかったという状況が反映されている（嫡流である北条義宗〈赤橋流・業時の甥〉はおなじ年に急逝しており、また北条時茂〈常葉流・業時の兄〉もすでに亡くなっていた）。

この結果、普恩寺流は、赤橋流に次ぐ家格を確立することとなる。文永三年（一二六六）に生誕した業時の子時兼は、叙爵の年齢こそ未詳であるが、弘安九年、二十歳のときに評定衆・四番引付頭人となったことが確認できる。この人事は、前年の霜月騒動で四番頭人の北条顕時が失脚し、五番頭人の安達宗景が滅ぼされたことによる欠員補充と考えられている。

また、時兼の子北条基時は、正安元年（一二九九）に十四歳で叙爵し、同三年に六波羅探題（北方）として上洛した。これは、六波羅探題を多数輩出し、先例・ノウハウを蓄積してきた極楽寺流出身であることが考慮されたものである（基時の子北条仲時も最後の六波羅探題に任じられている）。北条氏の内紛である嘉元の乱ののち、嘉元三年（一三〇五）に三番引付頭人となり（二十歳）、正和四年（一三一五）に執権へ昇った（三十歳）。そしてわずか一年の在任期間ののち、得宗家の北条高時に執権を譲っている。それは、高時が祖父北条時宗・父貞時が十四歳で執権になった先例を踏襲する必要があったためで、かつておなじ極楽寺流の北条長時（赤橋流）が、幼少時の時宗の「眼代」として執権に就任した先例が意識されたものと考えられている。

（工藤祐一）

『英雄百首』に描かれた北条基時◆第13代執権。元弘の乱では幕府軍の一員として上洛している。元弘3年（1333）5月に新田義貞らの軍勢が鎌倉を襲うと化粧坂で迎え討った。妻は北条貞時の娘　個人蔵

最後の六波羅探題・北条仲時ならびに430名の墓◆元弘3年（1333）5月、足利尊氏・赤松円心らの攻撃により六波羅が落とされると、北条仲時・時益は光厳天皇らを伴って東国に落ちようとしたものの、近江国番場で自害して果てた。このとき自害した者のうち、名前のわかる者が「陸波羅南北過去帳」に名が記されている　滋賀県米原市・蓮華寺

12 宗政流——得宗家から与えられた破格の待遇

五代執権北条時頼とその正妻（北条重時の娘）との間に生まれた北条宗政を家祖とする系統である。鎌倉幕府内での昇進コースは《十代半ばまでに叙爵（従五位下に叙されること）→引付衆を経ずに評定衆・引付頭人→執権・寄合衆》というものであり、得宗家の庶流として非常に高い家格に位置づけられていた。なお、このような破格の待遇を与えられたのは、得宗家を除けば、極楽寺流の嫡流である赤橋流の当主のみである。以下、家祖である宗政と、その子で最終的に執権・寄合衆までいたった北条師時を中心に、その経歴をみていきたい。

建長五年（一二五三）に生まれた宗政は、父時頼の意向によって、同母兄の北条時宗とともに異母兄の北条時輔よりも嫡庶の順位が上位とされた。文永二年（一二六五）、十三歳で叙爵するが、兄時宗が十一歳で叙爵したことを踏まえると、得宗家の庶子として相応に処遇されていたことがわかる。同九年に評定衆、翌年に三番引付頭人を兼ねた。また、建治三年（一二七七）に武蔵守へ就任している。鎌倉幕府における武蔵守の位置づけについて、鎌倉後期に作成された幕府奉行人向けのマニュアルである『沙汰未練書』によれば、相模守とならんで執権・連署の別称とされ、重要ポストと認識されている。すなわち、時宗は同年に出家・籠居し、連署を解任された北条義政（塩田流）の不在を埋めるべく、宗政に事実上の連署としての役割を期待したのかもしれない（実際には弘安六年〈一二八三〉まで連署は不設置）。

しかし、宗政は兄時宗に先立ち、弘安四年に亡くなってしまう。その遺児北条師時は、時宗の猶子となってその保護を受けた。また、のちに従兄弟である北条貞時の娘を娶っており、得宗家とのつながりや政治的な安定を確かなものとしている。師時は、弘安八年に十一歳で叙爵し、永仁元年（一二九三）には評定衆・三番引付頭人となっている（なお、平禅門の乱後の同年十月に引付が廃止され、新たに設置された執奏に異動している。翌年に引付が復活した際には頭人を辞任したが、同五年に二番頭人へ就任)。正安二年（一三〇〇）には貞時の後任として執権となり、同時に寄合衆としても得宗貞時を支えた。また、師時の子北条貞規・時茂も若年で評定衆・引付頭人となっていることが確認できる。

なお、嘉元三年（一三〇五）に北条氏の内紛である嘉元の乱が発生した際、貞時は師時の邸宅にいた。このことから、北条氏庶流を粛清することで得宗家への権力集中をねらった貞時の計画を知っていた可能性が指摘されている。その計画は失敗に終わるが、師時の心情いかばかりであっただろうか。

（工藤祐一）

浄智寺◆臨済宗円覚寺派に属し、鎌倉五山の第四位。北条宗政の菩提を弔うために、息子師時を名目上の開基、兀庵普寧・大休正念・南洲宏海を開山として創建された。なお、宗政は大休正念に帰依していた　神奈川県鎌倉市

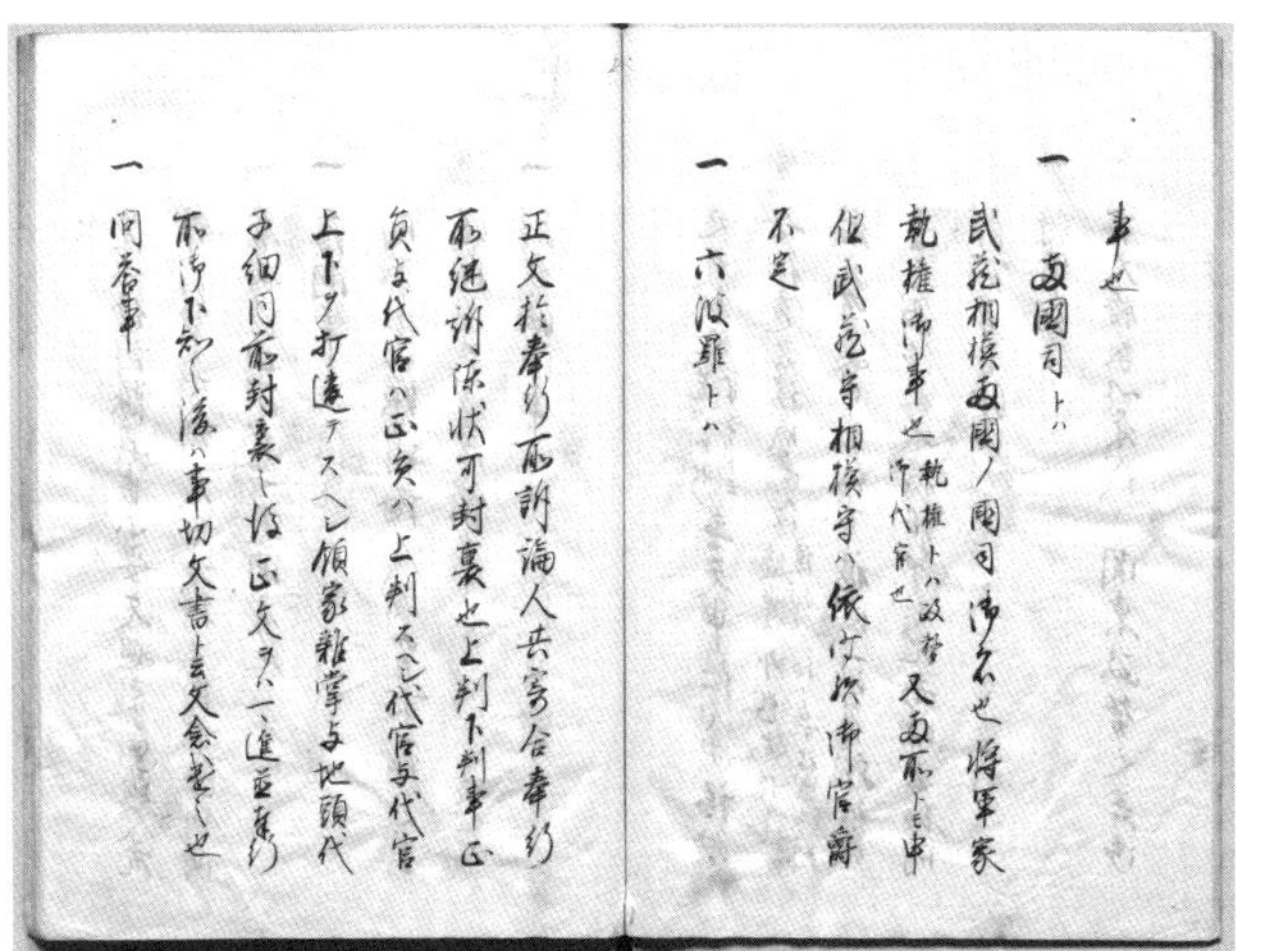

事也
一 両國司トハ
武蔵相模両國ノ國司御名也将軍家
執權御事也〈執權トハ政務御代官也〉又両所トモ申

『沙汰未練書』「両国司」の項◆「武蔵相模両国ノ国司御名也、将軍家執権御事也〈執権トハ政務御代官也〉又両所トモ申」と記されている　国立公文書館蔵

13 阿蘇流――鎮西探題を務めた時定流の名門

阿蘇流北条氏は、北条経時・同時頼の同母兄弟である北条時定（のちに為時と改名）を祖とする一門である。北条時政以来、得宗家が代々継承してきた肥後国阿蘇社領の諸職（預所職・地頭職）が時定に与えられたことで、阿蘇流と呼ばれるようになった。

時定は、文永十一年（一二七四）、蒙古襲来の防備のため九州に下向し、弘安四年（一二八一）には、肥前国の守護として活動している。弘安九年（一二八六）に作成された蒙古襲来の恩賞給付者リストには、第一に時定の名がみえ、肥前国高来郡山田庄を拝領している。この山田庄は以降、定宗―随時―治時へと相伝された。

定宗は、時頼の子桜田時厳の息であったが、時定の養子となり、正応二年（一二八九）以降に肥前国の守護職を譲られ、永仁二年（一二九四）まで活動している。

随時は、正和四年（一三一五）に鎌倉の二番引付頭人として活動していたが、文保元年（一三一七）頃に鎮西探題に任命され、九州に下向した。従来、鎮西探題は金沢氏が任じられてきたが、九州で地盤を固めていた金沢氏の動向は得宗家から警戒されていた。そこで、鎌倉で要職にあり、得宗家とも血縁関係のある阿蘇流の随時が鎮西探題に任じられたのである。

治時は、北条高時の養子となっている。正慶元・元弘二年（一三三二）、倒幕勢力を抑えるため上洛し、翌年の赤坂城（大阪府千早赤阪村）攻めでは大将となっている。六波羅探題が陥落したあと、奈良般若寺（奈良市）にて出家し降伏したが、京都の阿弥陀寺（京都市上京区）で処刑された。

肥後国小国郷にある満願寺（熊本県南小国町）は、時定によって建立された寺院である。同寺には、時定・定宗・随時三代のものと伝えられる五輪塔と、伝北条時定・伝北条時宗像がある（現在は、時宗像が時定の子定宗の肖像とする説が有力である）。また、筑前国の興徳寺（福岡市西区）も時定の建立と伝える。阿蘇流北条氏は、北部九州にて勢力を拡大し、蒙古襲来以降の九州支配の役割を担ったのである。（池松直樹）

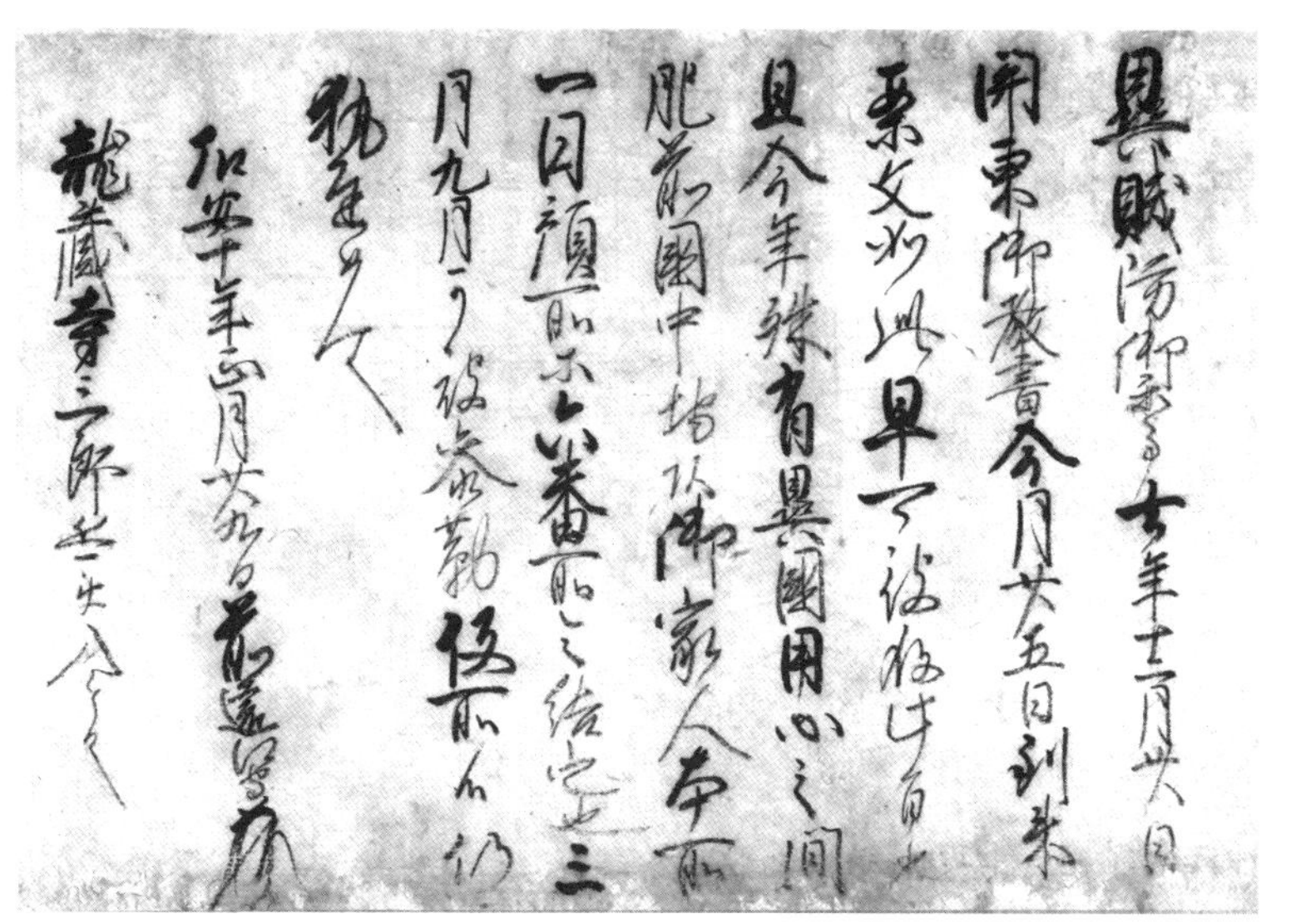

弘安10年正月29日付北条為時（時定）施行状◆肥前国の御家人に対し、異国警固番役を命じたもの　「龍造寺家文書」　佐賀県立図書館蔵

北条時定の墓◆墓のある満願寺は、蒙古襲来に際して敵国降伏祈願の勅願を得、醍醐寺三宝院の経杲を招いて建立された　熊本県南小国町

伝北条時定画像◆父は北条時氏、母は松下禅尼で、北条経時・時頼の同母弟。蒙古対策のため主に九州で活躍し、正応3年（1290）に博多で死去したとされる。博多にある興徳寺は時定の開創と伝わる　東京大学史料編纂所蔵模写

14 桜田流——九州に基盤をもつ時頼の子孫

桜田流北条氏は、北条時頼の子時厳を祖とする一門である。桜田という苗字は、宝治合戦後に北条氏が武蔵国荏原郡桜田郷を手に入れ、それを時厳に与え、称したと考えられる。

時厳に関しては、母や生年など判明しない点が多く、活動についてもよくわからない。『北条系図』にその名が確認でき、応長元年（一三一一）に没したとある。

時厳の子に定宗がいる。定宗は、阿蘇流北条氏の祖である時定の養子となっており、時定から肥前国の守護を継いで、異国警固や肥前国内での相論の裁定、検断などをおこなっている。

このように、桜田流は九州に基盤を形成していく。定宗と同じく時厳の子である師頼は、元亨三年（一三二三）に大隅国の守護に任じられ、鎌倉幕府滅亡までその任にあった。討幕軍の追討のため、大隅国内の御家人に対し、軍勢催促状を発給している。また、師頼自身も門司関（北九州市門司区）や長門国まで進軍し合戦していたことが『博多日記』に記されている。また彼は、鎮西評定衆としても活動しており、正中二年（一三二五）以降は、鎮西引付衆の一番頭人を務めている。鎌倉末期の九州において重要な役割を担っていたといえよう。

師頼の弟である貞国は、鎌倉で活動している。正慶二・元弘三年（一三三三）、新田・足利の討幕軍を討つために大将として長崎高重以下の軍勢を率いて合戦に及んでいる。しかし、討幕軍に敗北し鎌倉に戻った後、北条高時等とともに鎌倉の東勝寺で自害している。

また、一門には僧侶の頼覚がいる。本名は元助といい、延暦寺の梶井門跡に入り頼覚と改めた。正和四年（一三一五）十月、尊治親王（後醍醐天皇）室の御産祈禱の際、半僧を務めている。また、元亨三年（一三二三）に実施された北条貞時の十三回忌法要では、仏日庵法華八講に参加している。

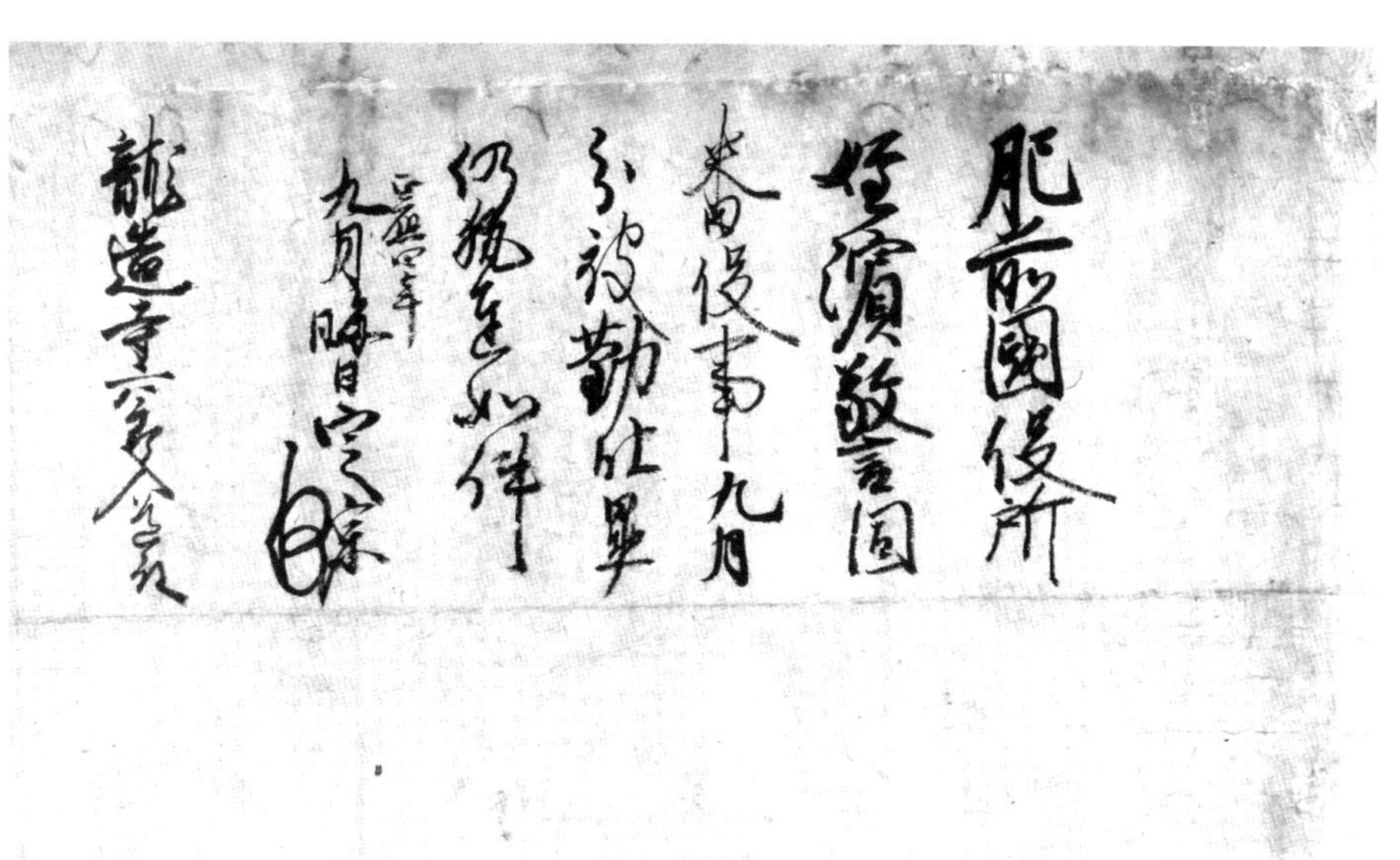

肥前国役所
姪濱警固
番役事、九月
分被勤仕畢
仍執達如件
正応四年
九月晦日　定宗
龍造寺六郎入道殿

正応４年９月晦日付北条定宗警固番役覆勘状◆覆勘状は勤務遂行の証明書。本書状では龍造寺六郎入道に対し、異国警固番役を勤仕したことを証明したもの　「龍造寺家文書」　佐賀県立図書館蔵

その他、時厳の子として、兼貞（かねさだ）、篤貞（あつさだ）、貞源（じょうげん）、綱栄（つなひで）がいるが、それぞれの活動については不明である。（池松直樹）

東勝寺跡◆高時や貞国をはじめとする北条一族が自害したことで知られる東勝寺は、得宗家の氏寺として北条泰時によって創建された。発掘調査によると、幕府滅亡時に焼失したと推定される建物跡とそれを覆うように炭の層（焼土層か）が見つかっている　神奈川県鎌倉市

コラム

鎮西探題と北条氏

鎌倉幕府は、蒙古襲来後、九州に鎮西探題を設置した。その目的は、①九州における御家人の統率をおこない、異国警固を強化すること、②御家人等を異国警固に専念させるため、幕府や六波羅探題への訴えを禁じ、九州内で訴訟の裁断を実施すること、である。特に幕府は、②について、弘安七年（一二八四）に特殊合議訴訟機関、同九年に鎮西談議所を設けて対応を試みたが、十分な成果を得られなかった。そこで、より強大な権限を有する機関の整備が不可欠となり、鎮西探題を設置したのである。

永仁元年（一二九三）、北条兼時と名越時家が軍勢を率いて九州に下向する。これは、文永の役以降にたびたび計画されていた異国征伐のための派遣であった。実際に兼時は、石築地（防塁）の工事催促や烽火による訓練、兵船の要害地への配備などの軍事指揮をとった。その一方で、訴訟の審理や検断などもおこなっている。両者は、永仁三年に鎌倉へと戻り、評定衆や引付頭人といった要職についた。

兼時らに替わり九州に下向したのが、金沢実政である。実政も兼時らが有した権限を基本的に継承したが、外患の薄れから、実政以降の探題の権限は次第に裁判処理が中心となっていった。そのため、兼時・時家のときには見られなかった探題の裁許状（判決状）が実政以降に出現するようになる。加えて、訴訟の処理を迅速に進めるため、裁判の最終判断を下す鎮西評定衆、実務にあたる引付頭人や奉行人が配置された。これらの人員は、九州の有力御家人や探題の被官から選出された。また、鎮西探題には御家人に対する所領の安堵や異国からの使者への対応、寺社への祈禱命令などの権限があり、九州全域に及んだ。

実政以降の探題には、金沢政顕・阿蘇随時・赤橋英時が就任した。元弘三年（一三三三）、反鎌倉幕府勢力が九州にも拡大し、同年五月に英時らが博多（福岡市博多区）で自害し、鎮西探題は滅亡した。

（池松直樹）

第3部　北条一族の特徴

吉野城を攻める北条方の軍勢◆『太平記絵巻』　埼玉県立歴史と民俗の博物館蔵

01 北条一門を中心とした幕府の運営形態

鎌倉幕府は、治承・寿永の乱という戦乱状況に規定されながら段階的に成立し、その統治機構は源頼朝の家政機関として整備された。ここでは、政所・侍所や執権・連署などといった幕府の組織・役職と北条氏との関わりについて紹介したい。

北条氏による幕府運営の起点となったのが政所である。政所は財政や政治実務を処理した鎌倉幕府の中枢機関であった。比企氏の乱後の建仁三年（一二〇三）、北条時政は三代将軍（鎌倉殿）の源実朝の政所別当の一人として中原（大江）広元とともに幕政を支え、「執権」と呼ばれるようになった。しかし、時政は元久二年（一二〇五）の牧氏の変で失脚し、子の北条義時が後任の政所別当に就任した。義時は、建保元年（一二一三）の和田合戦で和田義盛を滅ぼして侍所別当をも兼ねるようになり、執権という将軍に次ぐ高い地位を確立させたのである。

義時の死後、子の北条泰時が三代執権に就任した際、執権とならんで政務を担う存在として設置されたのが「連署」である。執権・連署は、形式的には将軍（鎌倉殿）の「御後見」「政務ノ御代官」として幕府政治を補佐することになっていたが、実質的には幕府の実権を掌握した。そして、北条氏一門が独占的に世襲したことはよく知られている。なお、執権は当初、北条氏家督（得宗）によって継承されたが、六代執権の北条長時（赤橋流）以降は得宗家以外の北条氏庶流も就任するようになり、得宗と執権とは分離するようになった。

また、政務・訴訟の処理のために、承久の乱後の承久三年（一二二一）に評定衆が、宝治合戦後の建長元年（一二四九）に引付頭人（評定衆と兼務）・引付衆が設置されると、北条氏一門とその他の有力御家人・文士（実務官人）らが起用された。やがて、これらの役職は幕府内における北条氏一門の昇進コースとなり、時代を経るにしたがって彼らが占める割合を増加させていった（たび重なる内紛の結果、鎌倉後期に

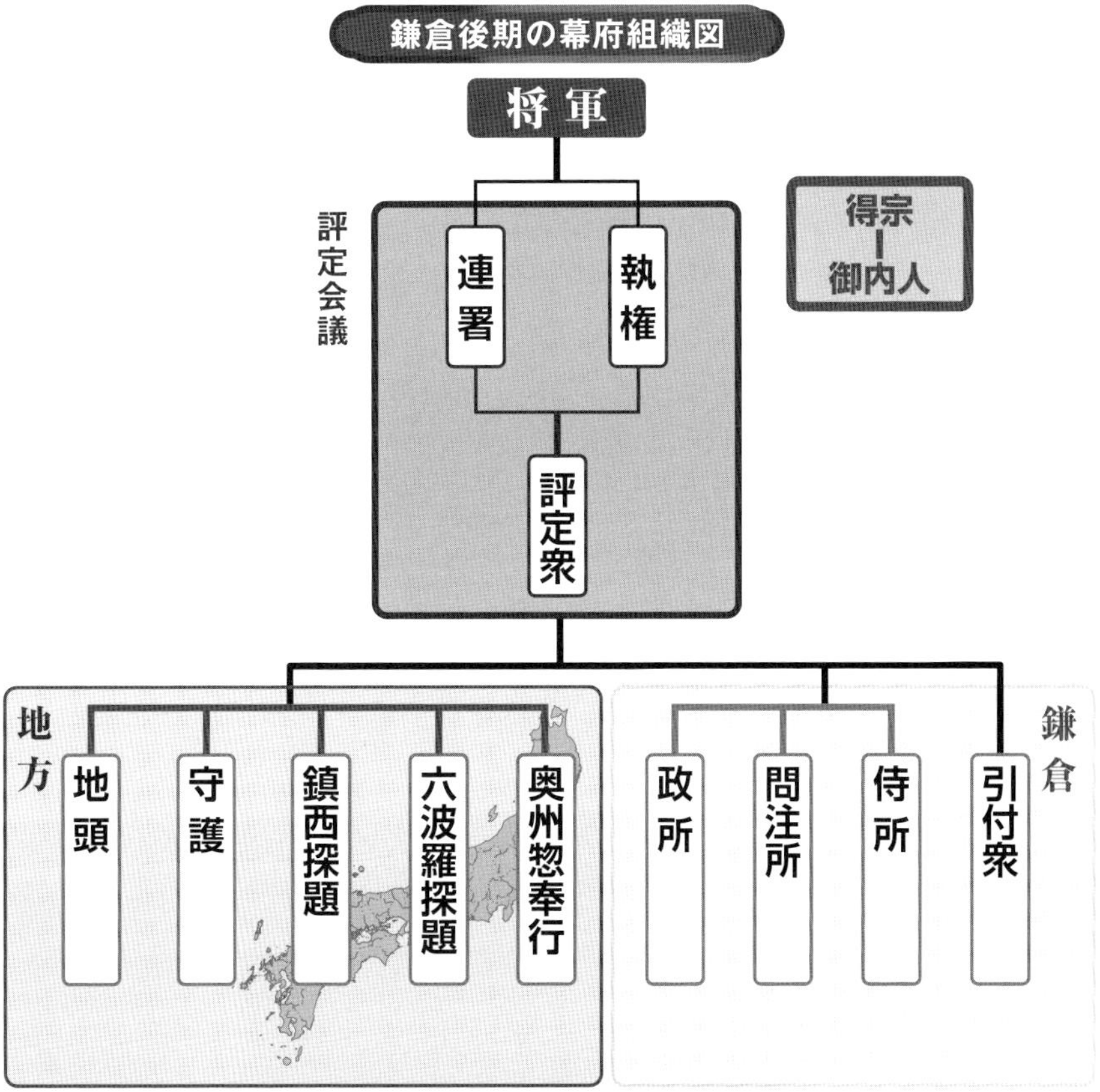

鎌倉後期の幕府組織図

- 将軍
  - 評定会議
    - 連署
    - 執権
    - 評定衆
      - 地方
        - 地頭
        - 守護
        - 鎮西探題
        - 六波羅探題
        - 奥州惣奉行
      - 鎌倉
        - 政所
        - 問注所
        - 侍所
        - 引付衆

- 得宗
  - 御内人

北条時政の墓◆舅として頼朝の挙兵、勢力の拡大を助けた時政は、頼朝の死後、十三人の合議制のメンバーに選ばれるなど政権に重きをなし、さらに三代将軍源実朝の政所別当に就任するなど、北条一族が幕府運営の中心となる中で大きな役割を果たした　静岡県伊豆の国市・願成就院

はこのような特権的な地位に就ける北条氏以外の有力御家人がほとんど衰退・滅亡していたという事情もある）。

一方、地方に目を転じると、政所が管轄した関東御分国（鎌倉殿の知行国）などの国守（受領）に北条氏一門が任じられ、国衙の政務を執ったことが注目される。北条氏は、正治二年（一二〇〇）に北条時政が遠江守に任じられたことで諸大夫層へと家格を上昇させた（北条氏以外では源氏一門・一部の有力御家人・文士のみ任官）。そして武蔵守・相模守は北条氏が独占し、鎌倉後期には執権・連署の別称として認識されるようになっている（『沙汰未練書』）。

このように、幕府は律令制的な統治機構を利用しつつも、とりわけ西国支配のための機関として、承久の乱後に六波羅探題を、蒙古襲来後に鎮西探題をあらたに設置した（同時期に長門探題〈防長探題とも〉が設置されたともされる）。これらの探題（長官）も北条氏一門による独占的な世襲がおこなわれていく。

これらの広域的な統治機構とも関わって、幕府による地方支配を担ったのが守護である。守護は、治承・寿永の乱とその戦後処理、そして公武交渉や幕府政治の展開を通じて整備され、制度化した。とくに西国守護は承久の乱以降に北条氏一門への集積がすすみ、蒙古襲来前後にいたって北条氏一門によってほぼ独占される状況が生まれた（探題が守護を兼ねる国もあり、必ずしも特定の家系が世襲するわけではない）。

以上を整理すると、鎌倉時代を通じて、幕府本体・六波羅探題・鎮西探題それぞれのトップ（執権・探題）に北条氏が据えられるとともに、国守・守護を北条氏一門の各家系で分有する、多様で複線的な列島支配体制が構築された。そしてその頂点に君臨したのが、北条氏家督たる得宗であった。

ただし、幕府の最高意思決定会議として寄合が制度化し、同時に家格と先例が重視されるようになると、執権・探題などの重職をはじめ得宗自身も形式化していく。すなわち、個人の人格や能力に依存しないシステム化された政治構造へと変容したのである。しかしながら、皇位継承に関する失策に端を発した後醍醐天皇による倒幕運動の結果、元弘三年・正慶二年（一三三三）、鎌倉・六波羅探題・鎮西探題が攻撃を受けて陥落し、この政治構造は崩壊、北条氏一門は滅亡にいたるのである。

（工藤祐一）

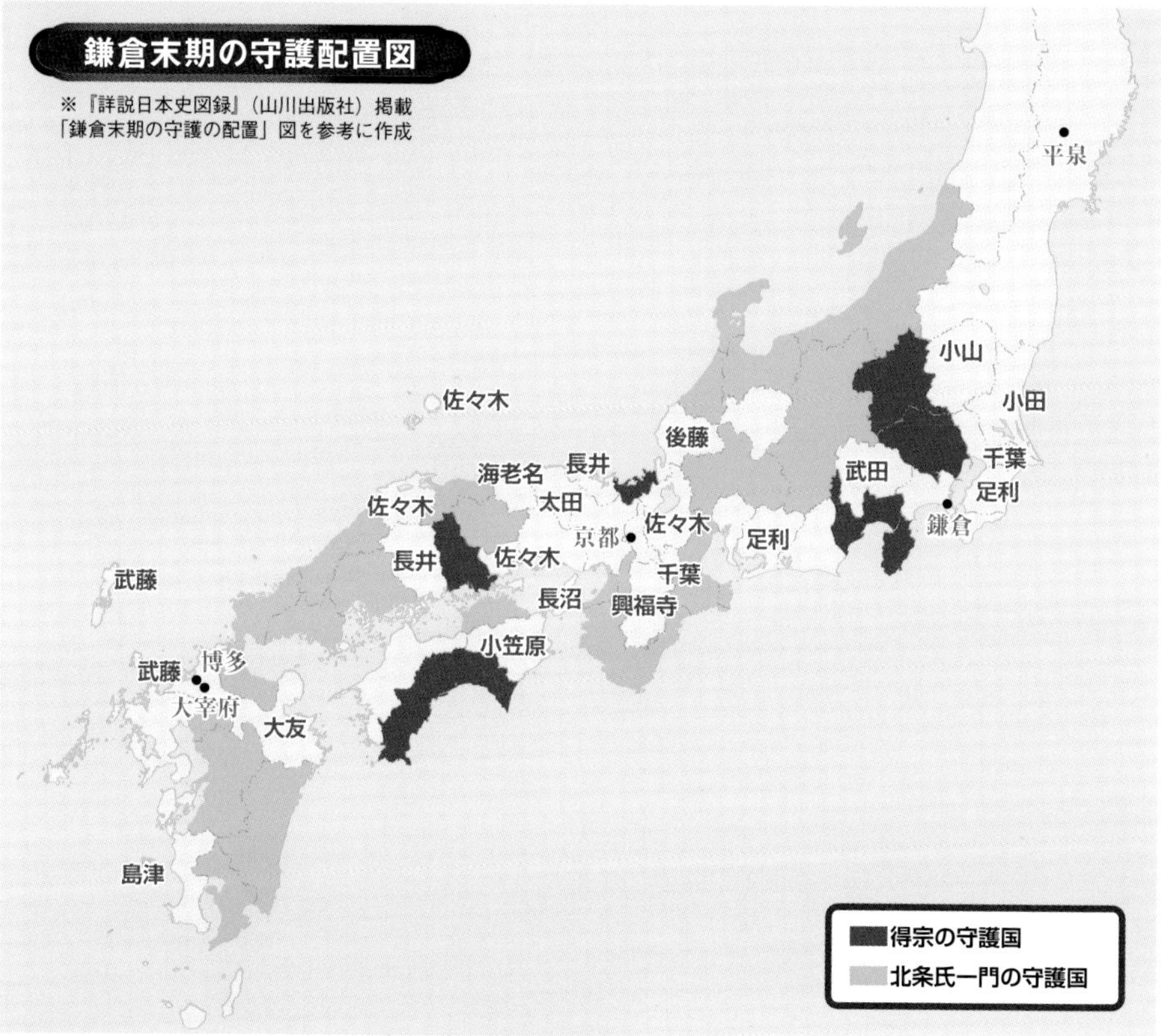

鎌倉末期の守護配置図

※『詳説日本史図録』（山川出版社）掲載「鎌倉末期の守護の配置」図を参考に作成

平泉
小山
小田
後藤
千葉
足利
武田
鎌倉
佐々木
海老名
長井
太田
京都
佐々木
足利
佐々木
長井
佐々木
千葉
長沼
興福寺
武藤
小笠原
武藤
博多
大宰府
大友
島津

■得宗の守護国
■北条氏一門の守護国

『義烈百人一首』に描かれた北条長時◆北条重時の子で、赤橋流の祖。六波羅探題北方として活躍したのち、北条時頼の跡をうけて得宗家出身以外で初の執権となった。しかし、当時時頼が病を得ていたことから長時の執権就任は時頼の嫡男・時宗が長ずるまでの中継ぎと理解されている　個人蔵

02 源氏将軍との関係

北条氏と源氏将軍との関係は、平治の乱で捕らえられて池家（平頼盛一族）の保護下にあった源頼朝が、永暦元年（一一六〇）に伊豆へ配流されたことに始まる。頼朝は同地で、在庁官人北条時政の監視・庇護下に置かれ、時政の娘政子と結ばれた。その後、時政・政子・義時らは、治承四年（一一八〇）に挙兵した頼朝を支えて内乱をくぐり抜け、幕府創立後は、源氏将軍の縁者として、幕政に重きをなすこととなる。

正治元年（一一九九）に頼朝が死去した後、源氏将軍家の家督を継いだのは、寿永元年（一一八二）に頼朝と政子との間に生まれた嫡子頼家であった。ところが、若狭局が頼家の嫡子一幡を生み、若狭局の父比企能員が外戚として幕府内で影響力を強めると、建仁三年（一二〇三）に北条氏によって比企氏・一幡は滅ぼされ（比企氏の乱）、頼家も伊豆修善寺（静岡県伊豆市）に追放されたのち、元久元年（一二〇四）に暗殺されてしまう。

比企氏の乱の後、北条氏が将軍として擁立したのは、頼家の同母弟として建久三年（一一九二）に誕生した実朝であった。比企能員の邸宅で生まれ、比企一族に育まれた頼家とは異なり、実朝は北条氏の邸宅で生まれ、北条氏のもとで成長していた。

将軍となった実朝は、牧氏の変や和田合戦といった幕府の内訌を経つつも、北条氏の補佐・後見をうけて政務をおこなっていた。ところが彼も、建保七年（一二一九）に、頼家の子公暁によって殺害されてしまう。事の真相は不明だが、次期将軍として幕府が迎えた三寅（藤原〈九条〉頼経）が幼少であったため、実朝暗殺後は、政子が三寅の後見として、義時の補佐のもと政務を代行した。このことから、源氏将軍が三代で途絶えた後は、政子が実質的な四代将軍であったと評価されている。

かつては、北条氏と将軍とを互いに対立する権力とみなし、頼家以降の将軍は北条氏の傀儡となったという理解もなされたが、近年は、頼家・実朝の実権や幕府体制の見直しが進み、北条氏と源氏将軍を背反する権力として捉える図式自体も再検討がなされている。例えば、頼家の権力を剥奪するものと理解された「十三人の合議制」も、頼家・実朝期ともに審議の最終判断は依然として将軍がおこなっており、訴訟の取次ぎの窓口を十三人に設定することで、当時十八歳であった頼家の権力を補完するための制度であったと評価されている。北条氏は源氏将軍の外戚であることを最大の根拠として成長した以上、その権力の淵源である源氏将軍そのものを完全に否定することは、ついになかったのである。

（大島佳代）

指月殿◆修善寺で殺害された息子頼家の菩提を弔うために母北条政子が建立した。建立の際、政子の手によって宋版大蔵経が奉納された。伊豆最古の現存木造建築物とされる。なお、堂に向かって左側には頼家の墓がある　静岡県伊豆市

源頼家の墓◆賽銭箱奥の碑（頼家の500回忌にあたって元禄16年〈1704〉に修禅寺住持筏山智船の手によって建立された供養塔）の裏にある石製五輪塔が頼家の墓である。墓の左側には、頼家の家臣13名の墓と伝えられる「十三士の墓」がある。なお、「十三士の墓」はもともとは200mほど東にあったが、台風の被害により平成17年（2005）に現在地に移された　静岡県伊豆市

03 摂家将軍との関係

三代将軍源実朝の暗殺によって、源氏将軍が途絶えた後、親王将軍の鎌倉下向を後鳥羽院に拒絶された幕府は、摂関家出身の将軍、摂家将軍を、二代にわたって擁立することとなる。

四代将軍の藤原（九条）頼経（下向当時は三寅）は、九条道家の三男で、遠縁ではあるが頼朝と血縁的繋がりを有している。また、当時源氏将軍家は准摂関家なみの官職を得ていたので、摂関家庶子の頼経は、王朝官職・家格秩序という観点からも、次期将軍に適任であったとされる。嘉禄元年（一二二五）に北条政子と大江広元が相次いで死去すると、政子に養育されていた頼経は、執権北条泰時を烏帽子親として元服し、翌年、征夷大将軍に就任した。

このとき、頼経を源姓に改姓すべきか否か、幕府内で議論があったが、改姓は北条氏によって忌避されたと考えられている。北条氏は、東国の武士社会に存在した源氏将軍観（将軍は源姓であるべきとするイデオロギー）を利用し、源氏三代将軍の唯一の外戚であることを自らの政治的立場を維持する理論的根拠としていた。そのため、源氏三代将軍以外の源氏将軍の出現は、北条氏にとってはあってはならないことであったのである。頼家の娘で源氏将軍家の嫡女であった竹御所を頼経の妻とすることで、藤原姓の頼経の権威を補完したことも、この点に関して注目される。

泰時は、頼経を将軍に擁立するのと同時に、合議政治も推進した。近年、合議と専制とは相反しないことが明らかにされており、執権政治と得宗専制とを異質な政治体制とみなして、その断絶を強調することの困難さが指摘されている。泰時の政治も、将軍権力の弱体化や北条氏権力の拡大を意味するのではなく、御家人結集の核であった政子の死という危機に直面した政治改革として、現在は評価されている。また、北条氏は将軍の後見の地位を自らの権力の足場としたが、このことは、いまだ流動的な公武関係・幕府体制の中で、将軍の地位が依然として実体あるものであったことを示している。だからこそ、十三世紀半ばに続発した次のような幕府の内訌（ないこう）において、将軍は台風の目となったのである。

成長した頼経は、精力的に政務にあたる若き執権、北条経時（つねとき）によって、幼少の子頼嗣（よりつぐ）へ将軍職を譲らされる。頼嗣は、経時を烏帽子親として元服し、経時の妹を妻とした。頼経は将軍職を退いてからも、頼嗣を後見していたが、得宗家と対立していた近習の北条（名越（なごえ））光時（みつとき）らの陰謀が発覚すると、寛元四年に京都へ追放され（宮騒動（みやそうどう））、将軍後見の立場も執権北条時頼（ときより）に譲ることとなる。さらに時頼は翌年、三浦光村（みうらみつむら）が頼経の近習であったことなどを背景に、有力御家人三浦氏を滅ぼし（宝治合戦（ほうじかっせん））、建長四年（一二五二）には了行法師（りょうぎょうほっし）らの謀反に頼経が関与したとして、将軍頼嗣をも京都へ追放した。こうして幕府は、親王将軍を迎えることとなる。

（大島佳代）

北条氏・源氏将軍・摂家将軍関係系図

※数字は将軍就任順

北条時政
義時
政子
泰時
時氏
時頼
経時
檜皮姫
源義朝
頼朝①
女子
比企尼
比企能員
若狭局
頼家②
実朝③
坊門信清
西八条禅尼
公暁
一幡
竹御所
一条能保
女子
九条良経
道家
頼経④
頼嗣⑤

04

親王将軍との関係

鎌倉幕府は、建長四年（一二五二）の宗尊親王の関東下向から元弘三年（正慶二年、一三三三）の幕府滅亡まで、八十年余にわたり、始祖 源頼朝とは血統的に結びつかない皇族出身の親王将軍（宗尊・惟康・久明・守邦の四代）を奉戴した。

親王将軍の成立は、幕府の制度・機構の確立や、幕府儀礼・文芸などの発展をもたらした。その一方で北条氏は、親王将軍が自立して権力を志向し、摂家将軍のように反北条氏勢力と主従関係を結ぶことを強く警戒した。それが、幕府を二分する政争に何度も発展してきたからだ。そのため、北条氏は将軍と御家人の主従結合に細心の注意を払い、親王将軍を御家人たちから隔絶することに腐心した。結果として、親王将軍は反北条氏勢力の結集点として機能しなくなり、幕政運営からも完全に排除されたのだった。

さらに、厳密な法治主義と合議制によって運営されてきた執権政治体制はたび重なる御家人間の闘争や蒙古襲来などの未曾有の問題に対処するなかで大きく変質し、親王将軍期には得宗（北条氏の家督）個人が執権という幕府の役職を超えて幕府の最高権力を掌握するようになっていた。この幕政形態を得宗専制と呼ぶ。

この得宗専制下で、親王将軍はいわば「君臨すれども統治しない」存在だった。とはいえ、得宗の権力は幕府御家人制を存立基盤としていたため、親王将軍の奉戴は必要不可欠であった。そもそも、得宗の幕府での位置付け自体、極めて曖昧であり、得宗は執権に替わる—得宗にしか就任できない—自らの幕府での地位を築けず、あくまで黒幕に終始した。これに対し、幕府の命令文書は幕府滅亡まで「鎌倉殿（将軍家）」の名義で発給されていた。すなわち、親王将軍は至高の権威として機能し、名目上とはいえ幕府の首長であり続けたのである。

「得宗専制」という語で埋没されがちだが、得宗の権力確立過程における「君臨すれども統治しない」親

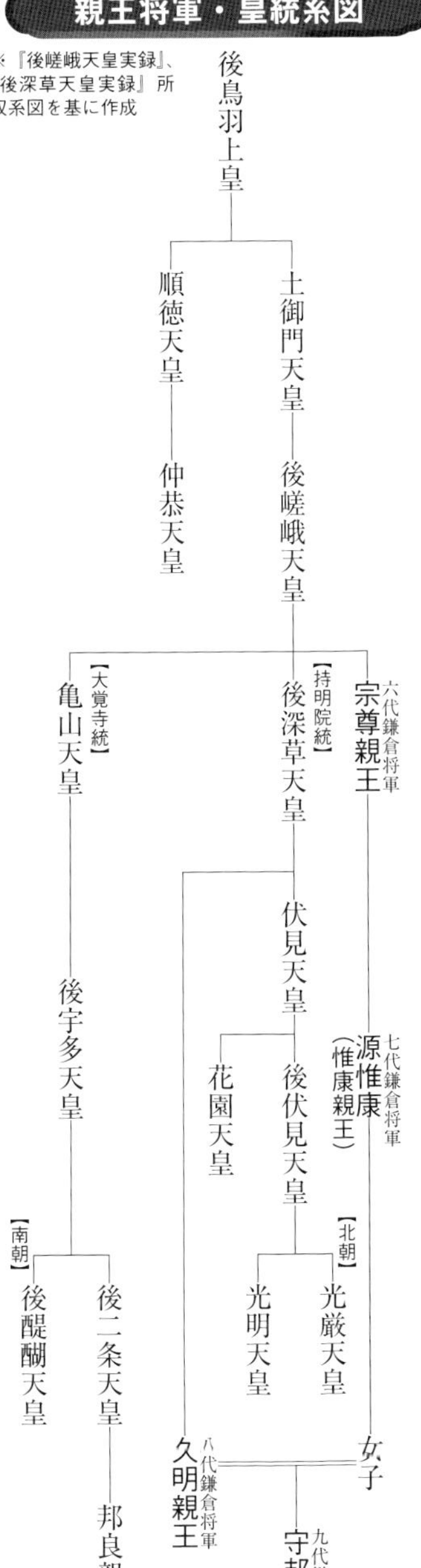

後嵯峨天皇◆「天子摂関御影」 北条泰時の意向により皇位に就き、その後の幕府（北条氏）と朝廷（天皇家）との関係に大きな影響を与えることになった。藤原（九条）頼嗣の更迭にともない、子の宗尊親王が幕府の将軍となった　宮内庁三の丸尚蔵館蔵　三の丸尚蔵館展覧会図録『鎌倉期の宸筆と名筆』（2012 年）より転載

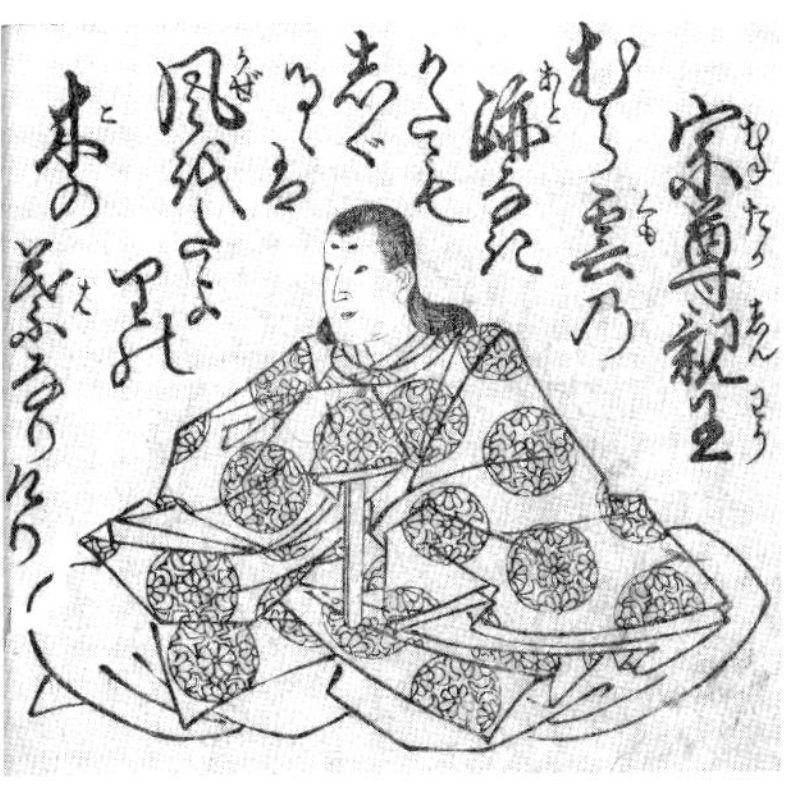
『義烈百人一首』に描かれた宗尊親王◆後嵯峨天皇の子で、初の親王将軍となった。和歌を好み、鎌倉歌壇を牽引するも、文永３年（1266）に謀叛を疑われて京都に送還された。文永 11 年（1274）８月１日に死去した　個人蔵

王将軍の歴史的意義と役割も注視する必要があろう。

（矢嶋翔）

05 京都政界からの評価

文治元年（一一八五）の源義経の挙兵失敗後、朝廷が出した自身の追討命令に憤慨した頼朝は大軍を上洛させた。一般に守護・地頭の設置許可として知られる公武間の交渉が行われるが、この際朝廷との折衝にあたったのが北条時政であった。当時の貴族は日記に時政のことを「珍物」「田舎の者」と記している。時政は、頼朝の舅であるとともに、当時幕府との交渉にあたる関東申次に選ばれた吉田経房が伊豆守だったころに在庁官人として関係を持っていたことから、こうした役にも適任であった。

承久の乱（一二二一）は公武関係の大きな転換点となった。鎌倉方の将だった北条泰時・時房は六波羅探題として京都に駐留し、各地の武士の押領など乱後の混乱を鎮める。両者は後に鎌倉に帰還して執権・連署となった。将軍頼経の父として幕府と結び、朝廷を主導していた九条道家は、乱後十数年を経た段階で配流されていた後鳥羽・順徳両院の帰京を申し入れたものの、泰時は御家人一同の総意として断固反対した。後鳥羽は延応元年（一二三九）に隠岐で死去したが、翌年の連署時房の死は、その怨霊によるものだという噂が京都に広まった。また、仁治三年（一二四二）に外孫の四条天皇が死ぬと、道家は後継として順徳院の子を皇位につけようとしたが、泰時はそのようなことがあれば退位させよ、とまで言ったという。こうして、承久の乱に消極的だった土御門院の子後嵯峨天皇が擁立されるが、その直後に泰時は死去する。時房・泰時と相次ぐ死に、当然今回も後鳥羽の怨霊の噂が広まった。

鎌倉で摂家将軍と得宗との関係が悪化するなか、京都における九条道家の立場も危うくなる。寛元四年（一二四六）正月には後嵯峨が譲位して院政を開始し、さらに閏四月には、前執権経時が死去した。鎌倉では政変が起こり、執権時頼は、反得宗の名越一族らと結びついた前将軍頼経を京都に送還した。さらに時頼は、

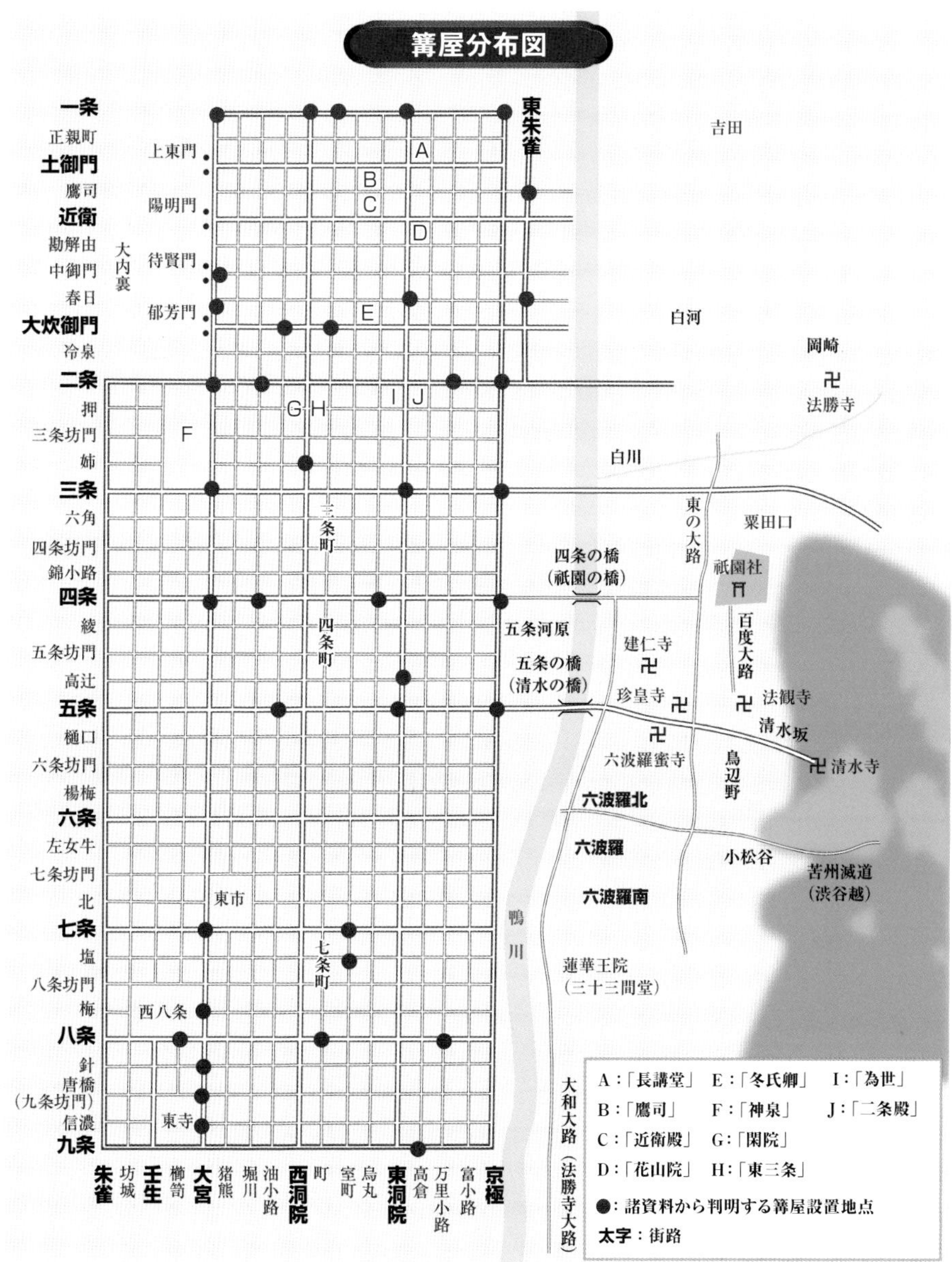

※野口実「仁和寺本『系図』収録「平安京図」に見える篝屋の設置地点について」(『仁和寺研究』5、2005年)を元に作成

それまで関東申次として公武間の交渉を担ってきた道家を更迭すべきことを申し入れる。公武にわたって絶大な権力を誇った九条道家は失脚した。

しかし、三浦氏をはじめ、摂家将軍を核とする反得宗勢力はいまだ残っていた。続けて時頼は京都に申し入れをする。その内容は、関東申次に西園寺家を推挙することや、篝屋を停止することなどであった。篝屋とは、かつて泰時が京都各地に設置した幕府御家人の駐在所である。京都の住人は、篝屋によって治安が向上し、枕を高くして寝られるようになったと喜んでおり、今それを孫の時頼が停止することを非難した。時頼がかかる反発をうけてまでこうした申し入れを行ったのは、朝廷に幕府の武力が不可欠であることを印象づけ、その圧力のもとで、新たに始まる後嵯峨院政に政治の刷新（徳政）を求めるためであった（のちに篝屋は復活している）。その後宝治元年（一二四七）には、三浦氏が時頼に敗れた。こうして、将軍に決定権があった関東申次の選任も、得宗家に権限が移った。幕府が皇位・摂関の人事に介入するなど朝廷への影響力を強めるのにあわせて、得宗家には絶大な権力が集まったのである。

鎌倉幕府で本格的に得宗専制政治が進展していくなか、京都の人々の意識にも変化がみられた。関東の将軍や執権が死去した際には、京都にも穢れが及ぶと朝廷でみなされていたが、すでに執権を退いて長い得宗貞時が死去した際にも同じように天下触穢とみなされた。得宗という地位の重みが京都の人々にとっても増していたと言えよう。公家の裁判の場で、得宗の私的な書状が「関東の安堵」として法的効力を持つようになっていったのも貞時期である。

このように得宗家の権力は拡大するが、一方で京都の基準からみた北条氏の家格は決して高いものではなかった。幕末、後醍醐天皇の皇子護良親王が発した令旨には、得宗高時を「伊豆国在庁」北条時政の子孫、「東夷」などと貶める文言が載せられていた。後醍醐側は、北条氏の出自の低さを強調してその暴虐ぶりを非難し、討幕勢力の結集をはかったのである。

（勅使河原拓也）

06 一族を取り巻く姻戚関係

鎌倉時代の武家社会にとっては親族だけでなく、姻族との結びつきも非常に重要であった。親族・姻族間には非常時はもちろん、日常的に協力関係が見られ、婚姻は相互の家の結びつきを強める手段であった。したがって、婚姻相手の選定は重要な問題であり、対等、もしくはそれ以上の家格を有する者が選ばれることが多かった。

　これらの前提を踏まえると、北条氏の姻戚関係はその幕府内での立ち位置の変化にともなって変遷しているものと考えられるため、ここでは時期を追ってその姻戚関係を辿っていくこととする。

　北条氏の繁栄は、政子と源頼朝の婚姻によるところが大きい。そのため、当然のことながら、北条氏が最も重視したのは将軍家との姻戚関係であった。摂家将軍・藤原（九条）頼経の御台所となったのは頼家の息女として源氏将軍・北条氏双方の血をひく竹御所であり、次代の藤原（九条）頼嗣の御台所となったのは北条時氏の娘である檜皮姫であった。両者を通して北条氏は将軍家の姻族としての立場にあったといえる。残念ながら、この二人の御台所は子を残すことなく死去してしまうが、さらに次代、宗尊親王御息所となった近衛宰子は北条時頼の猶子となって婚姻しており、北条氏は再び姻族としての立場を取り戻すとともに、親王家と姻戚関係を結ぶことのできる家格を手に入れている。

　北条義時は比企氏、泰時は三浦氏を最初の室として迎えているが、これは頼朝の声がかりで成立した婚姻であり、有力御家人どうしを結ぶことで幕府の体制を盤石にしていくことを見据えた、将軍・頼朝の意図によるものであろう。

　一方、時政の娘たちは阿野氏・足利氏・平賀氏といった頼朝の縁に繋がる源氏一族、畠山氏・稲毛氏・宇都宮氏といった有力御家人層と縁づいている。源氏一族との婚姻は、将軍家の外戚として幕府内での地位を確立していこうとする意識を感じるものであり、家格の釣り合う御家人どうしの婚姻は、御家人相互の協力体制を固めるためのものとみられる。

また、特筆すべきなのは、京都の下級貴族出身であった時政の継室・牧（まき）の方（かた）の縁で坊門（ぼうもん）家や三条（さんじょう）家といった公家との間にも婚姻関係を持っていることである。こうした公家との婚姻は、義時の娘にも多くみられる。嘉禎（かてい）年間において、北条氏をはじめとした関東御家人の娘との婚姻は、公家にとっては家格にあわないものとして忌避する風潮があった一方で、後盾を得て出世をもたらすものとしてこれを望む者も多かったという。御家人側にとっても、公家との婚姻は自身の家の権威付けや京都との連絡、交渉ごとにおけるネットワーク作りなどにつながり、互いにとって益のあるものであった。

こうした姻戚関係の広がりは、北条氏が幕府内での地位を上昇させていく足がかりとなるが、同時に牧の方や伊賀（いが）の方（かた）による政変を引き起こすことにもつながっていくのである。

なお、いくつかの政変を経て、北条氏が執権としての権力を確立した後には、安達（あだち）氏・三浦氏・宇都宮氏といった一定の御家人との婚姻がみられるようになる。

安達氏は時氏の室に続いて時宗（ときむね）の室を輩出しており、得宗家（とくそうけ）の外戚として以後、力を増していく。また、足利氏との婚姻は鎌倉時代を通して相互に繰り返されており、足利氏嫡流の室は全員が北条氏であるなど、両者の姻戚関係は非常に強固なものだったといえる。

五代目執権・時頼の室は北条重時（しげとき）の娘であるが、これは兄・経時（つねとき）が早世し、イレギュラーな形で家督を継ぐことになった時頼が、当時北条一族の重鎮であった重時の後盾を得るための婚姻であったものと見られる。

北条一族内部は、いくつもの庶流に枝分かれしたことで複雑化していった。こうした一族内の結束をはかるためか、または北条氏が権力を確立し、家格を上昇させていった結果、釣り合う家が少なくなったためか、時代を下るごとに一族内での婚姻が増加している。

鎌倉時代を通して北条一族の婚姻相手として最も多いのは実は北条氏、同族なのである。

（小野翠）

伝足利義兼画像◆足利義康の子。奥州合戦や大河兼任の乱で軍功を上げた。源頼朝の門葉として高い家格を得た。北条時政の娘との間に嫡男義氏を儲けている　栃木県足利市・鑁阿寺蔵

宇都宮頼綱画像◆宇都宮業綱の子で、小山政光の猶子となった。歌人としても知られる。北条時政の娘との間に嫡男泰綱を儲けている　京都市西京区・三鈷寺蔵

竹御所の墓◆竹御所は源頼家の娘で母は比企氏。一幡の同母妹。実朝の死により源氏将軍が途絶えると、頼朝の唯一の直系子孫として鎌倉将軍家の継続にあたって大きな役割を果たした。その死は御家人たちに大きな動揺をもたらしたという。墓は比企氏の菩提寺・妙本寺にある　神奈川県鎌倉市

07 躍動する北条氏の女性たち

北条氏の女性たちの中でその生涯について詳しくわかっている人物は、政子を除きほとんどいない。ただし、『吾妻鏡』などの資料から断片的にその活動や担った役割を知ることができる人物がいる。その中の数人を紹介し、一族の女性たちの果たした役割の一端に光を当ててみたい。なお、ここで取り上げる「北条氏の女性」には北条氏出身の女性に加え、北条氏と婚姻関係を結んだ女性も含むこととする。

【阿波局】北条時政の娘。源頼朝の異母弟である阿野全成の妻であり、実朝の乳母でもあった。梶原景時が誅殺された事件では、結城朝光に景時が朝光を讒訴しているとの情報を伝え、事件のきっかけを作っている。夫が謀叛の疑いで誅殺された後も実朝に仕え、政子・実朝親子を支えたものとみられる。

【泰時室】北条泰時の継室。安保実員の娘。寛喜元年（一二二九）頃から泰時や竹御所が幕府行事に参加する際に同行するなどの活動が見える。また、同年に岩殿観音堂（埼玉県東松山市）に詣でた際には、北条朝時の室（大友能直の娘）らと密かに会合している。竹御所後見という政子の担ってきた役割を引き継ぐとともに、一族の女性たちと交流し、意思疎通をはかっていたものとみられる。こうした女性同士の会合の場で重要事項について協議されることもあったのであろう。

【檜皮姫】北条時氏の娘。兄は経時・時頼。寛元三年（一二四五）、将軍藤原（九条）頼嗣の御台所となった。この婚姻で北条氏は竹御所の死後途切れていた、摂家将軍家の姻族としての立場を取り戻した。宝治元年（一二四七）に十八歳の若さで世を去っている。

【覚海円成】北条貞時の妻、高時の母。安達一族である大室泰宗の娘。元弘三年の幕府滅亡後、後醍醐天皇が尊氏に宛てた綸旨によって、伊豆国北条宅（静岡県伊豆の国市）と上総国畔蒜庄（千葉県君津市・木更津市）を安堵されている。晩年にはかつて北条氏の本拠地であった北条宅に移り住み、円成寺を建立。北条一族の鎮魂を祈るとともに、残された子女を養育した。

【赤橋登子】北条久時の娘。兄は最後の執権・赤橋守時。足利尊氏の室。元弘三年（一三三三）、後醍醐天皇の挙兵を受け、尊氏が幕府軍として出陣するに際しては息子とともに鎌倉にいたものの、ほどなく脱出している。尊氏との間になした子が、のちに室町幕府を引き継ぐことになる義詮である。鎌倉幕府とともに北条氏が滅亡した後も登子を通じて、北条氏の血脈が足利氏に引き継がれているのである。

（小野翠）

足利義詮画像◆足利尊氏と赤橋登子の間に生まれ、尊氏の跡を継ぎ室町幕府２代将軍になった　京都市右京区・宝筐院蔵

円成寺跡◆北条氏邸跡に創建された。発掘調査で礎石建物跡、池跡、井戸跡などが見つかっている。覚海円成の死後は山内上杉氏の庇護をうけ繁栄した　静岡県伊豆の国市

視点 牧の方と伊賀の方

北条時政の後妻である牧の方は、院の近臣を輩出した家の出身であり、平清盛の継母池禅尼の姪である。父宗親は平頼盛（池禅尼の子）領であった駿河国大岡牧（静岡県沼津市・裾野市）の代官をつとめた。時政と牧の方はかなり年齢が離れており、頼朝挙兵後に結婚したのであろう。

三代将軍実朝の時代に、牧の方は時政の先妻の子である政子・義時姉弟との対立を深めた。元久二年（一二〇五）六月に、時政は有力御家人で娘婿の畠山重忠を討ったが、重忠討伐を主張したのは牧の方であった。同年閏七月には、時政と牧の方は実朝を廃して娘婿の平賀朝雅を将軍に擁立する陰謀を企んだとして失脚した。時政は出家して伊豆国北条（静岡県伊豆の国市）に隠棲した。

嘉禄三年（一二二七）に、牧の方は京都の藤原国通の邸宅で時政の十三年忌仏事をおこなった。国通は牧の方の娘婿であり、牧の方の娘（宇都宮頼綱の妻）や孫娘（藤原為家の妻）も仏事に出席した。牧の方は政争に敗れて鎌倉を追われたが、婚姻ネットワークを活かして京都で活動したのである。

北条義時は姫前（比企朝宗の娘）を妻としていたが、建仁三年（一二〇三）の比企氏滅亡後に離縁した。その後、義時は伊賀の方と結婚しており、元久二年（一二〇五）に政村が生まれた。伊賀の方の父伊賀朝光は幕府の宿老であり、兄の光季は京都守護、光宗は政所執事に登用されている。建保七年（一二一九）の実朝暗殺後に幕府は三寅を将軍後継としたが、義時は三寅とともに鎌倉に下向した一条実雅（三寅の大叔父）を娘婿とした。

貞応三年（一二二四）六月に義時が急死すると、伊賀の方は娘婿の実雅を将軍に子息の政村を執権に擁立しようと計画したとされるが、義時の姉で実質的な将軍であった北条政子が有力御家人の三浦義村を説得したうえで、泰時（義時の長子）を執権に就任させた。政子との政争に敗れた伊賀の方は、鎌倉を追われて伊豆国北条に下向した。

（田辺旬）

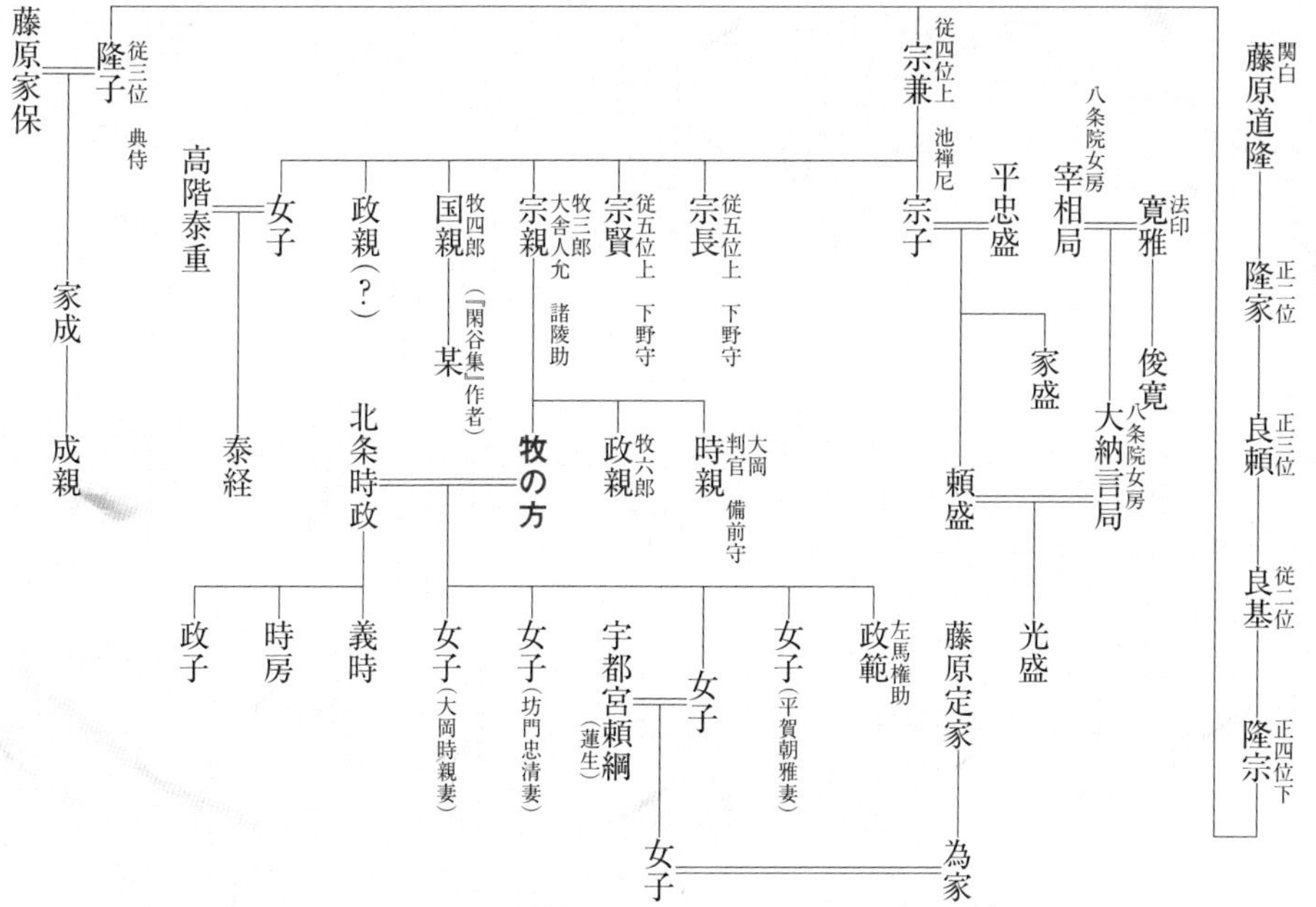

関白 藤原道隆 ― 正二位 隆家 ― 正三位 良頼 ― 従二位 良基 ― 正四位下 隆宗

隆宗 ― 従三位 典侍 隆子（＝藤原家保）・従四位上 宗兼

藤原家保＝隆子 ― 家成 ― 成親

法印 寛雅＝八条院女房 宰相局 ― 俊寛・八条院女房 大納言局

宗兼 ― 池禅尼 宗子・従五位上 下野守 宗長・従五位上 下野守 宗賢・牧三郎 大舎人允 諸陵助 宗親・牧四郎 国親（『閑谷集』作者）・政親（？）・女子

平忠盛＝宗子 ― 家盛・頼盛

頼盛＝大納言局 ― 光盛

国親 ― 某

高階泰重＝女子 ― 泰経

宗親 ― **牧の方**・牧六郎 政親・大岡判官 備前守 時親

北条時政＝**牧の方** ― 左馬権助 政範・女子（平賀朝雅妻）・女子・女子（坊門忠清妻）・女子（大岡時親妻）

北条時政 ― 義時・時房・政子

宇都宮頼綱（蓮生）＝女子 ― 女子

藤原定家 ― 為家

為家＝女子

牧氏（大岡氏）とその係累◆野口実「伊豆北条氏の周辺」『京都女子大学宗教・文化研究所研究紀要』20、2007 年）より転載

北条氏邸から出土した陶磁器◆発掘調査により、建物や塀、井戸、区画溝など平安期末から鎌倉期前半にかけての遺構が見つかっている。一方、鎌倉期後半の遺構は見つかっておらず、その頃には衰退していったものと考えられている　伊豆の国市教育委員会蔵

08 全国に拡大していった所領

北条氏は経済基盤として、多くの所領を地頭職などの形で保有していた。その所領はどのような変遷をたどったか。地域的・数的な変遷を追っていく。

早く北条時政の時代には、東海道や、陸奥・九州といった列島の周縁部に所領を有していた。その後、合戦で敗者から没収した所領を獲得し、北条氏の所領は増加する。和田合戦（一二一三）や承久の乱（一二二一）では、義時・泰時・時房らが多くの所領を獲得し、特に承久京方の所領を獲得することによって、西国における北条氏所領が増加した。

蒙古襲来を機に、九州を中心に北条氏の所領が多数増加することになる。これは異国警固の必要性によるものであり、北条氏領の多くは軍事・交通の要地をおさえる位置にあるのが特徴であった。貞時の時代には得宗の権力が確立し、得宗領も大幅に増加した。注目すべきなのが、関東御領（将軍家が有する荘園）との関係である。北条氏の所領には、関東御領も一定度含まれるが、特に得宗領において関東御領の割合は大きい。のちには、得宗領自体を指して「関東御領」と称する事例も見られ、幕府における得宗の地位向上がうかがえる。また、各国には守護職に付随する所領（守護領）も存在し、蒙古襲来後、多くの国の守護を務めた北条氏は多数の守護領も獲得した。

所領を経営する代官には、在地の者と在鎌倉（あるいは在京）の者とがいたが、得宗領では、時代が下るにつれて鎌倉にいる得宗被官（安東氏など）が現地とを仲介するようになり、組織的な経営が行われた。

右に見たような得宗領が、北条氏の所領の中で最大だったことは確かだが、一門（時房流や名越氏・金沢氏など）の所領も多数にのぼった。従来の研究では、得宗の一門に対する統制が強調されていたが、こうした独自の経済基盤を保有していたことなどから、近年では得宗に対する一門の自立性も重視されている。

鎌倉期を通じて拡大していった北条氏の所領である

が、これにより所領を失う者も生まれた。彼らは旧領を回復するため、後醍醐天皇方に参ずるなど、その動向は幕末の政情に少なからず影響した。旧北条氏領は鎌倉幕府の滅亡にともない建武政権によって没収され、のちに足利尊氏（あしかがたかうじ）も武士への恩賞として活用するなど、鎌倉幕府滅亡後も旧北条氏領は大きな意味を持った。

（勅使河原拓也）

江戸時代の六浦の様子を描いた「瀬戸秋月」◆六浦はもともと三浦一族の所領であったが、政変を経て三浦一族が没落すると北条氏の手に帰した　「金沢八景」のうち　国立国会図書館蔵

北条氏過所船旗◆諸国の関所を通過する際の関料免除を定めた通行証で、得宗家領の若狭国守護領内多烏浦の船徳勝に北条時宗が与えたもの　「秦家文書」　京都大学総合博物館蔵

安東円恵画像◆御内人として著名な安東蓮聖の子。安東氏をはじめとする御内人は、得宗領経営に大きな役割を果たし、有徳人となるものもでた　奈良国立博物館蔵　出典：ColBase（https://colbase.nich.go.jp/collection_items/narahaku/949-0?locale=ja）

09 家ごとに特徴のある所職の変遷

鎌倉幕府における北条氏の最も重要な職が、執権・連署である。「執権」とは本来、複数いる政所別当のうちの責任者を意味する。その執権の補佐役が連署（執権と並んで幕府発給文書に署名する意）であるが、近年の研究では本来両者の地位は対等だったともされている。鎌倉後期には、執権職の意義が低下したことにともない、得宗家以外の執権就任も見られるようになった。北条氏の中でも、執権・連署に就任する家は、得宗のほか、赤橋・普恩寺など限られていた。これらの家は、得宗とともに幕政を運営する寄合衆にも名を連ねており、北条氏内部でも寄合衆にいたる家格は高位とされ、評定衆や引付頭人にまでしかなれない家格とは差があった。

地方においては、承久の乱で鎌倉方の軍勢を率いて上洛した泰時・時房はそのまま駐留し、六波羅探題が成立した。義時の死後、泰時・時房は鎌倉に帰還したが、その後も六波羅探題には、北方・南方の二名ないしいずれか一名が就任した（関東と同様、いずれかが「執権」の地位にあった）。探題の地位は、当初は北方が南方に優越しており、北方のほうが就任者の家格も高かったが、鎌倉後期には南方も執権探題になるなど地位が向上した。幕府にとっては京都をおさえる重要な職だが、就任する北条氏一門にとっては負担が大きい一方で、出世コースとしてはさほど重視されておらず、就任は忌避されがちだった。

蒙古襲来後には、九州に鎮西探題が設置され、六波羅と同じく北条氏一門が就任した。さらに北条氏一門が帯する各国の守護職も大きく増大した。一門の守護職は得宗の強力な統制下にあるとされ、得宗専制の証左ともされたが、近年の研究では一門の自立性も重視されている。

このほか、北条氏は朝廷からの官位（位階と官職）も多く得ていた。官位は身分秩序の標識としても機能しており、受領（国守）などの職を得る北条氏は諸大夫身分に属し、侍身分に属する一般御家人を凌駕していた。とくに得宗は、国守の中でも特別な「太守」の号をもって称された。ただし将軍とは違い、得宗といえども公卿（三位・参議以上）の地位にはいたらず、得宗専制下で公武に大きな権力を振るったこととは裏腹に、官位秩序の上での地位は極めて低いものだった。

（勅使河原拓也）

永仁２年７月27日付関東御教書◆関東御教書は執権が将軍の意を承って発給した文書で、連署の設置以降は執権・連署の連名で発給された　東京大学史料編纂所蔵

永仁３年８月10日付六波羅施行状◆六波羅施行状は鎌倉幕府の命令を六波羅管轄国へ伝達する際、将軍の文書とともに発給された六波羅探題の文書。下知状形式を取ることが多かった　「東寺百合文書」　京都府立京都学・歴彩館蔵

10 得宗家の被官となった御家人たち

北条氏と主従関係をむすんだ人びと（被官）のうち、得宗家の被官を「得宗被官」と呼んでいる（史料上は「御内人」とみえる）。得宗被官は、単純に北条氏の従者というわけではなく、ほとんどが御家人身分を保持していることに注意しなければならない。すなわち、政治や儀礼といった個々の局面に応じて、御家人と得宗被官という二つの顔を使い分けていたのである。ここではその得宗被官としての立場についてみてみたい（極楽寺流をはじめとする北条氏庶流が独自に編成した被官については紙幅の都合により割愛する）。

得宗被官のうち、鎌倉幕府の滅亡まで活動した有力被官として、平（長崎）・諏訪・尾藤・工藤・安東（平姓・藤姓）・南条の各氏があげられる。彼らは、得宗の申次や供奉人、あるいは東使（朝廷への幕府特使）などとして活動するとともに、得宗家の経済や訴訟処理などを管掌した得宗家の家政機関（「得宗家公文所」と呼ばれた）の職員となった。得宗家公文所は、北条時政のころより整備が進められ、北条泰時のときに家令（家政機関の長官）の創設・家法の制定・発給文書様式の確定などがおこなわれた。そして、初代家令の尾藤景綱が亡くなった文暦元年（一二三四）、発給文書の奉者であった平盛綱がその職務を兼ねつつ二代目の家令となり、のちに長官は「執事」（「内管領」とも）と呼ばれるようになった（得宗家公文所が発給した文書様式が鎌倉幕府のそれよりも先行する場合もあった）。

このように、得宗家公文所が整備されるなかで役職の階層化・世襲化がおこり、同時に、遅くとも北条時宗政権期には得宗被官の内部でも家格秩序が形成されていく。すなわち、得宗家公文所の中枢を構成した特権的な支配者層（執事・寄合衆となった平〈長崎〉氏をはじめとする有力被官層）と、下級職員（奉行人など）や一般得宗被官といった被支配者層とに分化していったのである。また、得宗—得宗被官という主従関係の外部には、得宗となんらかの縁を有する「得宗恩顧」

と呼ばれる人びとが広汎に存在した。そして、彼らは各々の利害や思惑にもとづいて得宗と連携したため、得宗権力が及ぶ人的・空間的な領域は伸縮可能だったと考えられるのである。

蒙古襲来後には、得宗権力の伸長につれて、得宗被官も幕府内で存在感を増していくとともに、御家人の被官化も進行していく。さらに列島社会でも「得宗恩顧」の人びとが際限なくひろがっていった。そして、特権的な立場を利用して幕府の主導権を握り、朝廷にも大きな影響を及ぼした平頼綱（よりつな）や長崎盛宗（もりむね）（高綱（たかつな）とも。法名円喜（えんき））・高資（たかすけ）父子に代表されるような有力な得宗被官も登場し、最終的には得宗家をも凌駕する実権を手中に収めるようになるのである。

（工藤祐一）

得宗被官長崎氏の館跡と伝わる長崎神社◆伊豆国田方郡長崎郷の地頭職を得たことから長崎氏を名乗ったとされる　静岡県伊豆の国市

伝長崎高綱（円喜）の墓◆静岡県伊豆の国市・長昌院

11 重要視された武芸故実

建久四年（一一九三）五月、富士でおこなわれた巻狩りで源頼朝が自身の後継者と期待する頼家に御家人の前で武芸を披露させたように、武家政権の主として、御家人たちからの名望を得るためには、「武芸」に堪能であることが求められたとされる。

頼朝の武芸故実への重視は、文治二年（一一八六）に西行に秀郷流の武家故実を質問したこと（『吾妻鏡』）や、文治三年の鶴岡八幡宮の放生会開始を契機として、御家人たちの武芸故実の統一・再編を図ったという指摘があることからもうかがえる。

このような、武士として王朝守護を担うというアイデンティティーと武家故実の重要さとを、北条氏の人々も自覚していたと考えられている。北条重時は『六波羅殿御家訓』の中で武芸を疎かにしてはならないと遺誡した。北条時頼も御家人の武芸が廃れていることに心を悩ませ、御家人に対し武芸の振興を命じている（『吾妻鏡』）。

北条泰時は、経時・時頼が鶴岡八幡宮の放生会で初めて流鏑馬をおこなう際、前もって鶴岡八幡宮で試射をさせ、それを幕府の重臣三浦義村らに披露させた。さらに、泰時が海野幸氏に時頼の流鏑馬について諮問すると、幸氏は西行の説をひいて、弓の持ち方について助言した。その後、三浦義村らと弓馬の故実について談じたという逸話がある（『吾妻鏡』）。

また、経時と時頼は将軍頼経の前で武芸を披露している（『吾妻鏡』）ほか、弘長元年（一二六一）四月二十五日には、時宗も宗尊親王の前で小笠懸を披露し、将軍を驚嘆させている。執権が幼少であることの多くなった鎌倉末期には、高時の子邦時の矢開の儀式（嘉暦四年〈一三二九〉五月九日）が華やかにおこなわれたとされる。この儀礼は、得宗家嫡としてのアイデンティティーを強化するためであるとの見解もあり、北条氏がその自己認識に自覚的であったことが、武芸と儀礼の双方を通じてうかがえると指摘される。（弓山慎太郎）

大ムカデを退治する藤原秀郷◆平貞盛とともに平将門を討伐した秀郷流藤原氏は武芸に優れた一族として東国で繁栄するとともに、それぞれの家に伝えられた武家故実は東国武士たちの間で重要視された。小山氏、長沼氏、結城氏、佐野氏、那資氏をはじめ、多くの秀郷の子孫が鎌倉幕府の御家人となった　「俵藤太物語絵巻上巻」　栃木県立博物館蔵

「男衾三郎絵詞」に描かれた笠懸の様子◆馬上から的に向かって鏑矢を射る。平安期から盛んにおこなわれるようになり、流鏑馬・犬追物とともに重要な武芸として認識されていた。笠懸の種類として小笠懸や遠笠懸がある。流鏑馬が儀礼的な側面が強いのに対し、より実戦的な側面が強いとされる　国立国会図書館蔵

12 鎌倉歌壇を推進した北条氏

執権北条氏の歌や文化は、北条氏だけではなく、将軍との関係を念頭にして考える必要があると指摘されている。たとえば、義時と泰時はともに源実朝の和歌会に伺候しているとされるし、また、後鳥羽上皇と親密で、京文化を鎌倉にもたらしたとされる実朝の和歌活動に、義時・泰時父子が多く関与していたことが明らかにされている。

藤原（九条）頼経が将軍となったとき、摂家将軍に必要とされたのは文武両道であったとされる。泰時は頼経の将軍たるにふさわしい和歌活動を牽引したとする一方で、経時と時頼はあまり和歌に興味を持った様子はなく、将軍主催の和歌御会に加わった形跡もないことが指摘されている。その理由として、彼らの個人的な和歌への興味と、執権としての公的な和歌への関与とは弁別せねばならないとしつつも、彼らの歌壇活動への関わりの薄さは、宗尊親王歌壇が盛えている以上、あえて競合して執権が和歌行事を催す必要も無いと判断したからという見解もある。

この時期、得宗家の歌壇活動への参加はあまり見られないが、それに代わって時房流や政村流の北条氏らが鎌倉における歌壇の主流となったと考えられている。なお、時宗も和歌の事績に乏しいが、「現存三十六詩歌屏風」を制作させていることが注目されている。これは、鎌倉幕府の「権威」を担当するとされる将軍惟康親王の身辺を王朝文化で荘厳するためのものと推測されている。

時宗の子貞時は和歌に非常に熱心であったとされ、正応五年（一二九二）、鎌倉の主要歌人に命じて三島社に和歌を奉納させている。貞時は二条派の歌人・二条為世を師としながらも、関東風の歌風と京極派の歌風をも兼ね備える実力があったと評価されている。

また、『吾妻鏡』には和歌によって神仏の心を動かし、利益を得る様を描いた歌徳説話調の話が散見することは、つとに指摘されている。また、同書には、北

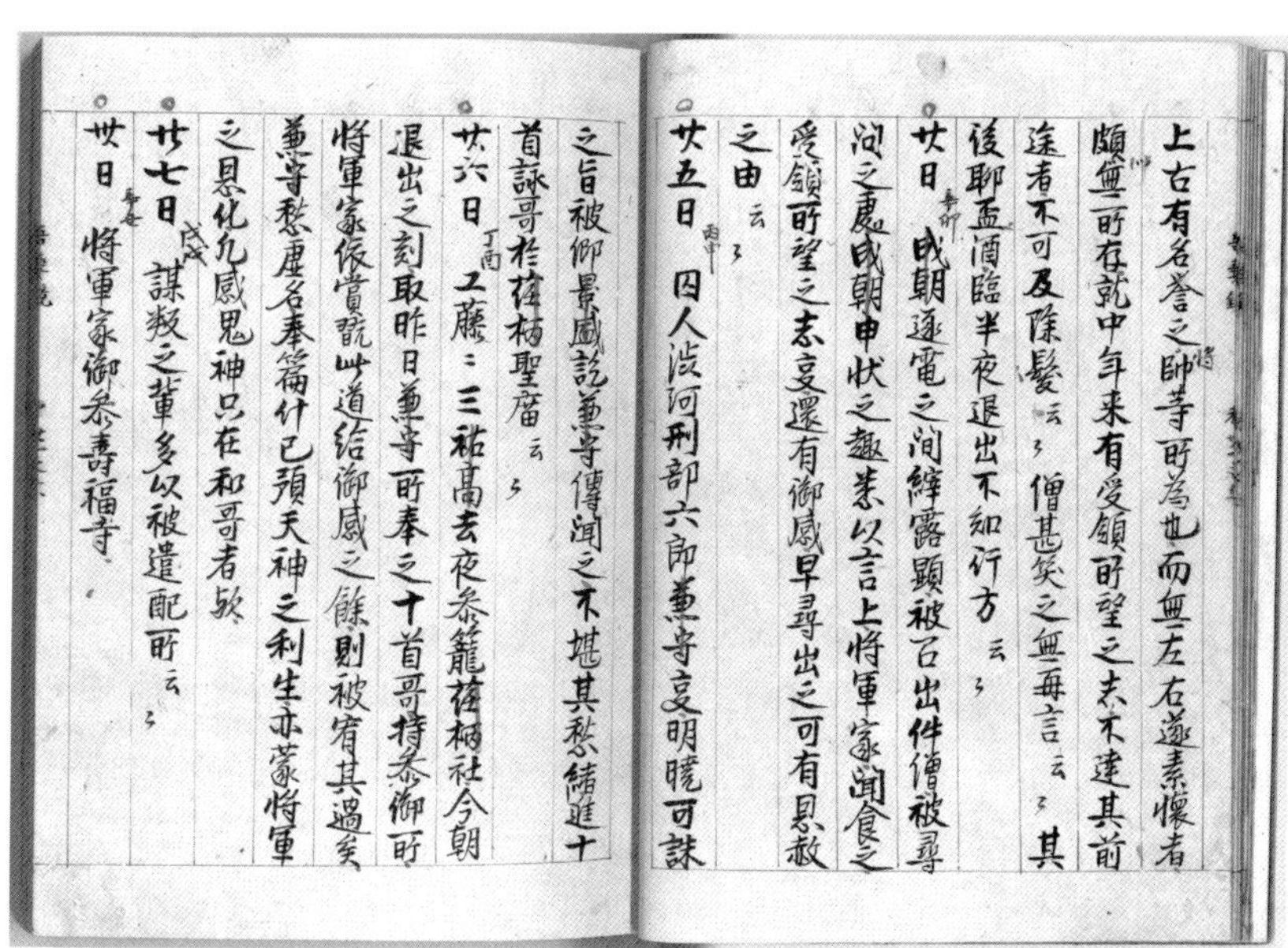
上古有名誉之師等所為也而無左右遂素懐者
頗無所存就中年来有受領所望之志不達其前
途者不可及除髪云々僧甚咲之無毎言云々其
後聊盃酒臨半夜退出不知行方云々
廿日辛卯　武朝逐電之間篩露顕被召出件僧被尋
問之處武朝申状之趣恚以言上将軍家聞食之
受領所望之志返還有御感早尋出之可有恩赦
之由云々
廿五日丙申　囚人渋河刑部六郎兼守可明曉可誅
之旨被仰景盛説兼守傳聞之不堪其愁緒進十
首詠哥於荏柄聖廟云々
廿六日丁酉　工藤三郎祐高去夜参籠荏柄社今朝
退出之刻取昨日兼守所奉之十首哥持参御所
将軍家依賞翫此道給御感之餘則被宥其過失
兼守愁歌奉篇什已預天神之利生亦蒙将軍
之恩化允感鬼神只在和哥者歟
廿七日戊戌　謀叛之輩多以被遣配所云々
廿日己亥　将軍家御参寿福寺

『吾妻鏡』建暦３年２月26日条◆無実の罪を憂いて渋河兼守が詠んだ十種の和歌が天神の心を動かし、さらには和歌を愛する源実朝の温情を得たというエピソードを載せる　国立公文書館蔵

条義時が源実朝と実朝に叱責を受けた東重胤（とうのしげたね）とを和歌によって取り成した話や、泰時が承久（じょうきゅう）の乱（らん）後、敵方の和歌に感動して死罪を止める話を載せている。そして、『吾妻鏡』建暦三年（一二一三）二月二十六日条は、「およそ鬼神を感動させるものは、もっぱら和歌である。」と結ばれるが、その和歌の効能を理解する存在として北条氏が描かれている点も注目される。

（弓山慎太郎）

『義烈百首』に描かれた北条政村◆北条義時の子で執権や連署など幕府の要職を歴任した。公家歌人の飛鳥井教定と交流するなど和歌を好み、勅撰集には40首入集している　個人蔵

13 都市鎌倉の開発と結びついた信仰

北条氏の信仰は、実に多種多様である。北条氏にゆかりのある寺院の筆頭に挙げられるのが、伊豆の願成就院（静岡県伊豆の国市）である。文治五年（一一八九）の源頼朝の奥州出兵に際して、北条時政がその成就を祈願すべく建立し、義時により伽藍の拡大が進められ、泰時もこの地で義時の追善仏事を修するなど、北条氏にとって特別な寺院となった。

鎌倉地域に目を転じると、著名なものにまずは北条氏の禅宗への傾倒がある。時頼が蘭渓道隆を招いて建長寺を建立し、時宗も無学祖元を招き円覚寺を建立したことは有名だ。これら禅宗寺院では北条氏の法要がおこなわれたが、元亨三年（一三二三）に催された円覚寺における貞時十三回忌供養および法堂供養は、鎌倉中の禅僧が集って供養を勤めた大規模な仏事としてよく知られている。これら禅宗寺院は、のちに鎌倉五山として格付けされる。

また、北条氏との結びつきで注目されることに、極楽寺をはじめとする真言律宗との関係がある。彼ら律宗集団は、救済事業や土木事業の担い手でもあり、また、和賀江島の利用税の徴収を極楽寺が管理していたこともよく知られている。北条氏の信仰と都市鎌倉の開発が結びついていることが特徴的だ。

一方で、顕密仏教（顕教・密教で構成されるいわゆる旧仏教）への信仰も依然として絶大なものがあった。鶴岡八幡宮は神仏習合のもと、寺院としての側面と

忍性画像◆東京大学史料編纂所蔵模写

神社としての側面を併せ備えた宗教施設であったが、北条氏も崇敬の対象としていた。また、経時の子頼助や金沢顕時の子顕弁らが鶴岡八幡宮の長官である若宮別当に就任するなど、一族から幕府・北条氏護持の担い手も生まれていた。

このほか見逃せないものに、北条実時が六浦庄に創建した称名寺（横浜市金沢区）がある。称名寺は真言律宗の寺院となり、金沢北条氏の菩提寺として大いに栄えた。なお、称名寺が伝えた膨大な資料群（現在神奈川県立金沢文庫の管理）は、金沢氏の書状群をはじめ鎌倉幕府研究に欠かせない史料を含んでおり、そうした観点からも貴重である。

（野村航平）

蘭渓道隆画像◆北条時頼の帰依をうけた　東京大学史料編纂所蔵模写

鶴岡八幡宮（本宮）◆源頼朝により治承４年（1180）に若宮が、建久２年（1191）に上宮（本宮）が創建された。毎年８月15・16日に行われる放生会も鶴岡八幡宮で催される　神奈川県鎌倉市

14 北条氏にとっての伊豆国北条

伊豆国北条（静岡県伊豆の国市）は国府の置かれた三島（同三島市）の南に位置しており、狩野川沿いの水陸交通の要衝である。北条氏は領主としての規模は大きくはなかったが、北条を本拠地として流通や交通に関与しながら、在庁官人（国衙で実務を担った役人）として活動した。平治の乱後に源頼朝は北条に流され、北条時政の娘政子と結婚した。流人であった頼朝が鎌倉幕府を開設したことにより、北条氏は歴史の表舞台に登場することになった。

幕府開設後は北条時政・義時父子も鎌倉に館をもって居住するようになったが、北条の館も維持された。幕府の歴史書である『吾妻鏡』には、時政や義時が鎌倉から北条に赴いたとする記事がみられる。北条氏の館は守山の麓にあったと考えられている。一九九〇年代から発掘調査がおこなわれ、一九九六年に「北条氏邸跡」として国史跡に指定された。中国大陸から輸入された陶磁器や大量のかわらけ（宴会や儀式で使用された素焼の土器）が出土している。時政は北条に願成就院を創建したが、仏像の制作を運慶に依頼した。現在も願成就院には運慶が造像した阿弥陀如来像など五体の仏像が伝来している。また、義時は北条に隣接する江間を領有して、江間小四郎と称した。

北条時政は元久二年（一二〇五）の牧の方事件で失脚して鎌倉を追われたために、晩年を北条で過ごした。その後も義時や泰時は願成就院で仏事をおこなっており、願成就院との関係は維持されている。十三世紀半ば以降には、『吾妻鏡』に北条についての記事がみられなくなり、願成就院や北条の館は衰退していったと考えられる。

元弘三年（一三三三）に鎌倉が陥落すると、北条高時ら一門は自害した。幕府滅亡後、高時の母覚海は一族の女性たちとともに北条に隠棲して円成寺（静岡県伊豆の国市）を建立して余生を過ごした。北条氏が鎌倉幕府とともに滅亡したのちに、一族の女性たちは

現在の北条◆静岡県伊豆の国市

願成就院から出土した軒平瓦◆鶴岡八幡宮や永福寺と同笵のものが含まれている　静岡県伊豆の国市・願成就院蔵

北条に帰っていったのである。

（田辺旬）

15 確定が難しい一族の屋敷

伊豆国北条（静岡県伊豆の国市）を名字の地としていた北条氏は、源頼朝の鎌倉入り後、鎌倉に居を構える。鎌倉における北条氏の邸宅の研究は、文献史学や考古学など諸方面からなされている。だが位置の比定については、『吾妻鏡』の記事の解釈の相違などから、北条氏の中心人物の邸宅であっても諸説ある。たとえば北条義時の「大倉亭」は、幼少の鎌倉殿藤原（九条）頼経と北条政子も同居し、御所の役目を担った邸宅だが、その位置については最近でも盛んに議論がされている。

嘉禄元年（一二二五）の政子の死後、将軍御所は大倉から宇都宮辻子へと移転する（さらに嘉禎二年〈一二三六〉には若宮大路御所へと移る）が、これは北条泰時が小町の自邸の近くに御所を置き、将軍権力を囲い込むためのものだったとされる。泰時邸の近隣には、連署時房も居を構え、幕府の評定も御所の評定所ではなく、執権泰時の邸宅で開催されるようになる。時房の邸宅は泰時の孫時頼に継承され、鎌倉後期には得宗邸となり、得宗邸で行われる寄合が評定にかわって大きな意味を持つようになっていく（幕府滅亡後、小町の高時邸跡には北条氏一族の弔いのため宝戒寺が建立された）。また、得宗邸の周囲には、得宗被官（御内人）が居を構えており、得宗専制を支えた。

北条氏一門も各々の邸宅・別荘を有した。鎌倉に入った時政が最初に営んだ邸宅が名越邸であるが、これは鎌倉時代、たびたび得宗家に対抗した名越家に継承された。また、実時の金沢文庫で知られる武蔵国六浦（横浜市金沢区）の地は金沢家の拠点だったが、当地は鎌倉の外港として重視されていた。得宗家も、鎌倉の中心にある邸宅とは別に、郊外の山内に日常的な別荘を有した。

鎌倉は武士の都というイメージが強いが、近年の研究では、幕府の中心を構成する東国御家人であっても鎌倉に常住していたわけではなく、鎌倉には代官を置

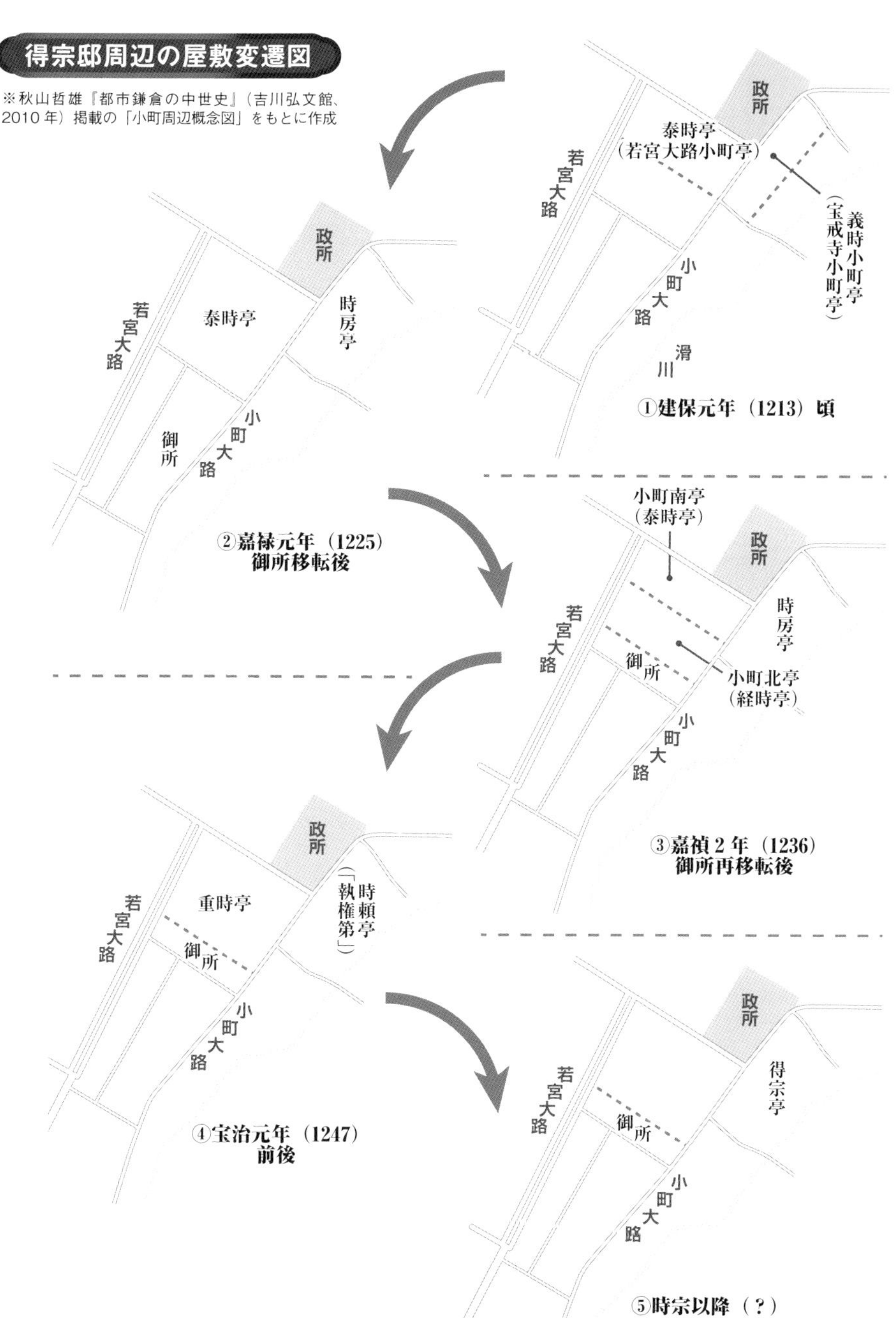
得宗邸周辺の屋敷変遷図
※秋山哲雄『都市鎌倉の中世史』（吉川弘文館、2010年）掲載の「小町周辺概念図」をもとに作成
政所
泰時亭
（若宮大路小町亭）
義時小町亭
（宝戒寺小町亭）
若宮大路
小町大路
滑川
①建保元年（1213）頃
政所
泰時亭
時房亭
若宮大路
御所
小町大路
②嘉禄元年（1225）
御所移転後
小町南亭
（泰時亭）
政所
時房亭
若宮大路
御所
小町北亭
（経時亭）
小町大路
③嘉禎2年（1236）
御所再移転後
政所
重時亭
時頼亭
「執権第」
若宮大路
御所
小町大路
④宝治元年（1247）
前後
政所
得宗亭
若宮大路
御所
小町大路
⑤時宗以降（？）

北条時房・顕時邸跡から出土した漆皿◆鎌倉市教育委員会蔵

き、本国や所領、京都などの拠点の運営を一族で分業するネットワークを構築していたことが指摘されている。それを考えると、鎌倉に常住する北条氏は御家人の中でも特異な存在であり、北条氏は自身の存立基盤を幕府に大きく依存していたといえる。そして、幕府の運営もまた北条氏への依存を深めていくことになるのである。

鎌倉のほか、北条氏の重要な拠点となったのが京都である。六波羅(ろくはら)探題(たんだい)が設置された京都には六波羅御所が造営され、「武家」たる将軍の本邸ともみなし得るが、あくまで象徴的な存在であり、実際に政治の中心となったのは探題北条氏の私邸であった。長らく探題の地位は六波羅御所も立地する北方(きたかた)が優越していたが、鎌倉後期には南方(みなみかた)探題が政務をとる南殿(みなみどの)が時房邸跡に造営され、これにともない南北探題の地位の格差も是正された。探題私邸の周囲にも、鎌倉の得宗邸と同じように探題被官の邸宅が集まり、六波羅は「武家地」の様相を呈していた。

（勅使河原拓也）

第4部　北条氏のライバル氏族

木造安達藤九郎盛長坐像◆伊豆時代から源頼朝の側近として活躍し、幕府開創後は重鎮として将軍を支えた。十三人の合議制のメンバーにも選ばれている　埼玉県鴻巣市・放光寺　画像提供：鴻巣市教育委員会

01 梶原氏——頼朝死去直後に姿を消した鎌倉党

梶原氏は、鎌倉権五郎景正を先祖とする鎌倉党の一族であり、化粧坂の切通の西方に位置する梶原郷を本拠地とした。梶原景時は、鎌倉幕府を開設した源頼朝の有力御家人となり、侍所の所司（次官）をつとめた。寿永二年（一一八三）には頼朝の命を受けて上総広常を暗殺している。『平家物語』では、生田の森・一の谷合戦における景時の奮戦を「二度のかけ」として語っている。景時は武芸に秀でた武士だったのである。

治承・寿永の内乱では、頼朝は弟範頼と義経を平氏追討のために出陣させたが、景時は奉行として補佐した。景時は山陽道諸国の惣追捕使（のちの守護）として平氏追討の最前線にたっており、平氏滅亡後には播磨国で平氏所領の没収などの戦後処理を担った。景時は公家の徳大寺家にも出仕しており京都との関係も深く、言語が巧みであり文筆にも優れていた。頼朝は景時の能力を高く評価しており、景時は頼朝の側近として活躍したのである。

建久十年（一一九九）正月に源頼朝が死去して子の頼家が跡を継ぐと、頼朝の側近であった景時と他の御家人の対立が顕在化した。同年十月には、景時が結城朝光について讒訴したことが契機になり、六十六人の御家人が署名した景時弾劾状が作成された。景時は弁明することができず、鎌倉から追放されて所領である相模国一宮（神奈川県寒川町）に下向した。翌年正月、景時は一族を引き連れて上洛をはかったが、駿河国清見関（静岡市清水区）で近隣の武士と合戦となり、狐崎で子息とともに討ち死にした。

景時滅亡の黒幕を北条時政とする見解もあるが、景時弾劾では侍所をめぐって景時と対抗関係にあった和田義盛、相模国の有力武士・三浦義村、頼家の舅・比企能員らが積極的に動いており、事件の背景にはさまざまな対立や矛盾があったと考えられる。

景時の弟朝景は北条時政のもとに投降したが、建暦(りゃく)三年（一二一三）の和田合戦で和田方に与して討ち死にした。

（田辺旬）

梶原氏略系図

- 景政（鎌倉）
  - 景経
    - 景長
      - 景時（梶原）
        - 景季
        - 景高
          - 景継
        - 景茂
        - 景国
        - 景宗
        - 景則
        - 景連
      - 朝景

梶原景時画像◆源義経と対立したことで、かつては判官びいきによりマイナスイメージが定着していたが、近年の研究により教養に優れた源頼朝の側近として再評価が進んでいる　個人蔵

梶原氏の祖・鎌倉権五郎景正を祀る御霊神社◆源義家に従って後三年合戦に出陣し、右目を射られながら奮戦したという伝説が残されている　神奈川県鎌倉市

02 比企氏──北条氏最大のライバル

藤原姓だが、系譜は不明である。確認できる活動は、源頼朝の乳母比企尼に始まる。比企尼は、永暦元年（一一六〇）、平治の乱で頼朝が伊豆国に配流された際、頼朝への忠節を思い、武蔵国比企郡を請所として夫掃部允（北酒出本「源氏系図」によると宗兼）と共に下向し、二十年間身辺の世話をした。また、彼女には三人の娘がいたが、歌人だった長女丹後内侍は京で惟宗（島津）忠久を生んだのち頼朝に近侍していた安達盛長に、次女は河越重頼に、三女は伊東祐清に嫁がせ、これら三人の婿に命じて流人時代の頼朝を扶助させたという（「吉見系図」）。

治承四年（一一八〇）、頼朝は鎌倉に入ると、比企尼の忠節に報いるため鎌倉に住まわせ、その地は比企谷と呼ばれた。比企尼の猶子となった甥の能員（『愚管抄』では「阿波ノ人」）は、頼朝の側近として特に信任が厚く、奥州合戦等で大将軍として出陣、上野・信濃の守護を務め、頼朝の二度の上洛に供奉した。

比企尼の実子とされる比企朝宗は、比企尼が東国に下った際、一族の京での足がかりとして京に残り活動していたと思われる。頼朝から北陸道勧農使に任じられ、娘は北条義時の室となり、その子朝時は、のちに得宗家とたびたび対立することになる名越氏の祖となった。また、安達盛長の娘は頼朝の弟範頼に、河越重頼の娘は同じく頼朝の弟義経に嫁いでいる。さらに、頼朝の嫡男頼家の誕生時、妻政子の産所を比企尼宅に定め、次女（河越重頼室）、三女（伊東祐清の死後、平賀義信に再嫁）と能員室を乳母に召した。頼家の成人後は能員の娘若狭局が頼家に嫁いで一幡を生むなど、頼朝は比企尼とその関係者で頼家を囲繞させた。頼朝の存命中は、妻政子の実家北条氏よりも密接な関係を比企氏と結んでいたのである。

頼朝の死後、能員は十三人の合議制に加わり、将軍の外戚として権勢をふるったが、建仁三年（一二〇三）、頼家と能員による北条時政追討の陰謀が発覚し、比企氏は滅亡したと幕府の歴史書『吾妻鏡』は記す。しかし、天台座主慈円によって書かれた同時代の歴史書『愚管抄』ではこれを北条氏の側の反乱とする。北条氏政権を正当化するのが『吾妻鏡』の編纂目的なら、最も不利な描かれ方をされているのが最大のライバル比企氏であろう。

（糟谷優美子）

比企氏略系図

- 比企掃部允＝比企尼
  - 朝宗
  - 丹後内侍
  - 河越尼
  - 女子
  - 比企能員
    - 宗員
    - 時員
    - 能本
    - 若狭局＝源頼家
      - 一幡

比企一族の供養塔◆供養塔がある妙本寺の場所にはかつて比企氏の屋敷があった。能員の子能本は滅亡を免れ、日蓮に帰依して屋敷を献上し一族の菩提を弔うために建立されたのが妙本寺の前身とされる　神奈川県鎌倉市

一幡の袖塚◆一幡は源頼家と比企能員の娘・若狭局の間に生まれた子。『吾妻鏡』によれば、比企氏の乱が勃発すると、北条時政の軍勢が一幡のいた小御所を襲撃し、若狭局とともに焼死した。袖塚には焼け跡から出てきたという一幡の袖が祀られているという　神奈川県鎌倉市・妙本寺

03 平賀氏──牧の方事件で没落した信濃源氏

平賀氏は、信濃国佐久郡（長野県佐久市）を本拠地とした源氏一門である。義信は平治の乱では源義朝に従って参戦しており、鎌倉幕府成立後は源頼朝によって重用された。義信は頼朝の乳母比企尼の娘（伊東九郎の旧妻）を妻としており、朝雅が生まれた。義信の子大内惟義は伊賀国・美濃国の守護となり在京活動をおこなっている。

平賀朝雅は北条時政と牧の方の長女を妻としたが、建仁三年（一二〇三）に京都守護となり上洛した。朝雅は院の上北面（昇殿を許された北面の武士）として出仕しており、後鳥羽院の近臣となった。元久元年（一二〇四）に伊賀・伊勢で反乱が起こると、追討使として軍勢を率いて鎮圧している。

同年十一月、朝雅は武蔵国（埼玉県・東京都・神奈川県東部）の有力御家人である畠山重忠の子重保と口論に及んだ。朝雅は武蔵守に任官しており、武蔵国支配をめぐって畠山氏と対抗関係にあったのである。翌年六月に畠山重忠・重保父子は謀叛を企てたとして討たれた。重忠父子の討伐を強く主張したのは、朝雅の訴えを受けた牧の方であった。時政・牧の方と政子・義時は対立を深めていったが、閏七月には牧の方が将軍実朝を廃して娘婿の朝雅を将軍に擁立しようとした陰謀が発覚した。朝雅は在京中であったが、鎌倉から連絡を受けた在京御家人によって討たれた。朝雅は源氏一門であり北条時政の娘婿でもあったために、将軍実朝に対抗しうる存在として政子と義時によって滅ぼされたのである。

大内惟義は、弟朝雅の滅亡後も有力御家人として活動した。惟義の子惟信は将軍実朝の政所別当もつとめたが在京することが多かった。承久の乱では惟信は後鳥羽院方に与しており、幕府軍に敗北して逃亡した。平賀氏（大内氏）は源頼朝から信頼された源氏一門であったが、北条政子・義時に敵対して没落したのである。なお、義信の子景平は土肥遠平の養子となり

安芸国沼田荘（広島県三原市）を譲られて、子孫は小早川氏として発展した。（田辺旬）

平賀氏略系図

盛義―義信（平賀）
義信―惟義（大内）・朝雅（平賀）・朝信・隆信・景平
惟義―惟信―惟忠

『前賢故実』に描かれた平賀義信◆新羅三郎義光の四男源盛義の子。佐久郡平賀郷を領し平賀氏と称した。源氏の門葉として御家人の最上位にあり、源実朝の元服に際しては加冠役をつとめた。没年は不明　国立国会図書館蔵

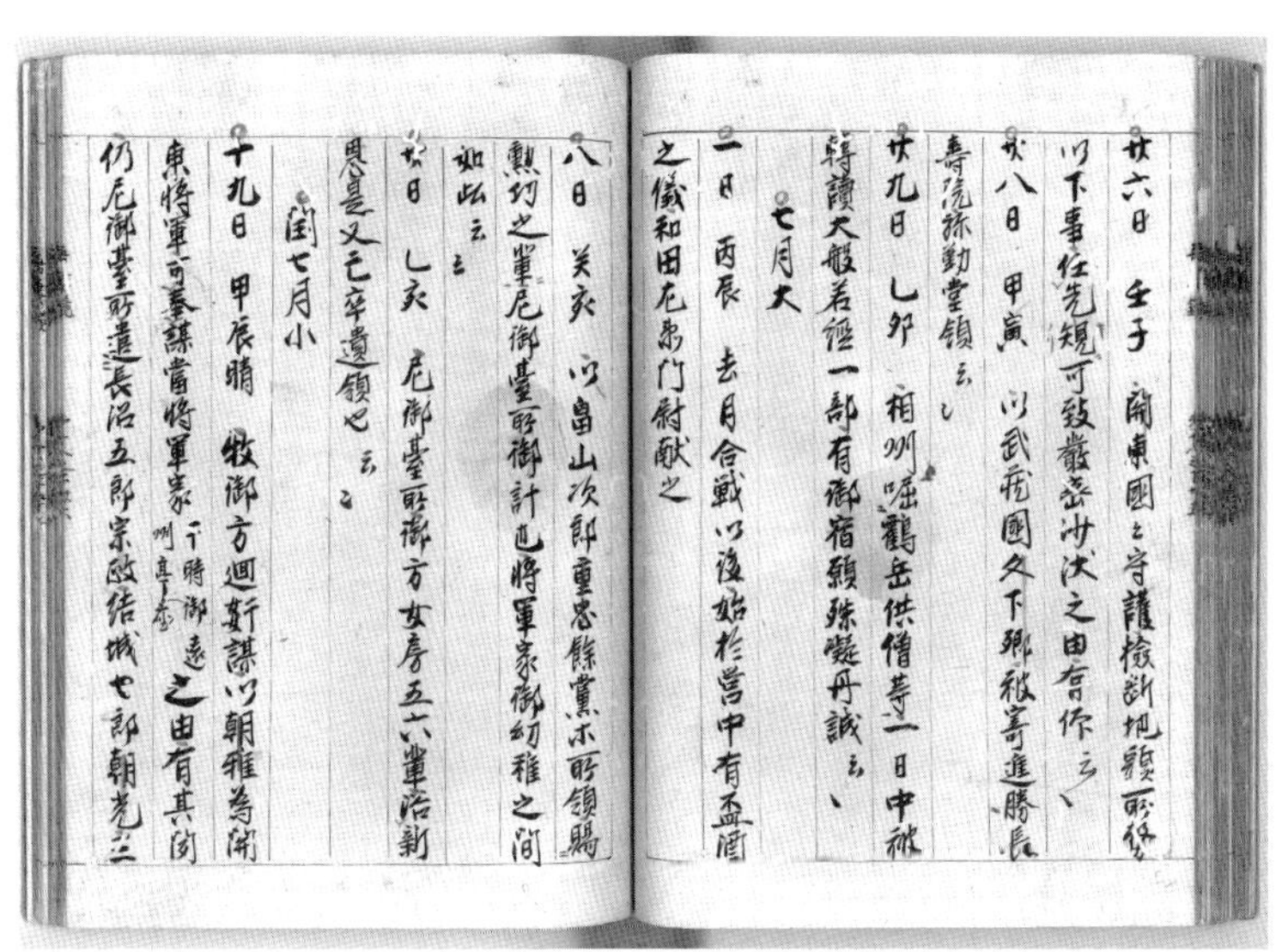

廿六日　壬子　關東國々守護檢斷地頭一所并
以下事任先規可致嚴密沙汰之由有仰云々
廿八日　甲寅　以武藏國久下郷被寄進勝長
壽院彌勒堂領云々
廿九日　乙卯　相州於鶴岳供僧等一日中被
轉讀大般若經一部有御宿願殊凝丹誠云々
七月大
一日　丙辰　去月合戰以後始於営中有盃酒
之儀和田左衛門尉献之
八日　癸亥　以畠山次郎重忠餘黨所領賜
勲功之輩尼御臺所御計也將軍家御幼稚之間
如此云々
廿日　乙亥　尼御臺所御方女房五六輩給新
恩是又亡卒遺領也云々
閏七月小
十九日　甲辰　晴　牧御方廻姧謀以朝雅為關
東將軍可奉謀當將軍家（于時御坐相州亭）之由有其聞
仍尼御臺所遣長沼五郎宗政結城七郎朝光三

『吾妻鏡』元久２年閏７月19日条◆牧の方の陰謀の件が記されている　国立公文書館蔵

04 畠山氏――秩父平氏を率いる武蔵最大の武士団

　武蔵国畠山（埼玉県深谷市畠山）を本拠とする武士で、桓武平氏の流れを汲み、平将門の叔父良文の後裔である。十一世紀に平武基が秩父牧別当となったことで秩父平氏が成立した。「高家」と呼ばれる貴種の家柄で、本来武蔵七党などの中小武士団に優越する格式を持つが、その子や孫の代にその武蔵七党の丹党・児玉党などと姻戚関係を結びながら武蔵国における勢力基盤を築いた。秩父重綱の代に秩父を出て、子息たちを畠山・河越・江戸等に分立させ、それぞれを名字の地として発展した。

　久寿二年（一一五五）の大蔵合戦では、河越重隆の養君となっていた源義賢を、兄源義朝の子義平が襲撃した。重綱の孫畠山重能は義平方についたが、その一方で義平に背いて義賢の子（のちの木曾義仲）を脱出させている。

　その後、武蔵武士は義朝の勢力下に入り、保元・平治の乱では多くが義朝に従ったが、重能や弟の小山田有重は関与せず、平治の乱後、武蔵国が平氏の知行国となってからは平氏に仕え、治承四年（一一八〇）、義朝の子源頼朝の挙兵時も、平氏の家人として在京していた。畠山重忠は在京中の父重能に代わって、頼朝勢を鎮圧するための武蔵国軍の先発隊として出陣するが、由比ヶ浜（神奈川県鎌倉市）で三浦一族と戦い敗れた。その二日後、河越・江戸氏らの武蔵武士たちから成る本隊と合流し、三浦氏の本拠の衣笠城（同横須賀市）を攻め落とした。

　しかし重忠は、房総半島に逃れた頼朝が鎌倉に向かう途上、武蔵国において頼朝のもとに参陣している。その際、頼朝は三浦氏に、重忠への恨みを忘れるよう言い含めたという。それからは源平合戦の一ノ谷の戦をはじめ、奥州合戦でも戦功を上げ、頼朝の二度の上洛でも先陣を務めた。武勇に優れ、清廉潔白な人柄で多くの美談を残している。しかし頼朝の死後、元久二年（一二〇五）、武蔵国の支配をめぐって対立していた北条氏の陰謀で謀反の嫌疑をかけられ、子息たちとともに討ち滅ぼされた（畠山重忠の乱）。なお、重忠の妻（北条時政の娘）は足利氏に再嫁して畠山の名を継承したので、以後、源姓畠山氏として存続することとなった。（糟谷優美子）

畠山氏略系図

- 重綱（秩父）
  - 重弘
    - 重能（畠山）
      - 重忠
        - 重保
    - 有重（小山田）
      - 重成（稲毛）
      - 重朝（棒谷）
  - 重隆（秩父）
    - 能隆（葛貫）
      - 重頼（河越）
    - 高綱
    - 高澄（師岡）
  - 重継（江戸）
    - 重長
  - 行重
  - 行高
    - 行頼
    - 高重
    - 高俊

畠山重忠像◆埼玉県嵐山町

伝畠山重保の墓◆神奈川県鎌倉市

05 和田氏――和田合戦で散った三浦一族

和田氏は、相模国（神奈川県）の三浦半島を拠点とした三浦氏の一族である。治承四年（一一八〇）の頼朝挙兵時に、三浦義明は衣笠城（神奈川県横須賀市）で討ち死にしたが、長子義宗は父に先立って死去していたために次子義澄が家督を継承した。義宗の子義盛は三浦郡和田（同三浦市）を拠点として和田を称した。

和田義盛は、鎌倉幕府を開設した源頼朝によって重用された。元暦二年（一一八五）七月に義盛は肥前国の武士に対して「鎌倉殿侍別当平朝臣」として参陣を命じている。義盛は侍所の別当（長官）として武士の動員や統轄を担ったのである。浄楽寺（神奈川県横須賀市）の毘沙門天像と不動明王像は胎内の銘札から義盛夫妻の願いにより運慶によって造像されたことがわかる。義盛の妻は武蔵国の有力武士である横山時重の娘であった。

義盛は三代将軍実朝の信任も厚かったが、建暦三年（一二一三）二月の泉親衡による謀叛計画に義盛の子息や甥が関与したとされたことから、執権北条義時との対立を深めていった。同年五月、義盛は義時打倒のために挙兵した。和田方には武蔵国の横山時兼や相模国の土屋義清といった有力御家人が与しており、実朝御所や義時邸宅を襲撃した。義盛は将軍実朝を擁立して戦おうとしたが、起請文を書いたうえで実朝御所の北門を押さえることになっていた従兄弟の義村が裏切ったために実朝擁立に失敗した。義盛は激戦を繰り広げたのちに、一族とともに討ち死にした。

和田合戦により、北条義時は侍所の別当に就いて鎌倉郊外の山内庄も獲得しており、幕府内における政治的立場を強化した。義盛の甥重茂は、和田合戦では一族から離れて義時方に与して討ち死にしている。重茂の子孫は越後国奥山庄（新潟県胎内市・新発田市）の領主として存続しており、越後和田氏となった。

（田辺旬）

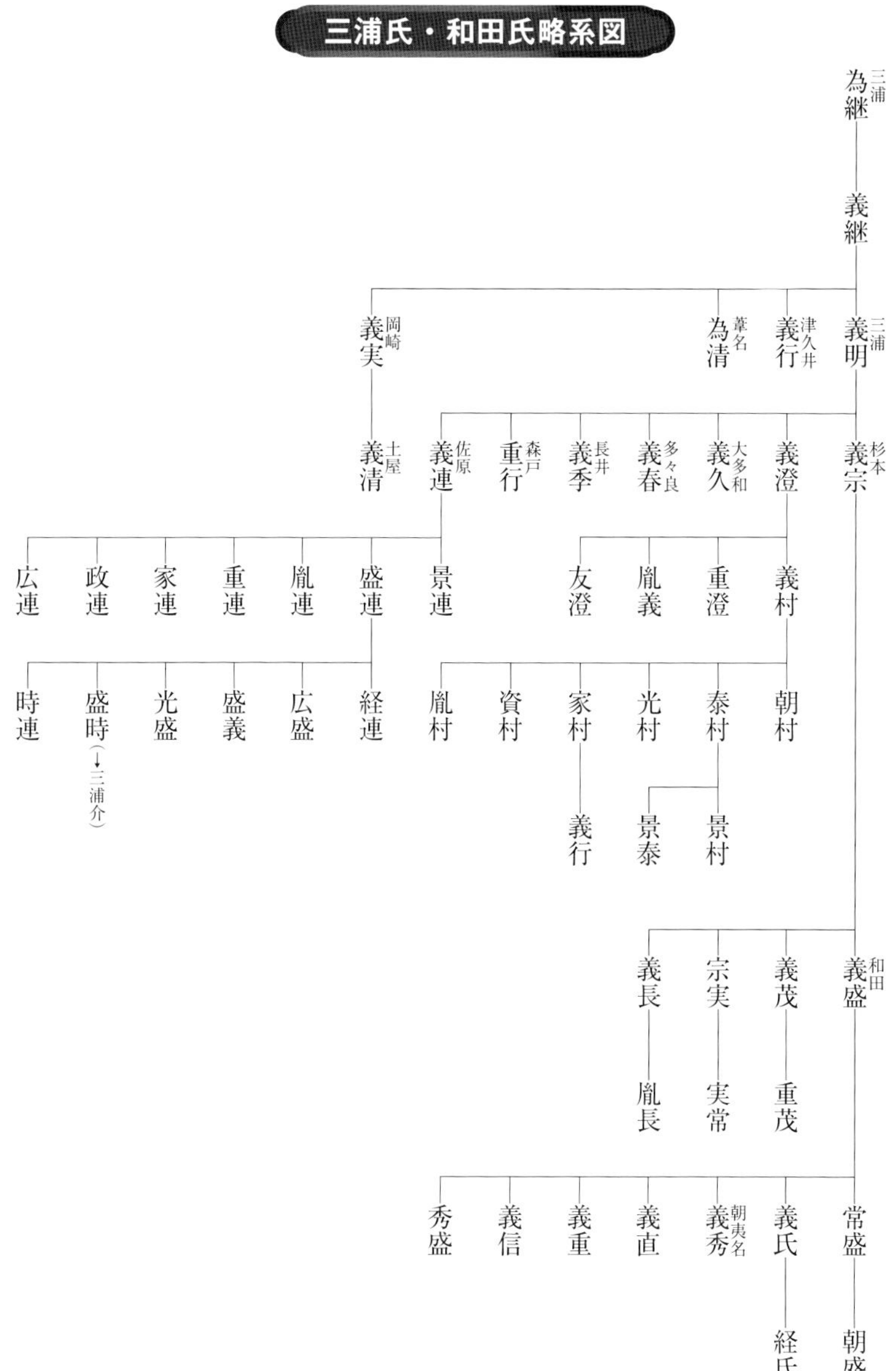
三浦氏・和田氏略系図
三浦 為継
義継
三浦 義明
津久井 義行
葦名 為清
岡崎 義実
杉本 義宗
義澄
大多和 義久
多々良 義春
長井 義季
森戸 重行
佐原 義連
土屋 義清
義村
重澄
胤義
友澄
景連
盛連
胤連
重連
家連
政連
広連
朝村
泰村
光村
家村
資村
胤村
経連
広盛
盛義
光盛
盛時（→三浦介）
時連
景村
景泰
義行
和田 義盛
義茂
宗実
義長
重茂
実常
胤長
常盛
義氏
朝夷名 義秀
義直
義重
義信
秀盛
朝盛
経氏

06 三浦氏——北条氏が警戒した相模の大武士団

相模国三浦郡を名字地とする武家で、坂東平氏を出自とする系図を伝えるが、鎌倉幕府の公的歴史書である『吾妻鏡』によると、三浦氏自身が始祖と見なしていたのは、源義家に従って後三年合戦で活躍した三浦平太郎為継（為次）であり、またほかの史料から、彼の兄弟とされる為俊が都に出て白河上皇の北面に列して駿河守に至ったことが確認できる。

為継あるいはその先祖は、摂関家の権威を背景にして東国に進出した河内源氏の配下に属し、摂関家領として三浦郡内に立てられた三崎庄（神奈川県三浦市三崎）の下司をつとめた。為継の子義継と孫の義明は、天養元年（一一四四）、源義朝の指示によって大庭御厨（神奈川県茅ヶ崎市・藤沢市）の停廃に軍事行動を起こしており、彼らが摂関家の権威を背景にして東国に進出した河内源氏の配下に属し、十二世紀前半には鎌倉を拠点に活動した源義朝に従って活動したことが知られる。ちなみに、三浦義明は天治年間（一一二四～一一二六）に相模国の在庁職を獲得して三浦介を称するようになった。源義朝はこの義明の娘を妻として、「鎌倉悪源太」として知られる義平はその所生と伝えられる。

この頃、相模国では院の近臣が国守を歴任しており、国衙在庁であった三浦氏や中村氏が院との関係を深めたので、これに応じて義朝も院権力に接近したらしい。鳥羽上皇に仕えた義朝は下野守の官途を得、保元の乱後は河内源氏の族長となり、平清盛と並んで「武家の棟梁」としての地位を確立することとなる。

しかし、平治の乱で義朝が敗れて、平家が国家の兵馬の権を掌握すると、相模国では清盛と結んだ大庭景親が勢力を伸ばし、かつて義朝に属した三浦氏や中村氏が国衙において有していた権限を侵食するようになった。

治承四年（一一八〇）に源頼朝が挙兵した際、三浦介義明は自らの命を賭し、一族をあげてこれに応じ、その後、平家追討戦で子息義澄や孫の和田義盛らが活躍。その功績によって鎌倉政権成立後、一族は列島各地に所領を獲得し、義澄が相模の守護となったのをはじめ、義盛（義澄の甥）が侍所別当に補任されるなど有力御家人としての地位を確立した。

源頼家政権下で十三人の合議制がとられたときには、義澄と義盛がこれに名を連ねている。義澄の死後、一族の主導権をめぐって、義澄の嫡子義村と義盛の間に軋轢が生じたが、建保元年（一二一三）に義盛が反乱を起こして討たれたことにより、義村が族長の地位を確立し、常に母方の従姉弟である北条政子・義時と協調しながら幕府権力の強化に努めた。承久の乱に際し、義村は京方に立った弟胤義からの誘いを拒否して、率先して京方の情報を義時に伝え、西上する幕府軍の総大将をつとめた北条泰時の軍に従い、舅としての立場から彼を補佐して、実質的には幕府軍の現地最高指揮官の役割を担い、軍事行動の終結後の朝廷への対応まで果敢につとめている。こうして義村は京都政界中枢にも大きな影響力を持つ存在となり、その一族は四代目の将軍として摂関家から迎えられた藤原（九条）頼経に近侍して、紀伊・河内・讃岐にも守護国を広げて、全盛期を迎えることとなる。

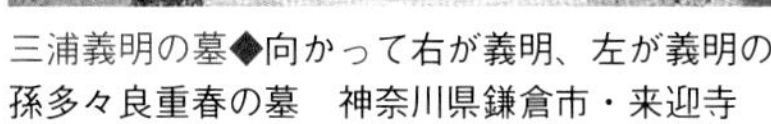
三浦義明の墓◆向かって右が義明、左が義明の孫多々良重春の墓　神奈川県鎌倉市・来迎寺

しかし、世代交代にともなって、三浦氏と北条氏の協調関係は崩れ、執権としての権力を確立しつつあった北条氏にとって、三浦氏は将軍権力を背景にした障害勢力と見なされるようになる。やがて両者の抗争は表面化し、宝治元年（一二四七）、三浦泰村は北条時頼に討たれて、三浦本宗家は滅亡したが、「三浦介」の名跡は一族の佐原盛時（義澄の弟義連の孫）が継承した。

（野口実）

07 大江氏――官僚として活躍した京下りの文士

鎌倉幕府に仕えた大江氏は、朝廷の下級官人であった大江広元を祖とする。当初は中原姓で、兄の親能が源頼朝と幼馴染であった縁から、寿永二年（一一八三）末頃に鎌倉に下った。彼らのように京から鎌倉に下り、文書行政や対朝廷政策を担った存在を『吾妻鏡』では「文士」と呼び、研究上では京下り官人や吏僚・官僚という。大江・中原の他、二階堂・三善氏もその類である。

広元は頼朝の側近として政所別当を務め、裁判実務や幕府領経営を担うだけでなく、時に上洛して朝幕交渉において活躍した。特に守護・地頭制の整備に際しては、三善康信とともに政策立案の中心となった。

頼朝の死後も、広元は十三人の合議制の一員となり権力を保ち続けた。実朝期には北条義時とともに下知状を発給した。下知状は後に執権・連署が出す文書であるので、この事実をもって広元が連署相当の地位に昇ったという見解がある。建保四年（一二一六）に大江に改姓した広元は、もはや北条氏に並び立つ有力御家人であり、幕府に仕えた文士の中では傑出した存在であった。

承久の乱でも広元は宿老として遠征策を主張し、幕府の勝利に貢献した。広元の後は、長井氏をはじめとして、幕府と六波羅探題で繁栄した。幕府では評定衆や引付頭人などの要職を歴任、後期には、長井宗秀が評定衆を上回る寄合衆に列せられる。幕府系では北条庶流家と姻戚関係を重ね、親密さを増していった。また、長井氏が継承した広元関係文書は『吾妻鏡』編纂時の基礎史料となったことが指摘されており、宗秀は編者の一人と推測されている。その子貞秀は和漢の古典を集め学問に励んだ。母の縁戚であり、金沢文庫を構えた金沢貞顕とは学問的な交流を結んだ。

六波羅では、長井氏は評定衆の筆頭となり、かなりの存在感を発揮した。末期には任期の短い探題よりも評定衆などの文士が力を振るうようになり、長井氏は

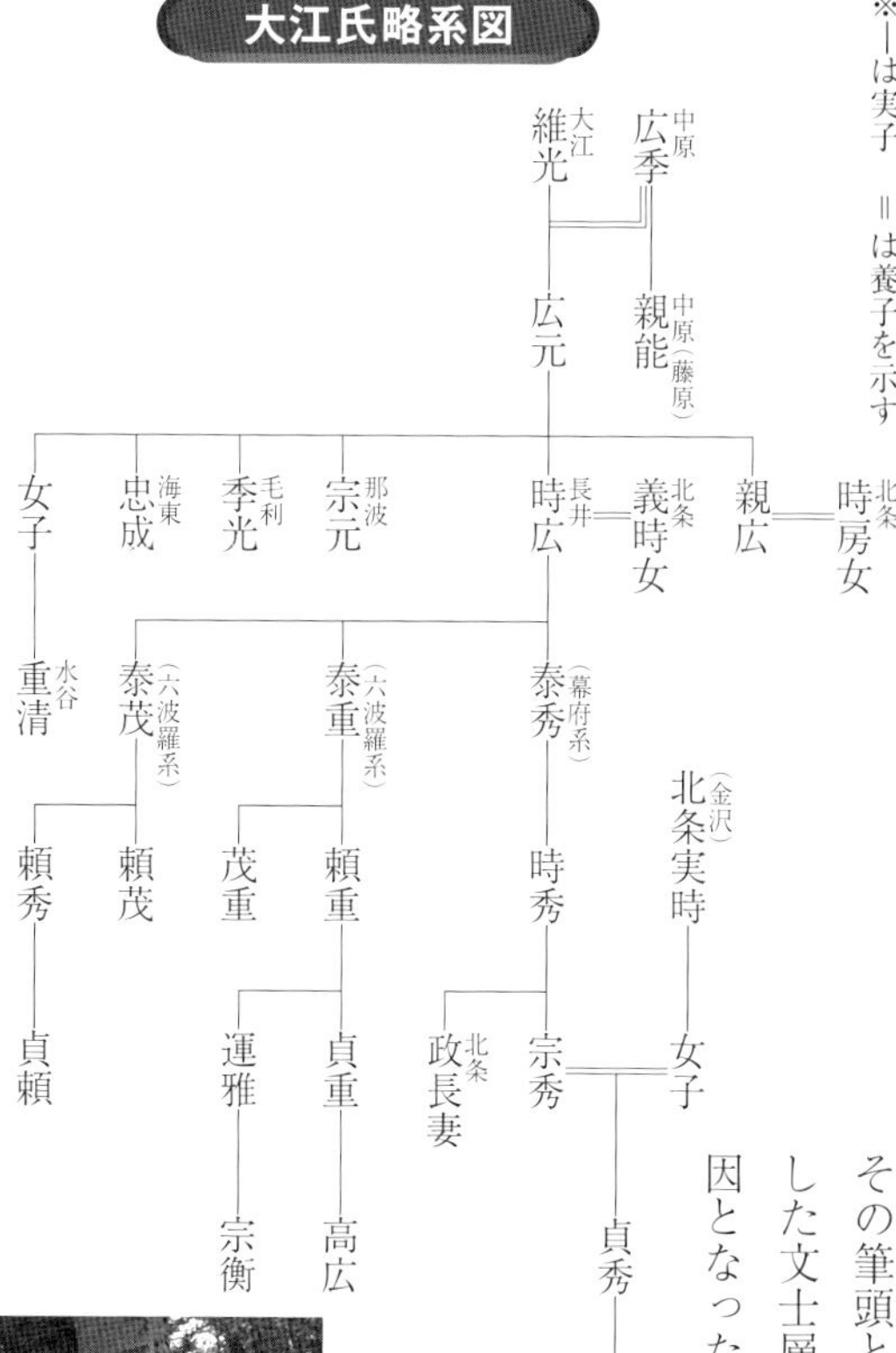

その筆頭として探題への独立性を高めていった。こうした文士層の独立性が、皮肉にも六波羅探題滅亡の遠因となったのである。（田中誠）

大江広元邸跡◆鎌倉幕府初代政所別当を務めた広元の屋敷は、鎌倉と六浦を結ぶ六浦路の途中、明石ヶ谷に所在したとされる　神奈川県鎌倉市

伝大江広元の墓◆広元の墓としては源頼朝法華堂側のものが有名だが、こちらは大江広元邸跡近く、明王院の裏山に所在する　神奈川県鎌倉市

08 二階堂氏——幕府裁判のスペシャリスト

二階堂氏は、初代行政の母が、源頼朝の母方の大叔母に当たることから鎌倉幕府に仕えた一族である。もとは駿河の在地武士であったが、行政本人は朝廷で会計業務を担う民部省主計少允に任じられており、専門的知識を有していた。

鎌倉下向後、行政は建久二年（一一九一）に政所令に、その子行光は建保六年（一二一八）に政所執事に任じられ、以降二階堂氏が同職を世襲した。政所は、主に所職の給与・安堵、訴訟の受理、幕府領（関東御分国・関東御領）の管理、仏事や御所造営費の支出など財政業務を行う機関で、その実質的運営責任者が政所執事である。

頼朝没後は、大江・三善と同様、十三人の合議制の一員となる。二階堂氏は他の文士氏族と異なり、五十に及ぶ分家を出し、北条氏のように族的繁栄を遂げた点が特色である。鎌倉中期になると、一族の多くが評定衆・引付衆に任ぜられ、幕府裁判の運営に尽力した。これらの職務で得た知見の結実が、鎌倉後期に成立した裁判手続の手引書「沙汰未練書」である。本書は政務にいまだ練達していない若輩に向けて編まれたものだが、このような知識の継承はいかにも文士らしく、二階堂氏の繁栄を支えたのだろう。

多くの分家を出したため、各家では信濃守・隠岐守といった官途名を名乗った。政所執事は、鎌倉初中期まで嫡流の信濃守流の子孫が世襲した。しかし、平頼綱の乱の影響で、初めて隠岐守流に執事職が回る。以降、隠岐守流は地位を上昇させ、信濃守流に匹敵する系統となる。また隠岐守流では、早くから北条氏と婚姻関係を持っている。

鎌倉末期の二階堂氏の中で目を引くのが、文武両道で賢才と謳われた隠岐守流出羽守家の貞藤である。彼は執事でないときから存在感を示し、元徳元年（一三二九）には皇位継承問題をめぐって金沢貞顕と対立した。また、『太平記』には後醍醐天皇の処遇をめぐり、他の評定衆らが黙るなか、長崎高資と激論を戦わせたと伝わる。元弘二年（一三三二）、貞藤は念願の執事となり、さらに元弘の乱では護良親王の籠もる吉野攻めの大将に起用され、吉野を攻め落とした。乱後は罪を許されて建武政権に出仕するも、謀叛の疑いで処刑された。しかし、一族の多くは鎌倉幕府滅亡に殉ぜず、室町幕府に出仕した。

（田中誠）

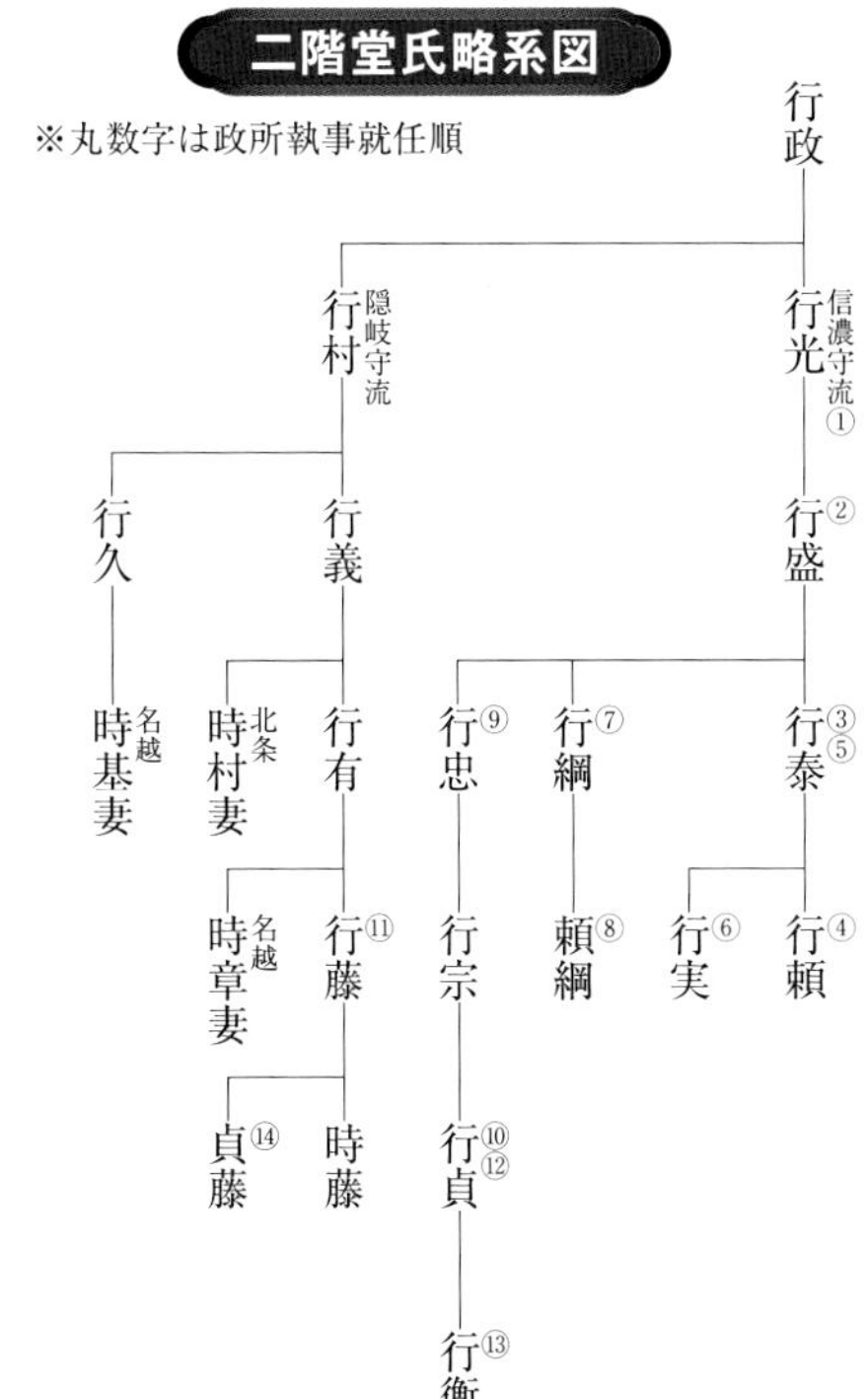

二階堂行藤画像◆隠岐守流二階堂行有の子で政所執事
東京大学史料編纂所像模写

国立公文書館内閣文庫本「沙汰未練書」（『武家書法式』冊次12）書写奥書◆行一（行忠）・行貞がみえる。末行に「記録・書籍」とみえ、二階堂氏の知の源泉が垣間みえる

09 三善氏——問注所執事を世襲した文官

鎌倉幕府の三善氏は、初代問注所執事康信に始まる。彼の母が源頼朝の乳母の姉妹という関係から、寿永三年（一一八四）四月に鎌倉に下向した。問注所は、訴訟における原告・被告の取調調書である問注記の作成を主な活動とし、建久年間の初頭に設置された。鎌倉中期以降は雑務沙汰（動産訴訟）および訴訟受理機関に改編される。康信は、朝廷で文書作成を担当する右少史（下級官人）の実績を買われ初代執事となり、頼朝の死後も、宿老として長く幕政を支えた。

康信の子孫は町野・太田・矢野氏に分かれ、さらに鎌倉中後期に下級官僚である奉行人の雑賀・飯尾・富部・布施氏などを輩出した。嫡流は町野氏が継ぎ、執権政治期には問注所執事を世襲、評定衆にも任じられた。しかし寛元四年（一二四六）、町野康持は前将軍藤原（九条）頼経を追放した宮騒動に際し、将軍側についたため執事を罷免され京都に送られた。最終的に町野氏は、六波羅評定衆に転じて京都を拠点とした。

町野氏と対照的なのが、太田氏と矢野氏である。両者とも執権政治期に評定衆に任じられた。中でも太田康連は、貞永元年（一二三二）の『御成敗式目』制定に際し、北条泰時から編纂を命じられ、その中心となった（『吾妻鏡』）。このように康連は、泰時の信頼の厚い文士であり、町野氏の失脚後は、康連の子孫が問注所執事を世襲した。

太田氏では、康有が『建治三年記』、時連が『永仁二年記』といった公務日記を書き残しており、幕府内の動静を今に伝える。この両人は、問注所執事だけでなく寄合衆にも列した。また、時連は『吾妻鏡』編者の一人とみられており、北条氏に近い立場にあったことがわかる。

矢野氏は康信の庶長子の家系であるが、歴代評定衆となり、さらに寄合衆にも昇った。元徳元年（一三二九）には矢野善久（倫綱）が二階堂貞藤と共に上洛して皇位継承問題の解決にあたっており、重臣の一人であったと評価できる。

このように、町野氏は失脚し六波羅に移ったが、太田・矢野両氏は北条氏の信頼を得て、幕府中枢で地位を獲得し、得宗専制（とくそうせんせい）を支えたのである。

鎌倉幕府滅亡に際して、北条氏に従ったのは、町野康世とその近親が見えるのみで、六波羅探題（ろくはらたんだい）とともに近江番場（おうみばんば）（滋賀県米原市）で自害した。そのほかは北条氏を離れ、建武政権・室町幕府に出仕している。

（田中誠）

三善氏略系図

※丸数字は問注所執事就任順

- 康信①
  - （矢野）行倫 — 倫重 — 倫長
    - 倫経
    - 倫景 — 倫綱
  - （町野）康俊② — 康持③
    - 政康 — 貞康 — 康世
    - 宗康 — 信宗
    - （雑賀）尚持
  - （富部）康継 — 康綱 — 有信 — 信連
  - （太田）康連④
    - 康宗⑤
    - 康有⑥ — 時連⑦⑨⑪ — 貞連⑩

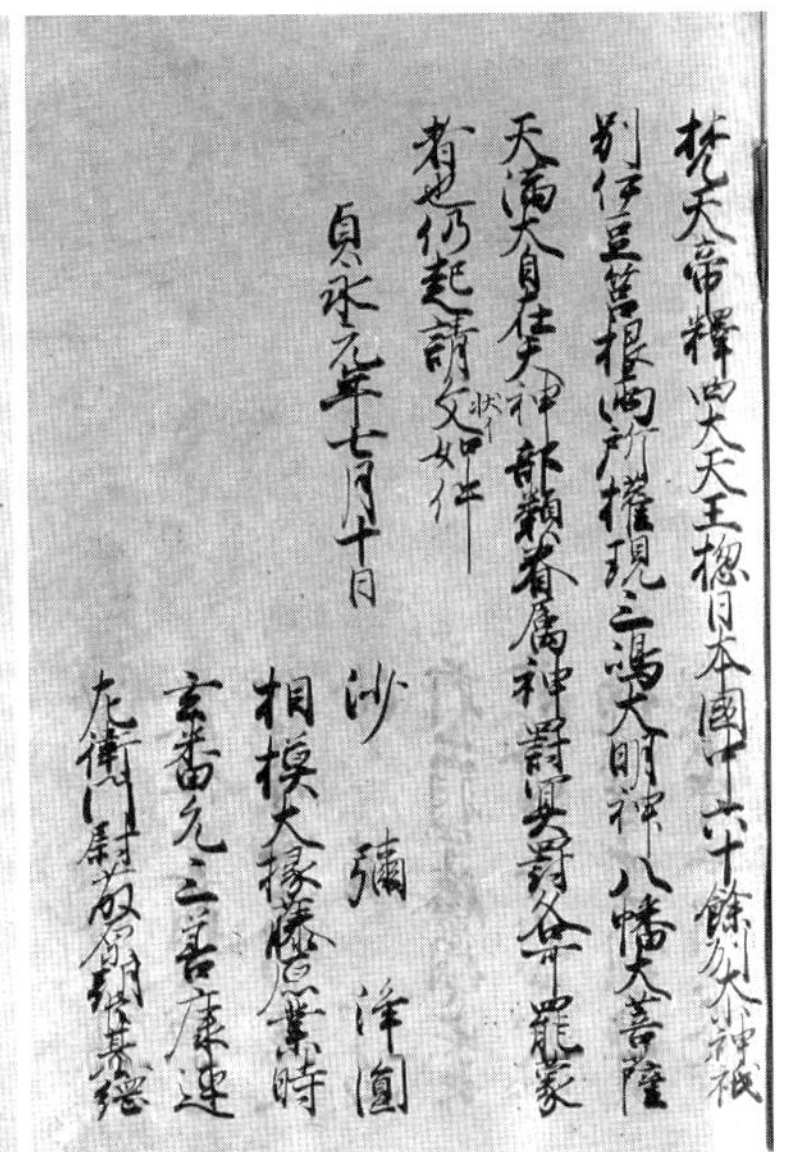

梵天帝釈四大天王惣日本国中六十餘州大小神祇
別伊豆箱根両所権現三嶋大明神八幡大菩薩
天満大自在天神部類眷属神罰冥罰各可罷蒙
者也仍起請文如件
貞永元年七月十日
沙彌　浄円
相模大掾藤原業時
玄蕃允三善康連
左衛門尉藤原基綱
沙弥　行然
散位三善朝臣倫重
加賀守三善朝臣康俊
沙彌　行西
前出羽守藤原朝臣家長
前駿河守平朝臣義村
攝津守中原朝臣師員
武蔵守平朝臣泰時
相模守平朝臣時房

永正３年（1506）書写飯尾貞運本『御成敗式目』◆御成敗式目に付属する評定衆起請文に、町野康俊、矢野倫重、大田康連が見える　東京大学史料編纂所蔵

10 中原氏——異例の出世を遂げた文士

中原氏は、大江氏の祖となった広元の従兄甥である師員を祖とし、四代将軍藤原（九条）頼経期に京都から下ってきた。大江・二階堂・三善氏と異なり、源頼朝に仕えていない氏族でありながら異例の出世を遂げ、かつ北条氏との関係も最も緊密であった氏族である。

師員は、中原氏の家業である明経道（儒学）を以て頼経に仕え、侍読として彼に学問を教授し、さらには評定衆、将軍の祭祀や取次を務める御所奉行、恩賞奉行にも任じられた。宮騒動で頼経派の名越北条氏や町野氏が没落するなか、頼経側近であった師員は唯一生き残った。宗尊親王期には、子の師連が評定衆・御所奉行を兼ねて権勢を維持した。その子親致期は中原氏にとっての画期である。親致は、祖父師員の官途である摂津守・掃部頭への任官を果たし、祖父と同じ御所奉行を拝命した。さらに、中原から藤原に姓を改め、通字を「師」から「親」に変えている。これは、大江広元の兄で、頼朝側近であった藤原（中原）親能に自身の系譜を結び付けることで、頼朝との関係を持たないという氏族としての弱点を克服しようとしたものである。以降は摂津守にちなんで藤原姓の摂津氏を称した。

北条氏との関係は宗尊親王期以降より深まり、親致は貞時政権で重用され、官途奉行・安堵奉行などを歴任、霜月騒動の余波で太田時連が辞職した問注所執事を一時的に務めている。その子親鑒期に至って北条氏との蜜月関係は頂点に達し、御内人長崎円喜、高時の外戚安達時顕とともに政権の中枢に参与するようになる。親鑒の子高親は官途奉行、親秀は御所奉行として、一門を挙げて長崎・安達氏に近侍し、政権の意思決定を補佐した。摂津氏は代々得宗家の偏諱を給わっていないが、高親の実名は高時からの拝領であり、得宗家と摂津氏が急接近したことがうかがえる。鎌倉幕府最高の家格である寄合衆に摂津氏が任じられた明証はないが、その可能性は極めて高い。幕府滅亡に際して、親鑒は高時の面前で自刃したと伝わる（『太平記』巻一〇）。

（田中誠）

中原氏略系図

- 広忠（中原）
  - 忠順（中原）
    - 師茂（中原）
      - 師員（中原）
        - 師連（中原）
          - 親致（中原　改藤原）
            - 親鑒（藤原）
              - 高親（藤原）
              - 親秀（藤原）
  - 広季
    - 親能（中原　改藤原）
    - 広元（中原　改大江）

中原親能の屋敷跡◆現在の葛原岡神社の境内地に所在する　神奈川県鎌倉市

「石山寺縁起」に描かれた中原親能◆右端の馬に乗るのが親能　大津市・石山寺蔵

11 安達氏——北条氏最大の協力者

安達氏の祖盛長は、源頼朝の流人時代から付き従っていたことが知られる。出自については諸説あるが、不明な点が多い。武蔵国足立郡出身とする説もあるが、盛長は当初「藤九郎」と名乗っており、三河国宝飯郡小野田出身で、居館伝承の残る陸奥国安達庄（福島県二本松市）を所領として獲得してから「安達」を名字としたとする説もある。

盛長は、頼朝の使者としてさまざまな勢力との折衝にあたるなど信頼が厚く、側近として仕えてきた。鎌倉幕府成立後も安達一族は重鎮として活躍し、上野国守護を代々務め、評定衆・引付衆なども多く輩出した。また、盛長の子景盛が秋田城介の官途を得て以降、安達氏当主はこれに由来する「城介」を名乗るようになる。

将軍と緊密な関係にあった安達氏だが、一方で北条氏との関係も強い。景盛は娘を泰時の子時氏に嫁がせ、彼女はのちに執権となる経時・時頼を産んでいる。また、景盛の子義景の娘は執権時宗と有力庶流の朝直に嫁ぎ、義景は時頼の時代以降執権の邸宅で開催された「深秘御沙汰」と呼ばれる会議にも北条氏の有力者らに混じって出席している。この会議はのちに、得宗を主催者とした「寄合」と呼ばれる会議へと継承され、幕府の重要事項を審議する場となるが、安達氏の当主はそのメンバーとして名を連ねていくこととなる。

中でも特筆すべきなのは、義景の子泰盛である。彼の妹（一部の系図によれば、泰盛の養女）は時宗の妻となり嫡子の貞時を生んでいたが、時宗は二度にわたる蒙古襲来をしのいだものの、弘安七年（一二八四）に三十四歳の若さで死去。泰盛は歳若い新得宗貞時と将軍惟康を支え、弘安徳政と呼ばれる幕府政治の改革に乗り出す。しかし、急進的な改革のためか反対も強く、得宗被官平頼綱と対立し、弘安八年に泰盛は自害に追い込まれ、一族も多くの犠牲者を出した（霜月騒動）。

だが、正応六年（一二九三）に今度は貞時によって平頼綱が滅ぼされ、失脚していた安達氏一族も幕政に復帰し始める。泰盛の兄景村の子泰景（泰宗とも）の娘は貞時に嫁いで最後の得宗高時を産み、泰盛の弟顕盛の孫時顕の娘は高時に嫁ぎ、得宗の外戚としての地位を維持した。時顕は安達氏当主が称した秋田城介を継承、引付頭人などの要職を務め、寄合の中心メンバーとして鎌倉幕府末期の政治を主導した。しかし、幕政の中枢として復権を果たしたことで、皮肉にも時顕の一族は東勝寺（神奈川県鎌倉市）で北条氏と運命を共にすることとなる。

（岩橋直樹）

安達氏・北条氏関係系図

盛長（藤九郎）―景盛（安達 左衛門尉 秋田城介）

景盛の子：義景（秋田城介）、女子（松下禅尼）

義時―泰時―時氏

時氏＝女子（松下禅尼）の子：経時、時頼

義景の子：景村（大室）、泰盛（陸奥守 秋田城介）、顕盛（左衛門尉）、女子（堀内殿 覚山志道）

時頼―時宗

時宗＝女子（堀内殿 覚山志道）の子：貞時

景村―泰景（左衛門尉 （泰宗））―女子（覚海円成）

顕盛―宗顕（右衛門尉）―時顕（秋田城介 左兵衛尉）

貞時＝女子（覚海円成）の子：高時

時顕の子：女子、高景（秋田城介 讃岐権守）

高時＝女子

安達盛長の墓◆静岡県伊豆市

12 千葉氏——全国に分出した下総の名門

十二世紀前半、下総国千葉庄（千葉市中央区）を名字の地として成立した武家。系図では平忠常の子常昌（常将）を初代とするが、彼が下総国千葉郡を本拠としたことはあっても、いまだ定着性に乏しい時期であり、彼の曽孫で千葉庄を立荘したと考えられる常重からと考えるべきであろう。常重は国衙の在庁官人として下総権介に任じたことから「千葉介」を称し、以後、千葉氏の嫡流はこれを伝統的称号とした。

成立当初の千葉氏の所領としては千葉庄（王家領）のほか、相馬郡相馬御厨（千葉県柏市周辺）や海上郡立花郷（同東庄町）、葛飾郡国分寺（同市川市国分）などがあった。しかし、これらのうち相馬・立花の地は、保延二年（一一三六）、下総守藤原親通に公田官物未進を理由に没収され、その後、相馬御厨についても、一族の上総常澄や源義朝の介入を受けた。これは千葉氏が義朝に服することで落着し、保元の乱に際しては常重の嫡子常胤が義朝の軍に従っている。しかし、平治の乱で義朝が滅んだことによって、千葉氏の立場は不安定となり、これに乗じた源義宗（河内源氏頼清流の京武者）は藤原親通の子親盛からの譲与を主張して相馬御厨を常胤の手から奪っている。一方、親盛の兄弟である親政は中央の摂関家に祗候するとともに、下総国千田庄（千葉県多古町）・匝瑳北条（同匝瑳市）の在地武士を編成し、平家との姻戚関係をも利して、千葉氏の在地支配の脅威となっていた。常胤は中央の有力権門である徳大寺家や上西門院（統子内親王・後白河院の姉）を頼りながら、在地における地位の確保に努めた。

治承四年（一一八〇）の源頼朝挙兵は、このような苦境に立たされていた千葉氏にとって状況打開の千載一遇のチャンスであり、石橋山合戦で敗れて房総半島に上陸した頼朝に積極的に協力し、常胤は坂東における源氏歴代の拠点であった鎌倉を本拠とするべきことを頼朝に勧めたという。その後、頼朝から粛清された上総広常（平忠常の子孫＝「両総平氏」で最有力な存在）の遺領の大半と木曽義仲・平家・平泉藤原氏征討の勲功賞として、常胤とその一族は下総のみならず九州や東北地方に膨大な所領を獲得し、鎌倉幕府の有力御家人としての地位を固めた。

千葉介家は常胤の嫡子胤正から成胤に継承され、代々下総の守護をつとめたが、上総広常の遺領と九州の薩摩・大隅・豊前の所領は成胤の兄弟の常秀に伝えられ、常秀は千葉介家を圧倒する立場を得て、官途も左兵衛尉から下総守に至った（この系統は「上総千葉氏」とよばれる）。常秀の子秀胤は四代将軍藤原（九条）頼経の側近勢力として「諸大夫」としての身分を獲得し（位階は従五位上）評定衆に列したが、宝治元年（一二四七）、姻戚関係にあった三浦氏に連座する形で幕府の追討を受け、上総国大柳館（千葉県睦沢町）で子息たちとともに滅亡をとげた。一方、千葉介家は十三世紀半ば頃から、下総に加えて伊賀の守護も兼ねることとなり、鎌倉時代を通じてその地位を堅持している。

（野口実）

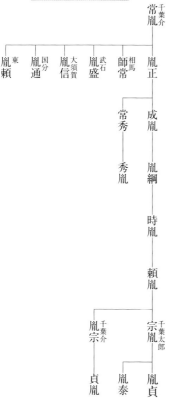

千葉氏略系図

- （千葉介）常胤
  - 胤正
    - 成胤―胤綱―時胤―頼胤
      - （千葉太郎）宗胤
        - 胤貞
        - 胤泰
      - （千葉介）胤宗―貞胤
    - 常秀―秀胤
  - （相馬）師常
  - （武石）胤盛
  - （大須賀）胤信
  - （国分）胤通
  - （東）胤頼

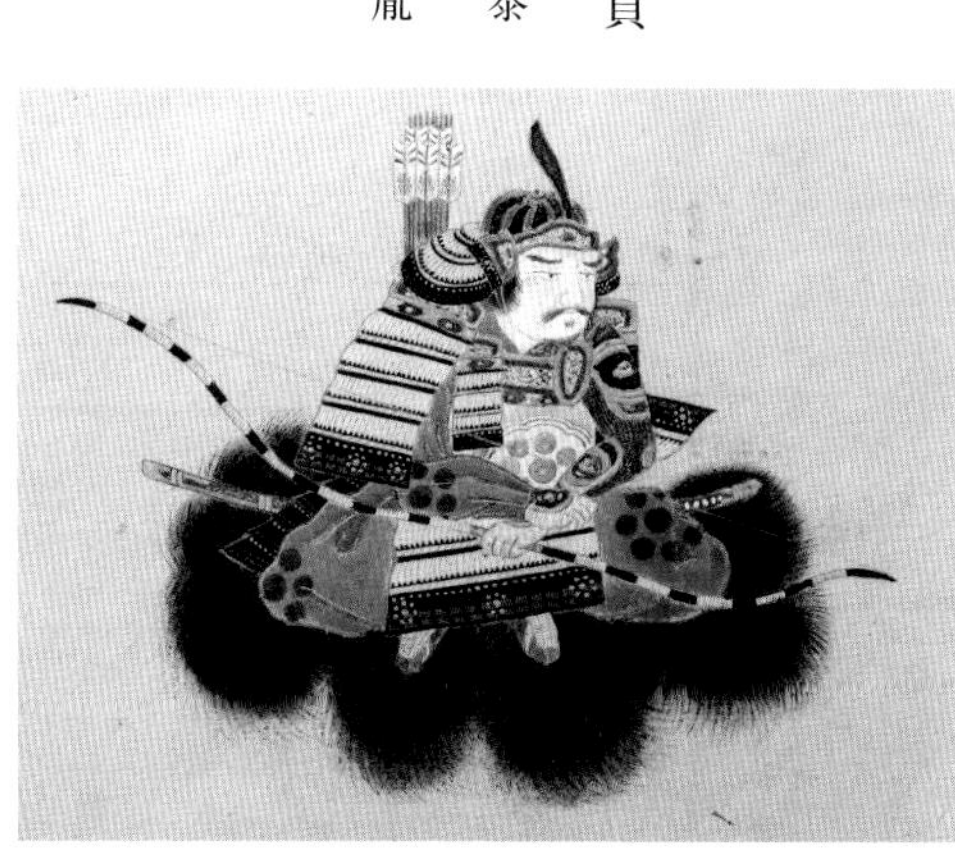

千葉常胤画像◆個人蔵

13 小山氏——下野に盤踞する秀郷流藤原氏嫡流

鎌倉幕府体制下、代々下野国の守護をつとめ、秀郷流藤原氏の嫡流と位置づけられた武家。

平将門の乱を鎮定した藤原秀郷は四位の位階を得て、一躍軍事貴族として最高の地位についたが、子息の千晴が安和の変に連座して失脚したため、その後は清和源氏や桓武平氏の下風に立つこととなった。しかし、千晴の弟千常の子孫は十一世紀の初めまで鎮守府将軍を歴任。十一世紀の後半から十二世紀の頃、その子孫からは、都で北面の武士として活躍した紀伊佐藤氏や、奥羽地方に地域権力を樹立した平泉藤原氏があらわれることとなる。一方、本来秀郷の地盤であった坂東北部には、下野西部から上野南部一帯に足利氏、武蔵東部から下総北西部にいたる地域には太田氏の一族が展開を遂げることになる。

十二世紀半ばの頃、太田氏の家督を継いだ政光は秀郷以来継承してきた下野国衙在庁職を梃子に、院権力や下野守を重任した源義朝と強い繋がりを持つ宇都宮（八田）氏から妻（源頼朝の乳母・のちの寒河尼）を迎え、その支援を得て下野国小山庄（寒河御厨・栃木県小山市）に進出し、地名をもって名字とするにいたった。しかし、平治の乱で義朝が敗北したことにより、北坂東における秀郷流武士団で最有力の地位は足利氏に帰することとなる。

治承四年（一一八〇）、頼朝の挙兵の時点で、小山政光と嫡子朝政は在京中であったが、在地にあった一族は政光の妻が末子宗朝を伴って頼朝のもとに参向したことにより、北関東の武家の中では真っ先に頼朝軍に呼応した形となり、また、平家軍を脱して帰国した朝政が頼朝に対抗して常陸国で起った志太義広（頼朝の叔父）を下野国野木宮合戦で撃破するにおよんで、平家や在地の反頼朝勢力側に立った秀郷流の庶族を配下に収めた。さらに、奥州合戦で平泉藤原氏が滅亡を遂げると、東国における秀郷流族長としての立場は不動のものとなり、国家・王権の守護をになう源頼朝

小山氏略系図

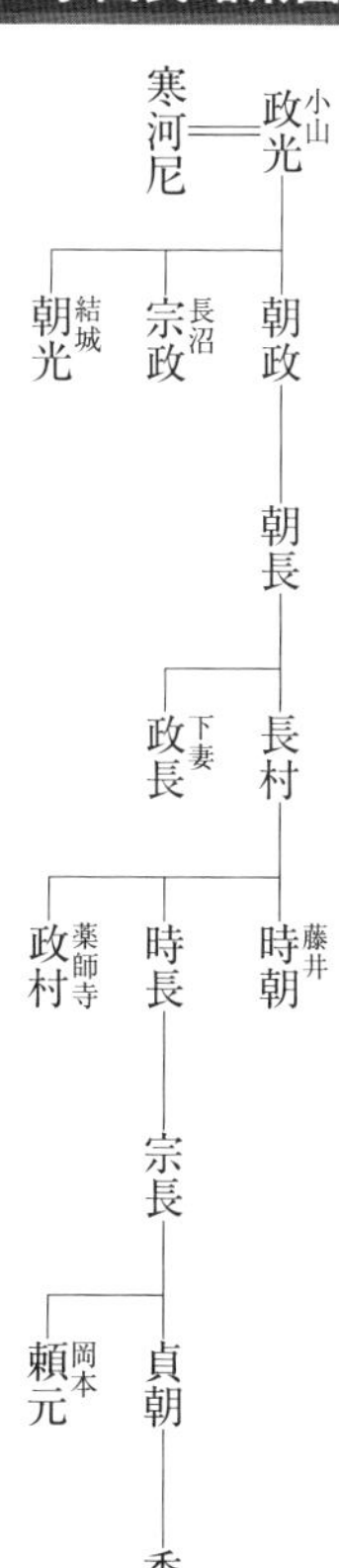

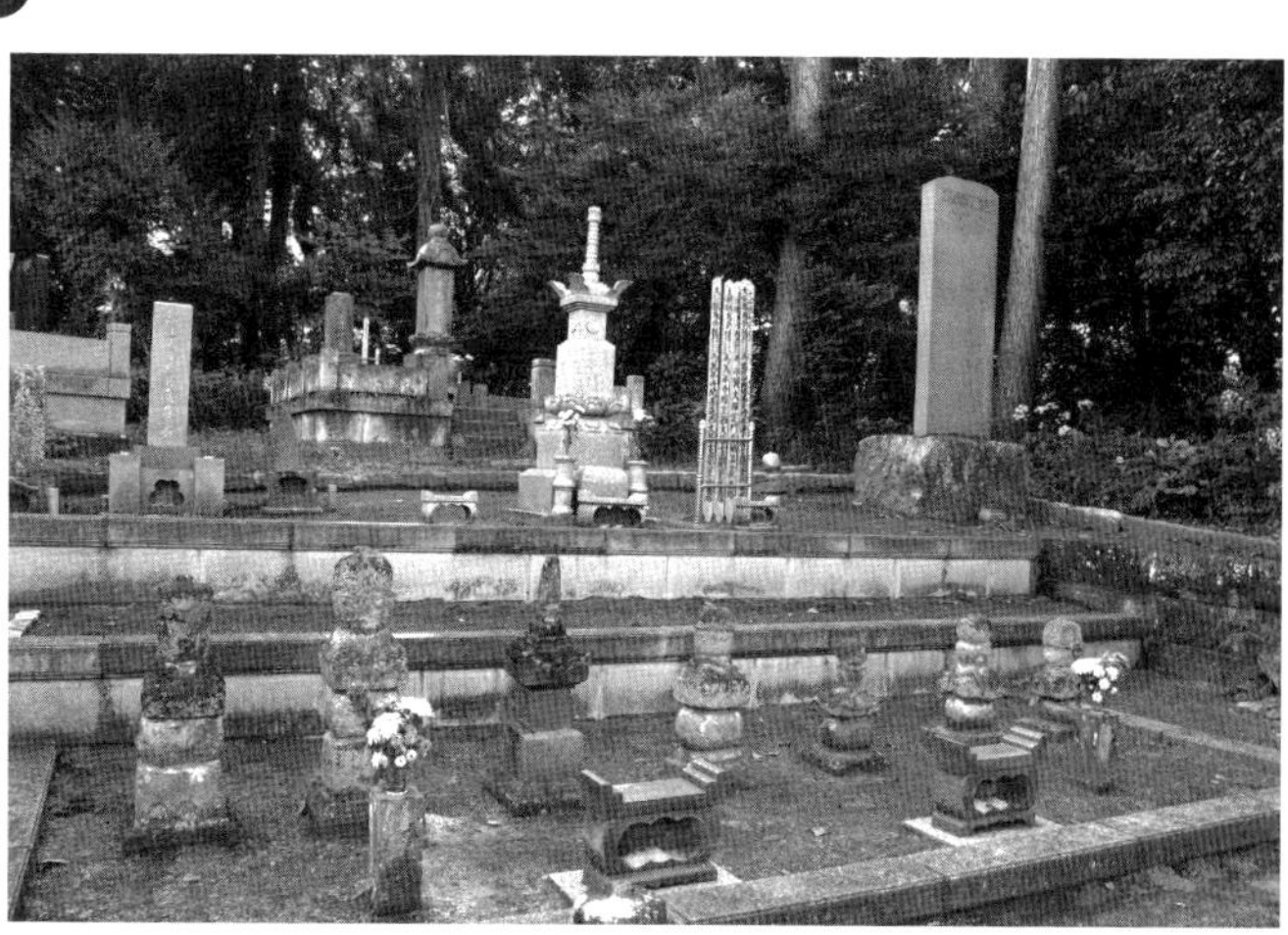
小山氏廟所◆中央の一段高い場所に建つのが小山政光の供養塔。小山氏の居城・祇園城跡の北側、天翁院境内に所在する。天翁院は小山政光によって創建され、文明４年（1472）に小山高朝によって現在地に移されたとされる。このほか、寒河尼の墓が小山市内の称念寺にある　栃木県小山市

のもとで、秀郷流の武芸故実を継承する嫡流としての立場を固めるにいたった。

朝政とその弟である宗政・朝光（初名は宗朝）はいずれも在京経験が豊富で、頼朝挙兵以前から権門祗候の実績を積んでいたらしく、朝政は右兵衛尉→左衛門尉（判官）→下野守、宗政は淡路守、朝光は左衛門尉→上野介の官途を得ている。また、幕府内では朝政は下野・播磨、宗政は摂津・淡路の守護、朝光は評定衆に任じている。

小山氏の一族は鎌倉幕府権力確立の過程で、多少の軋轢はあったものの、基本的に北条氏に協力する態度をとり、鎌倉時代を通して小山氏嫡家は下野守護を歴任し、その一族も有力御家人としての地位を維持し続けた。

（野口実）

14 甲斐源氏――承久の乱で大将を務めた名族

甲斐源氏は、源義家の弟義光の子孫にあたる。義光は常陸国に進出し、子息の義清も吉田郡武田郷（茨城県ひたちなか市）を所領としていたが濫行によって甲斐国に移され、ここで勢力を拡大していった。

治承・寿永の内乱では、義清の孫武田信義や安田義定（義定は義清の子とも）らが活躍。治承四年（一一八〇）、源頼朝からの協力要請を受けた甲斐源氏の軍勢は、駿河国富士川の合戦で頼朝軍の到着以前に追討軍を退けている。合戦後、武田信義は駿河、安田義定は遠江へと支配地域を拡大した。甲斐源氏の実態は頼朝の同盟軍に近く、義定はのちに木曽義仲に合流して上洛するなど独立性を保っていたが、独立性の高さからか、元暦元年（一一八四）に信義の子一条忠頼が誅殺、建久四年（一一九三）には安田義定の子義資、翌年には義定自身が誅殺されるなど、内乱期～鎌倉初期に有力者が頼朝によって滅亡・没落した。とはいえ、鎌倉時代に生き残った系統も多い。ここでは特に、石和流武田氏と小笠原氏に触れたい。

石和流武田氏の祖となる武田信光は信義の子で石和を名乗っていたが、兄武田有義と鎌倉を追放された梶原景時の内通を幕府に密告したことにより有義は失脚し、信光が武田の名字を受け継いだ。承久の乱では幕府東山道軍の大将を務め、その戦功により安芸国守護などに任じられた。信光の孫信時の系統は安芸国守護としての活動を見せる一方、政綱の系統は甲斐・鎌倉での活動を分担していたと見られ、鎌倉末期には政義が甲斐国守護を務めており、実質的に二つの家に分かれていく。政綱の系統が得宗被官となっていたことも、彼らの独立を後押しした可能性がある。

小笠原氏は、義清の孫加賀美遠光が文治元年（一一八五）に信濃守に、子息小笠原長清が佐久郡伴野庄（長野県佐久市）の地頭職等に任じられて信濃国へ展開。承久の乱では長清が幕府東山道軍の大将を務め、恩賞として阿波国守護などに任じられた。阿波国

武田信光の墓◆静岡県伊豆の国市・信光寺

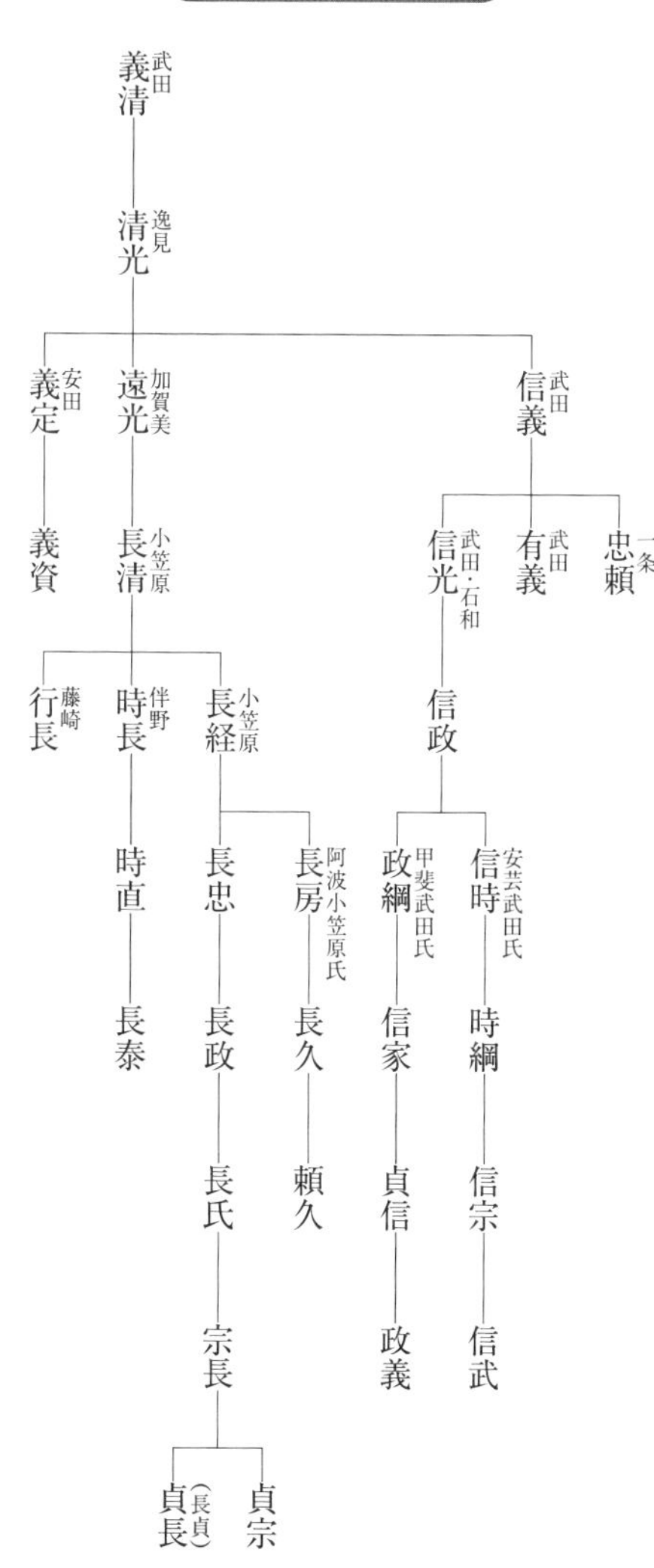

守護は長清の孫長房の系統に引き継がれ、この系統は京都・西国を中心に活動した。比企氏の乱後の小笠原氏嫡流は、長清の子伴野時長の系統に移ったが、孫の長泰のときに姻族安達氏とともに霜月騒動で多くの犠牲者を出し、以降、長忠系の長氏が嫡流を継ぐ。長忠の子長政は得宗被官となっており、伴野氏没落後の嫡流を継承した一因とされる。他にも長清の子行長を祖とする藤崎氏は北条時村の被官を輩出するなど、各系統がそれぞれに幕府有力者と関係を築いていた。

（岩橋直樹）

15 佐々木氏——頼朝に献身的に仕えた宇多源氏

近江国佐々木庄（滋賀県近江八幡市・東近江市）を本拠とする武士で、宇多源氏を称する。佐々木秀義が摂関家に仕えていたことから源為義の家人となり、その子息源義朝に仕えた。ところが、平治の乱で義朝が討たれたため佐々木庄の支配権を失った。秀義は四人の息子たちを連れて、藤原秀衡の妻となっている母方のおばを頼って奥州に下る途中、相模国で渋谷重国に請われて食客となり、そこに留まることとなった。

子息たちは平治の乱後、伊豆に配流されていた源頼朝のもとに相模国から通い、献身的に仕えた。治承四年（一一八〇）、頼朝の挙兵（山木攻め）に際して、頼りにしていた佐々木四兄弟の到着に頼朝は感涙を浮かべて喜び、山木兼隆の後見・堤信遠邸で秀義の二男経高が放った矢を、「源家平氏を征する最前の一箭なり」と鎌倉幕府の歴史書『吾妻鏡』は記す。その後の戦いでも兄弟のめざましい活躍を示す逸話が多く伝わるが、その理由は、彼らの頼朝への奉仕ぶりや活躍が佐々木家の家伝として残されたため、佐々木氏勲功伝承として知られることとなったと考えられる。

佐々木氏は頼朝から厚く信任され、平家滅亡後には本領の佐々木庄を回復し、兄弟で確認できるだけでも西国方面の十一ヶ国の守護に任じられたが、この数は北条氏に次ぐ。また、幕府の在京活動も担い、長男定綱の子広綱は後鳥羽院の西面に祇候し、中央権門との関係も深かった。しかし、承久の乱では、広綱と淡路・阿波の守護だった経高が京方に属して滅亡し、鎌倉方だった広綱の弟信綱が家督を継ぐことになった。

また、秀義の五男義清が出雲・隠岐の守護となり山陰地方にも進出した。嫡流を嗣いだ信綱の三男で北条義時の娘の所生とされる泰綱は幕府評定衆にも列し、この系統は六角氏を称して戦国時代まで代々近江守護を継承した。泰綱の弟氏信の系統は京極氏を称し、南北時代には佐々木導誉が出て勢力を伸長し、室町幕府の侍所所司となる四職家の一つになった。

宇治川の先陣争いを描いた江戸時代の浮世絵◆佐々木高綱と梶原景季による宇治川の先陣争いの逸話は、「平家物語」の名場面の一つである　東京国立博物館蔵　出典：ColBase（https://colbase.nich.go.jp/collection_items/tnm/A-10569-3980?locale=ja）

佐々木氏略系図

- 秀義
  - 定綱
    - 広綱
    - 信綱
      - 重綱（大原）
      - 高信（高島）
      - 泰綱（六角）
        - 頼綱
          - 時信
      - 氏信
        - 満信
          - 宗氏
            - 高氏（導誉）
        - 宗綱
          - 貞宗
  - 経高
  - 盛綱（加地）
  - 高綱（野木）
  - 義清
  - 厳秀（吉田）

戦国大名尼子氏はこの庶流である。さらに、信綱の次男高信は高島氏を称し、その庶流朽木氏は近世大名として存続した。

（糟谷優美子）

京極家墓所◆京極氏初代の氏信から江戸時代までの当主の墓が並ぶ　滋賀県米原市・清滝寺

16 足利氏——源氏将軍の〝御門葉〟

足利氏はのちに室町幕府将軍家となる一族としてよく知られている。源義家の子義国を祖先とし、義国は京都で鳥羽院に北面の武士として仕え、自身の所領であった下野国足利庄（栃木県足利市）を鳥羽院領の荘園としている。義国の子義康は父から京都での活動を引き継ぎ、保元の乱で源頼朝の父義朝らとともに後白河天皇方に付いて戦っている。

治承・寿永の内乱では義康の子息たちが活動している。義兼は正確な合流時期こそわからないものの頼朝に合流しており、治承四年（一一八〇）十二月、頼朝が鎌倉の新造された邸宅に移る際に参列している。頼朝との合流の背景には、義兼の生母が熱田大宮司藤原範忠の娘で頼朝の生母の姪であったことに加え、足利庄の主導権をめぐって義仲方に付いた兄義清や一時期平家と主従関係にあった藤姓足利氏に対抗するためという事情があったと見られている。

義兼は、頼朝から同じ清和源氏の一族「御門葉」として頼朝の知行国であった上総の国司に任じられるなど厚遇され、北条時政の娘を妻としている。二人の間に生まれた義氏は承久の乱など数々の合戦で戦功を挙げ、北条時房の死後、泰時を補佐するため増員された政所別当やその後足利氏に継承される三河守護に任じられるなど、鎌倉期足利氏の最盛期を作り上げた。義氏以降、足利氏の通字（一族の名前で共通して使われる字）として「氏」の字が定着することからも、子孫たちにとっての義氏の存在感の大きさがうかがえる。

義氏の子泰氏は、建長三年（一二五一）十二月に無断出家をして失脚。同じ月に起こった前将軍藤原（九条）頼経と宝治合戦の残党によるクーデター未遂事件と関わるとみられ、泰氏の代まで足利氏は北条氏嫡流から妻を迎えてきた（系図参照）が、事件以降、この関係は途絶える。しかし、義氏自身は事件後も失脚することなく、一族も引き続き幕府への出仕を続けている。官位などを見る限り家格が低下した形跡もな

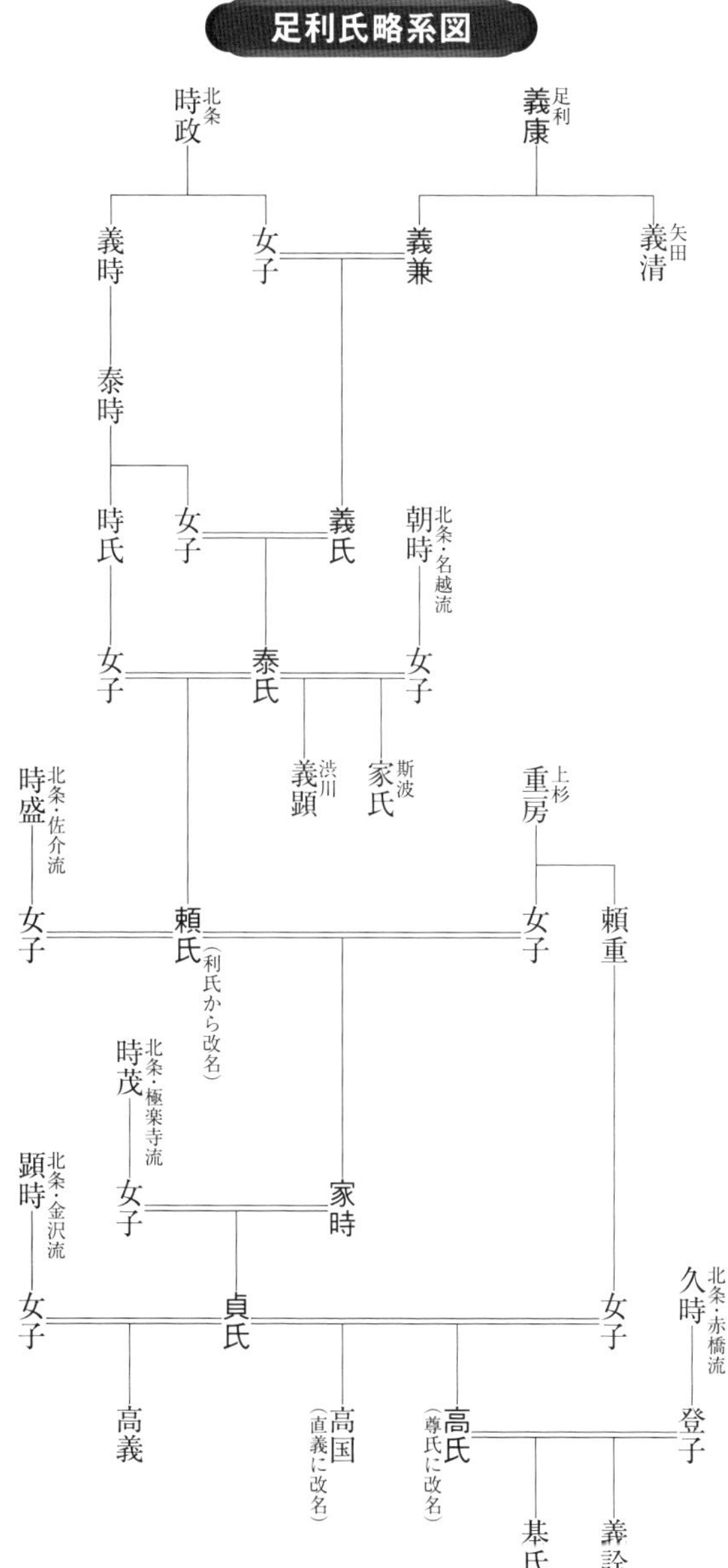

く、鎌倉時代を通じて足利氏は御家人最上位に次ぐ家格や将軍の側近としての地位を維持した。

ところで、蒙古襲来の際の将軍惟康王は源氏の賜姓を受け、右近衛大将に任じられてすぐにこれを辞しており、頼朝を意識したキャリアを歩む。将軍側近の足利氏は「御門葉」の子孫として、そば近くで将軍を支える役割を期待された可能性も指摘されている。

北条氏との婚姻関係も、有力庶流からはその後も妻を迎えており、極端な関係悪化は見られない。それだけに足利高氏（のち尊氏）の離反は、鎌倉幕府にとって大きな打撃であった。

（岩橋直樹）

17 北条氏の滅亡

絶頂を極めたかに見えた北条氏の栄華は、後醍醐天皇の登場によって、突然、終わりを迎える。

元亨元年（一三二一）末、父の後宇多上皇の院政停止にともない、後醍醐は親政を開始した。彼は自らの血統による皇位継承を強く望んだが、当時の皇位継承は持明院統と大覚寺統が交代で皇位に就く両統迭立を基本原則としており、後醍醐が属する大覚寺統でも後醍醐を一代限りと見なしていたため、現状では彼の望みが叶うことはなかった。何よりも、当時、皇位の決定は幕府の提案が大きく作用しており、両統がこぞって幕府に陳情する有り様だった。

このように、朝廷・幕府の思惑が複雑に絡み合う中で、自身の譲位も間近に迫る後醍醐が、自らの野望を実現するために出した結論は、実質的な皇位決定権を握る幕府を打倒することだった。北条氏の滅亡の途はこうして始まりを迎えた。

正中元年（一三二四）六月に後宇多上皇が崩御するが、九月には後醍醐の六波羅探題襲撃計画が発覚した。さらに、元弘元年（一三三一）四月にも側近の吉田定房の密告で倒幕計画が露見している。両事件とも、幕府は後醍醐の罪を不問に付したが、彼は同年八月に京都を密かに脱出すると、笠置山（京都府笠置町）でついに挙兵した。これに楠木正成も呼応して赤坂城（大阪府千早赤阪村）で兵を挙げたが、これらの反乱は関東から派兵された幕府軍によって鎮圧され、捕えられた後醍醐は隠岐国に流されてしまう。

ところが、その後も倒幕の気運が収まることはなく、正成や後醍醐の皇子護良親王が北条氏打倒を広く呼びかけたことで、西国では反北条氏勢力が次々に蜂起した。後醍醐も元弘三年（正慶二年、一三三三）閏二月に隠岐島を脱出し、伯耆国で名和長年に迎えられた。西国情勢は一気に内乱へと突入していった。

反北条氏勢力を鎮圧するため、幕府は西国に向けてしばしば大軍を派兵した。両軍は一進一退の攻防戦を

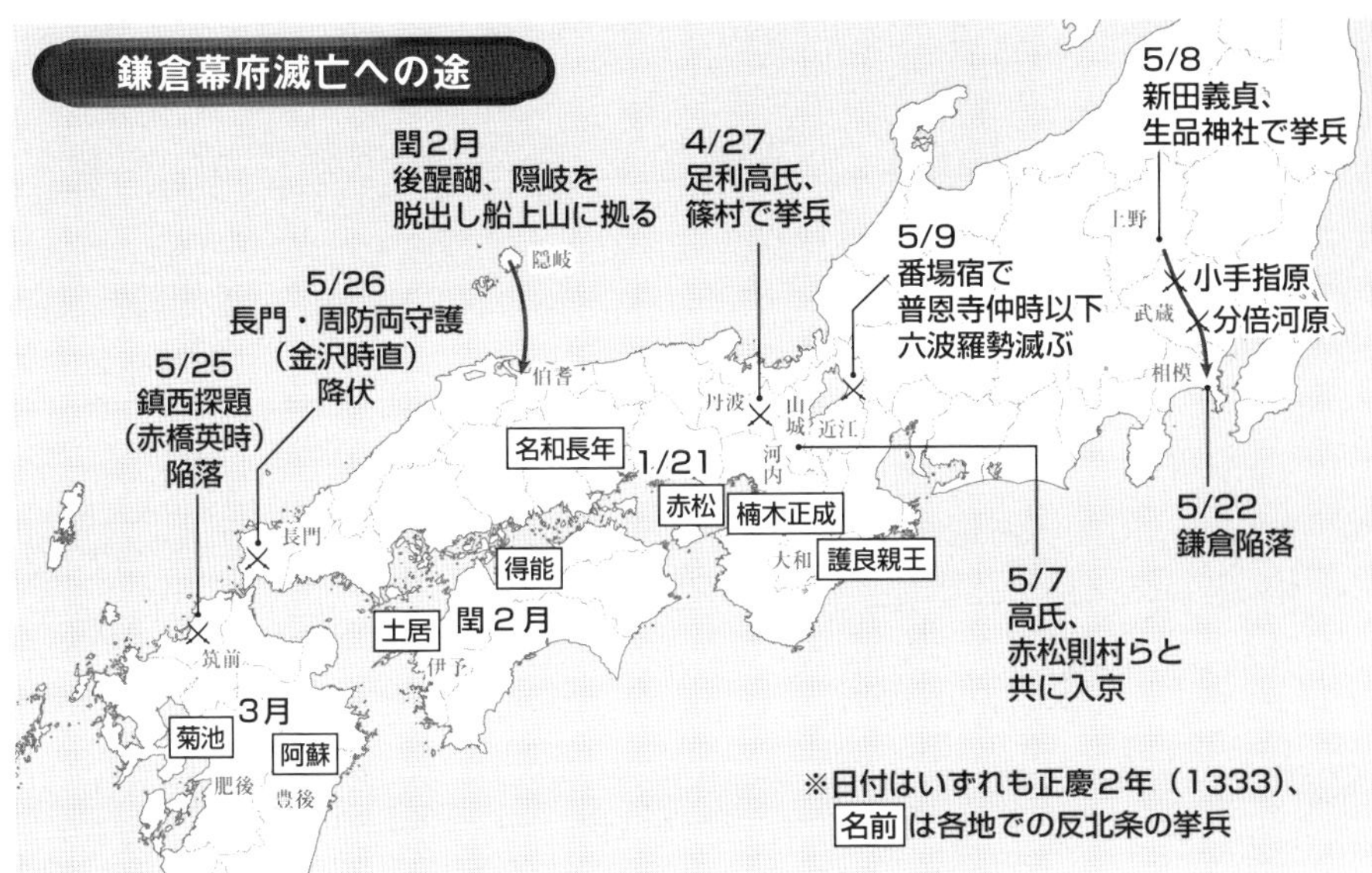

※新田一郎『日本の歴史（11）太平記の時代』（講談社学術文庫、2009年）掲載図をもとに作成

吉野に籠もった護良親王方を攻める北条氏の軍勢◆『太平記絵巻』　埼玉県立歴史と民俗の博物館蔵

繰り広げたが、情勢は元弘三年四月に突如、一変する。名越高家・足利高氏（のち尊氏）を大将とする幕府軍が四月十六日に入京したが、二十七日に高家が討ち取られると、直後に高氏が幕府離反の意志を明確にしたのだ。そして五月七日、高氏は赤松則村（法名円心）や千種忠顕らと協力して六波羅を攻略した。六波羅探題の北条一族は関東に向けて落ち延びたが、その途中で探題南方の北条時益が討ち取られた。そして、九日には探題北方の普恩寺仲時以下、主従数百名が近江国番場蓮華寺（滋賀県米原市）で自害し、六波羅探題は壊滅した。

　六波羅陥落は、東国にも倒幕の気運をもたらした。東国で反乱の狼煙を挙げたのは新田義貞である。義貞は五月八日に上野国新田庄の生品神社（群馬県太田市）で挙兵すると、すぐさま同国守護代長崎四郎左衛門尉を追い落とし、鎌倉街道を南下して武家の都鎌倉を目指した。途中、東国御家人たちが続々と義貞のもとに結集し、さらに足利千寿王（のちの義詮）を擁した足利勢も合流したことで、倒幕軍は雪だるま式に膨れあがった。義貞勢は、十一日に小手指原（埼玉県所沢市）で桜田貞国勢と、十五日には府中分倍河原（東京都府中市）で北条泰家勢と激突したが、これらを撃破して、じりじりと鎌倉に迫った。

　十八日からは鎌倉周辺で倒幕軍と幕府軍の攻防戦が繰り広げられた。連日の激戦の末、義貞勢が稲村が崎を突破して鎌倉に雪崩込み、二十二日に北条氏の菩提寺である東勝寺で、北条高時以下一門・被官らが自害して果てた。

　一方、九州では、遡ること元弘三年三月十三日に、菊池武時と阿蘇惟直等が鎮西探題の赤橋英時を討つために挙兵していた。だが、事前に決起を約束していたはずの大友貞宗と少弐貞経が探題に味方したことで、武時等はあえなく討ち取られてしまう。その後、六波羅陥落や幕府の劣勢が明らかになると、九州でも状況は一変し、鎮西探題は五月二十五日に少弐・大友・島津等に攻撃されて滅亡するに至った。また、長門・周防両守護の金沢時直は鎮西探題の救援に向かうも、途中で探題陥落の報に接すると、少弐氏に降伏した。

　このように、幕府の発展とともに築き上げた北条氏の栄華は脆くも崩れ去り、同時に約一五〇年続いた鎌倉幕府も終焉を迎えたのだった。

　倒幕に成功した後醍醐は、元弘三年六月に京に入り、

建武初年に多発した内乱

元年７月
大河・
小泉の反乱

越後

①2年7/14
北条時行の挙兵

元年８月
江戸・葛西氏の
蜂起

元年７月～
規矩高政・
糸田貞義の反乱

２年６月
西園寺公宗が
捕えられる

④2年8/2
足利尊氏が京を発し
矢作で直義と合流

武蔵

２年１月
越後左近将監の反乱

元年３月
渋谷・
本間氏の
鎌倉攻め

山城

京

三河

②2年7/24
時行が鎌倉へ入る

長門

⑤2年8/19
尊氏が時行軍を
破り鎌倉へ入る

筑前

伊予

紀伊

元年10月
六十谷氏の反乱

③足利直義が矢作へ

元年春
赤橋重時の反乱

※①～⑤は中先代の乱の経過

日向

元年７月
北条一族
諸氏の蜂起

※新田一郎『日本の歴史（11）太平記の時代』（講談社学術文庫、2009年）掲載図をもとに作成

東勝寺腹切りやぐら◆稲村が崎方面から進行した新田義貞軍の前に防戦一方となると、北条氏の菩提寺東勝寺に移動し北条高時以下800余名が自刃して果てたという　神奈川県鎌倉市

建武政権を発足させた。しかしながら、その後も北条一門の旧守護国や旧領では北条氏の残党（北条与党）による反乱が相次いで起きていた。また、京都でも建武二年（一三三五）六月に公家の西園寺公宗が北条時興（泰家から改名）と結び、後醍醐天皇の暗殺を企てていたことが発覚する。そして、建武二年七月に建武政権に衝撃を与える反乱が東国で勃発した。中先代の乱である。

当時、鎌倉には後醍醐の皇子成良親王を名目上の首長とする鎌倉将軍府が置かれ、尊氏の弟直義が成良を後見する形で統治していた。得宗高時の遺児時行が七月十四日に信濃国で挙兵し、同国守護小笠原貞宗を破ると、十八日には上野国鏑川で将軍府の軍勢と激突した。二十二日には武蔵国女影原（埼玉県日高市）で渋川義季と岩松経家を、二十三日には同国府中で小山秀朝を敗死させた。この事態に直義自身も出陣したが、勢いに乗った時行の軍勢の前に敗北し、成良や足利義詮を連れて三河国矢作（愛知県岡崎市）に逃げ落ちた。そして、二十四日に時行が鎌倉に入った。ところが、八月二日に尊氏が進軍すると、時行は所々の合戦で敗北し、十九日に鎌倉は足利勢に制圧された。

この反乱は、その後の歴史の流れに大きな影響を与えた。乱後、尊氏は「将軍家」を自称して幕府再興に動き出し、建武政権と対立することとなった。一方、落ち延びた時行は南朝方に転身して、足利幕府に戦いを挑む道を選んだ。

そして、文和元年（正平七年、一三五二）閏二月に、時行は再度尊氏と一戦を交えた。だが、このときの時行は、もはや以前のような反乱勢力のシンボルとして推戴される存在ではなく、南朝諸将の一人にすぎなかった。そして、時行は翌年五月二十日に鎌倉龍口で処刑され、これをもって得宗家の血筋が絶えた。その他の北条氏も南朝に帰順して幕府に抗戦していたが、観応の擾乱以降、まったく確認が取れなくなる。

ここに、鎌倉北条氏は歴史の表舞台から完全に消え失せたのだった。

（矢嶋翔）

参考文献一覧

青木文彦「鎌倉時代の江南とその周辺」(『江南町史 通史編 上巻』(第二編第一章) 江南町、二〇〇四年)

青山幹哉「鎌倉幕府将軍権力試論―将軍九条頼経～宗尊親王期を中心として―」(大石直正・柳原敏昭編『展望日本歴史9 中世社会の成立』東京堂出版、二〇〇一年、初出一九八三年)

青山幹哉「王朝官職からみる鎌倉幕府の秩序」(『年報中世史研究』一〇、一九八五年)

青山幹哉「鎌倉将軍の三つの姓」(『年報中世史研究』一三、一九八八年)

青山幹哉「中世武士における官職の受容」(『日本歴史』五七七、一九九六年)

秋山 敬「小笠原牧と小笠原荘―甲斐の荘園―」(網野善彦編『馬の文化叢書』3巻、中世、馬事文化財団、一九九五年、初出一九八一年)

秋山 敬『甲斐源氏の勃興と展開』(岩田書院、二〇一三年)

秋山 敬「甲斐源氏の挙兵」ほか(山梨県編『山梨県史』通史編2、中世、山梨県、二〇〇七年)

秋山哲雄『北条氏権力と都市鎌倉』(吉川弘文館、二〇〇六年)

秋山哲雄『敗者の日本史7 鎌倉幕府滅亡と北条氏一族』(吉川弘文館、二〇一三年)

秋山哲雄『都市鎌倉の中世史 吾妻鏡の舞台と主役たち』(吉川弘文館、二〇一〇年)

秋山哲雄・細川重男『討論 鎌倉末期政治史』(日本史史料研究会、二〇〇九年)

網野善彦『蒙古襲来』(小学館、一九七四年)

新井孝重『日本中世合戦史の研究』(東京堂出版、二〇一四年)

家永遵嗣「室町幕府の成立」(『学習院大学研究年報』五四、二〇〇七年)

池谷初恵『鎌倉幕府草創の地・伊豆韮山の中世遺跡群』(新泉社、二〇一〇年)

石井清文『鎌倉幕府連署制の研究』(岩田書院、二〇二〇年)

石井 進「新たな北条時頼廻国説の提起に思う」(『日本歴史』六〇〇、一九九八年)

石井 進『石井進著作集第四巻 鎌倉幕府と北条氏』(岩波書店、二〇〇四年)

磯川いづみ「北条氏庶家名越氏と宮騒動」(『鎌倉』八六、一九九八年)

磯川いづみ「北条時章・教時について」(北条氏研究会編『北条時宗の時代』八木書店、二〇〇八年)

市川浩史『吾妻鏡の思想史』(吉川弘文館、二〇〇二年)

伊藤邦彦『鎌倉幕府守護の基礎的研究 論考編・国別考証編』全二冊(岩田書院、二〇一〇年)

井上宗雄『中世歌壇史の研究 南北朝期 改訂新版』(明治書院、一九八七年)

岩田尚一「北条義時の大倉亭と『吾妻鏡』戌神霊験譚の原史料」（『鎌倉遺文研究』四三、二〇一九年）
岩田慎平「北条時房論―承久の乱以前を中心に―」（『古代文化』六八―二、二〇一六年）
上杉和彦『人物叢書 大江広元』（吉川弘文館、二〇〇五年）
上横手雅敬『日本中世政治史研究』（塙書房、一九七〇年）
上横手雅敬『人物叢書 北条泰時』（吉川弘文館、一九五八年）
上横手雅敬『鎌倉時代政治史研究』（吉川弘文館、一九九一年）
海老名尚「北条得宗家の禅宗受容とその意義」（『北海史論』二〇、二〇〇〇年）
海老名尚「頼助論」（福田豊彦・関幸彦編『「鎌倉」の時代』山川出版社、二〇一五年）
岡　邦信『中世武家の法と支配』（信山社、二〇〇五年）
岡田清一『第二期関東武士研究叢書4　河越氏の研究』（名著出版、二〇〇三年）
岡田清一『鎌倉幕府と東国』（続群書類従完成会、二〇〇六年）
岡田清一『ミネルヴァ日本評伝選 北条義時―これ運命の縮まるべき端か―』（ミネルヴァ書房、二〇一九年）
岡野友彦「池大納言家領の伝領と関東祗候廷臣」（『中世久我家と久我家領荘園』、続群書類従完成会、二〇〇二年、初出一九九九年）
岡野友彦『源氏と日本国王』（講談社、二〇〇三年）
小川剛生『武士はなぜ歌を詠むか―鎌倉将軍から戦国大名まで―』（KADOKAWA、二〇一六年、初出二〇〇八年）
奥富敬之「鎌倉幕府伊賀氏事件の周辺」（『日本医科大学文科研究誌』二、一九七三年）
奥富敬之『鎌倉北条氏の基礎的研究』（吉川弘文館、一九八〇年）
奥富敬之『鎌倉北条一族』（新人物往来社、一九八三年）
奥富敬之『鎌倉史跡事典』（新人物往来社、一九九七年）
小野真嗣「後三年合戦と源義光―河内源氏の東国進出を中心として―」（『駿台史学』一四六、二〇一二年）
筧　雅博「道蘊・浄仙・城入道」（『三浦古文化』三八、一九八五年）
筧　雅博『蒙古襲来と徳政令』（講談社、二〇〇九年、初出二〇〇一年）
梶川貴子「得宗被官の歴史的性格」（『創価大学大学院紀要』三四、二〇一二年）
梶谷亮治「伝北条時定・時宗の画像」（『美術史』一〇八、一九八〇年）
神奈川県立金沢文庫編『神奈川県立金沢文庫新築記念誌 金沢文庫の歴史』（神奈川県立金沢文庫、一九九〇年）
金澤正大『鎌倉幕府成立期の東国武士団』（岩田書院、二〇一八年）

鎌倉国宝館編　『北条時頼とその時代』（鎌倉国宝館、二〇一三年）
鎌倉市史編纂委員会編　『鎌倉市史　総説編』（鎌倉市、一九五九年）
川合　康　『鎌倉幕府成立史の研究』（校倉書房、二〇〇四年）
川合　康　『日本中世の歴史3 源平の内乱と公武政権』（吉川弘文館、二〇〇九年）
川添昭二　「鎌倉時代の大隅守護」（『金沢文庫研究』一七―三、一九七一年）
川添昭二　「鎮西評定衆及び同引付衆・引付奉行人」（川添昭二編『九州中世史研究』一、文献出版、一九七八年）
川添昭二　「北条氏一門名越（江馬）氏について」（『日本歴史』四六四、一九八七年）、再録『日蓮とその時代』（山喜房佛書林、一九九九年）
川添昭二　「肥前守護北条時定（為時）」（『日本歴史』五〇〇、一九九〇年）
川添昭二　『人物叢書 北条時宗』（吉川弘文館、二〇〇一年）
菊地大樹　「宗尊親王期の王孫と大覚寺統の諸段階」（『歴史学研究』七四七、二〇〇一年）
菊池紳一　「平姓秩父氏の性格―系図の検討を通して―」（『埼玉地方史』六六、二〇一二年）
菊池紳一　「嘉元三年の乱に関する新史料について」（『加賀前田家と尊経閣文庫』（勉誠出版、二〇一五年）
菊池紳一監修、北条氏研究会編『鎌倉北条氏人名辞典』（勉誠出版、二〇一九年）
木村英一　『鎌倉時代公武関係と六波羅探題』（清文堂出版、二〇一五年）
北村　拓　「鎌倉幕府征夷大将軍の補任について」（今江廣道編『中世の史料と制度』、続群書類従完成会、二〇〇五年）
金　　永　「摂家将軍期における源氏将軍観と北条氏」（『ヒストリア』一七四、二〇〇一年）
工藤敬一　『北条時宗とその時代』（平凡社、二〇〇〇年）
工藤祐一　「六波羅探題の成立と「西国成敗」」（『鎌倉遺文研究』三七、二〇一六年）
久保木圭一　「王朝貴族としての惟康親王―鎌倉期における皇族の処遇について―」（阿部猛編『中世政治史の研究』、日本史史料研究会、二〇一〇年）
熊谷隆之　「六波羅探題任免小考―『六波羅守護次第』の紹介とあわせて―」（『史林』八六―六、二〇〇三年）
熊谷隆之　「六波羅探題考」（『史学雑誌』一一三―七、二〇〇四年）
熊谷隆之　「鎌倉幕府支配の展開と守護」（『日本史研究』五四七、二〇〇八年）
熊谷隆之　「ふたりの為時」（『日本史研究』六一一、二〇一三年）
熊谷知未　「小笠原氏と北条氏」（『信濃』四三―九、一九九一年）
倉井理恵　「鎌倉将軍送還の成立―寛元四年騒動との関係―」（『鎌倉』八八、一九九九年）
黒田俊雄　『（新装改版）日本の歴史〈8〉蒙古襲来』（中央公論社、一九六三年）

黒田基樹「鎌倉期の武田氏―甲斐武田氏と安芸武田氏―」（『地方史研究』二一一、一九八八年）
小泉聖恵「得宗家の支配構造」（『お茶の水史学』四〇、一九九六年）
呉座勇一『戦争の日本中世史―「下剋上」は本当にあったのか―』（新潮社、二〇一四年）
後藤紀彦「沙汰未練書の奥書とその伝承」『年報中世史研究』二、一九七七年）
後藤芳孝「鎌倉幕府の滅亡と信濃」（長野県編『長野県史』通史編2巻、中世1、長野県史刊行会、一九八六年）
小林一岳『日本中世の歴史4 元寇と南北朝の動乱』（吉川弘文館、二〇〇九年）
小林吉光「足利氏の三河支配」（新編岡崎市史編さん委員会編『新編岡崎市史』中世、岡崎市、一九八九年）
五味文彦「鎌倉前期の幕府法廷」（『増補 吾妻鏡の方法―事実と神話に見る中世（新装版）』吉川弘文館、二〇一八年、初出一九九〇年）
五味文彦「縁に見る朝幕関係」（『明月記研究』五、二〇〇〇年）
五味文彦「甲斐源氏の活躍」ほか（山梨県編『山梨県史』通史編2、中世、山梨県、二〇〇七年）
近藤成一『鎌倉時代政治構造の研究』（校倉書房、二〇一六年）
近藤成一『シリーズ日本中世史② 鎌倉幕府と朝廷』（岩波新書、二〇一六年）
埼玉県立嵐山史跡の博物館・葛飾区郷土と天文の博物館編『秩父平氏の盛衰 畠山重忠と葛西清重』（勉誠出版、二〇一二年）
坂井孝一『源実朝「東国の王権」を夢見た将軍』（講談社選書メチエ、二〇一四年）
阪田雄一「鎌倉～南北朝前期における摂津氏の動向―足利直義党解明・吏僚層からのアプローチ―」（『房総史学』三二、千葉県高等教育研究会歴史部会、一九九二年）
阪田雄一「中先代の乱と鎌倉将軍府」（佐藤博信編『関東足利氏と東国社会』、岩田書院、二〇一二年）
櫻井彦・錦昭江・樋口州男編『足利尊氏のすべて』（新人物往来社、二〇〇八年）
佐々木馨『執権時頼と廻国伝説』（吉川弘文館、一九九七年）
佐々木紀一「北条時家略伝」（『米沢史学』五、一九九九年）
佐々木紀一「頼朝流離時代困窮の虚実―『吉見系図』の史料的価値一考―」（『米澤国語国文』三七、山形県立米沢女子短期大学国語国文学会、二〇〇八年）
佐々木紀一「佐々木氏勲功伝承と『平家物語』」（『山形県立米沢女子短期大学紀要』四三、二〇〇八年）
佐藤和彦・樋口州男編『北条時宗のすべて』（新人物往来社、二〇〇〇年）
佐藤進一『増訂鎌倉幕府守護制度の研究』（東京大学出版会、一九七一年）
佐藤進一『（新装改版）日本の歴史〈9〉南北朝の動乱』（中央公論社、一九七四年、初出一九六五年）
佐藤進一『日本中世史論集』（岩波書店、一九九〇年）

佐藤進一『鎌倉幕府訴訟制度の研究』（岩波書店、一九九三年、初出一九四三年）
佐藤進一『新版 古文書学入門』（法政大学出版局、一九九七年、初出一九七一年）
佐藤進一『日本の中世国家』（岩波書店、二〇二〇年、初出一九八三年）
佐藤智広「北条得宗家と和歌―鎌倉歌壇における役割を探る―」（『古代中世文学論考』三二、二〇一五年、新典社）
佐藤智広「北条政村と和歌――鎌倉歌壇における役割――」（『青山語文』四六、二〇一六年）
佐藤智広「宗尊親王鎌倉歌壇を支える人々――弘長二年の歌合を手懸りとして――」（『青山語文』四七、二〇一七年）
佐藤雄基「文書史からみた鎌倉幕府と北条氏―口入という機能からみた関東御教書と得宗書状―」（『日本史研究』六六七、二〇一八年）
佐藤雄基「鎌倉幕府政治史三段階論から鎌倉時代史二段階論へ　日本史探究・佐藤進一・公武関係」（『史苑』八一―二、二〇二一年）
清水克行『人をあるく 足利尊氏と関東』（吉川弘文館、二〇一三年）
清水　亮『鎌倉幕府御家人制の政治史的研究』（校倉書房、二〇〇七年）
清水亮編『シリーズ・中世関東武士の研究第七巻 畠山重忠』（戎光祥出版、二〇一二年）
下山　忍「各地で建武政権に反乱」（『北条一族』別冊歴史読本六二〈二六―一〉二〇〇一年）
白根靖大「王朝社会秩序の中の武家の棟梁」（『中世の王朝社会と院政』吉川弘文館、二〇〇〇年、初出一九九八年）
新谷和之編『シリーズ・中世西国武士の研究第三巻 近江六角氏』（戎光祥出版、二〇一五年）
杉橋隆夫「執権・連署制の起源―鎌倉執権政治の成立過程・続論―」（日本古文書学会編『日本古文書学論集五　中世Ⅰ』吉川弘文館、一九八六年、初出一九八〇年）
杉橋隆夫「鎌倉執権政治の成立過程―十三人合議制と北条時政の「執権」職就任―」（日本古文書学会編『日本古文書学論集五　中世Ⅰ』吉川弘文館、一九八六年、初出一九八一年）
杉橋隆夫「富士川合戦の前提―甲駿路「鉢田合戦」考―」（『立命館文学』五〇九、一九八八年）
杉橋隆夫「牧の方の出身と政治的位置」（上横手雅敬監修『古代・中世の政治と文化』思文閣出版、一九九四年）
鈴木由美「中先代の乱に関する基礎的考察」（阿部猛編『中世の支配と民衆』同成社、二〇〇七年）
鈴木由美「建武政権期における反乱―北条与党の乱を中心に―」（『日本社会史研究』一〇〇、二〇一一年）
鈴木由美「御家人・得宗被官としての小笠原氏―鎌倉後期長忠系小笠原氏を題材に―」（『信濃』六四―一二、二〇一二年）
鈴木由美「先代・中先代・当御代」（『日本歴史』七九〇、二〇一四年）
鈴木由美「建武三年三月の「鎌倉合戦」―東国における北条与党の乱の事例として―」（『古文書研究』七九、二〇一五年）
鈴木由美「【北条氏と南朝】鎌倉幕府滅亡後も、戦い続けた北条一族」（呉座勇一編『南朝研究の最前線―ここまでわかった「建武政権」から後南朝

まで―』洋泉社、二〇一六年）
鈴木由美「白河集古苑所蔵白河結城家文書所収「安達氏系図」の記載内容について」（『古文書研究』八七、二〇一九年）
鈴木　彰「佐々木家伝「奉公初日記」をめぐる一考察―自己認識と家伝、その継承と創作―」（『早稲田大学高等学院研究年誌』四五、二〇〇一年）
鈴木芳道「鎌倉前期ふたつの公武婚」（『鷹陵史学』二九、二〇〇三年）
関口崇史編『征夷大将軍研究の最前線：ここまでわかった「武家の棟梁」の実像』（洋泉社、二〇一八年）
関　靖『金沢文庫の研究』（復刻版）（藝林社、一九七六年、初出一九五一年）
瀬野精一郎『鎮西御家人の研究』（吉川弘文館、一九七五年）
瀬野精一郎「鎮西探題と北条氏」（『歴史の陥穽』吉川弘文館、一九八五年、初出一九七九年）
平　雅行編『公武権力の変容と仏教界』（清文堂出版、二〇一四年）
平　雅行「鎌倉仏教の成立と展開」（同『鎌倉仏教と専修念仏』法藏館、二〇一七年）
多賀宗隼『論集中世文化史』上　公家武家篇（法藏館、一九八五年）
多賀宗隼「安達盛長―頼朝挙兵以前の動静をめぐる憶説―」（『日本歴史』四三〇、一九八四年）
高田　豊「元仁元年鎌倉政情の一考察―北条義時卒去及び伊賀氏陰謀事件をめぐって―」（『政治経済史学』三六、一九六六年）
高島哲彦「鎌倉時代の貴族の一側面―「関東祇候廷臣」についての一考察」（『史友』一九、一九八七年）
高橋慎一朗『中世の都市と武士』（吉川弘文館、一九九六年）
高橋慎一朗「宗尊親王期における幕府「宿老」」（『年報中世史研究』二六、二〇〇一年）
高橋慎一朗『武家の古都、鎌倉』（山川出版社、二〇〇五年）
高橋慎一朗『人物叢書　北条時頼』（吉川弘文館、二〇一三年）
高橋典幸『鎌倉幕府軍制と御家人制』（吉川弘文館、二〇〇八年）
高橋典幸「北条時頼とその時代」（村井章介編『東アジアのなかの建長寺』勉誠出版、二〇一四年）
高橋典幸「鎌倉幕府と朝幕関係」（『日本史研究』六九五、二〇二〇年）
高橋富雄『征夷大将軍―もう一つの国家主権―』（中央公論社、一九八七年）
高橋秀樹『三浦一族の中世』（吉川弘文館、二〇一五年）
高柳光寿『足利尊氏』（春秋社、新装版、一九七八年、初出一九五五年）
田中奈保「鎌倉期足利氏の経済事情」（『早稲田大学大学院文学研究科紀要』四―五一、二〇〇五年）
田中大喜編著『上野新田氏』（戎光祥出版、二〇一一年）

田中大喜編著『下野足利氏』（戎光祥出版、二〇一三年）
田中大喜編著『図説 鎌倉幕府』（戎光祥出版、二〇二一年）
田中義成『南北朝時代史』（講談社（講談社学術文庫）、一九七九年、初出一九二二年）
田辺 旬「北条政子発給文書に関する一考察」（『ヒストリア』二七三、二〇一九年）
田畑泰子『日本中世の女性』（吉川弘文館、一九八七年）
外岡慎一郎「得宗被官論の周縁」（『敦賀論叢』一三、一九九八年）
外村展子『鎌倉の歌人』（かまくら春秋社、一九八六年）
中川博夫・小川剛生「宗尊親王年譜」（『言語文化研究』（徳島大学総合科学部）一、一九九四年）
中川博夫「鎌倉期関東歌壇の和歌―中世和歌表現史試論―」（『中世文学』五九、二〇一四年）
永井 晋『人物叢書 金沢貞顕』（吉川弘文館、二〇〇三年）
永井 晋『金沢北条氏の研究』（八木書店、二〇〇六年）
永井 晋『日本史リブレット 北条高時と金沢貞顕』（山川出版社、二〇〇九年）
永井 晋『鎌倉幕府の転換点―『吾妻鏡』を読み直す―』（吉川弘文館、二〇一九年、初出二〇〇〇年）
七海雅人『鎌倉幕府御家人制の展開』（吉川弘文館、二〇〇一年）
七海雅人「鎌倉幕府と奥州」（柳原敏昭・飯村均編『鎌倉・室町時代の奥州』（奥羽史研究叢書四）、高志書院、二〇〇二年）
七海雅人編『東北の中世史2 鎌倉幕府と東北』（吉川弘文館、二〇一五年）
並木真澄「中世武家社会に於ける婚姻関係―鎌倉北条氏の場合―」（『学習院史学』第一八号、一九八一年）
西岡芳文「阿佐布門徒の輪郭」（『年報 三田中世史研究』一〇、二〇〇三年）
西川広平編『甲斐源氏―武士団のネットワークと由緒―』戎光祥出版、二〇一五年）
西田友広「武芸」（五味文彦、本郷和人ほか編『現代語訳吾妻鏡 別巻 鎌倉時代を探る』吉川弘文館、二〇一六年）
西田友広「北条義時の「大倉亭」」（『鎌倉遺文研究』四六、二〇二〇年）
新田一郎『太平記の時代』（講談社学術文庫、二〇〇九年、初出二〇〇一年）
仁平義孝「鎌倉前期幕府政治の特質」（『古文書研究』三一、一九八九年）
仁平義孝「執権政治期の幕政運営について」（『国立歴史民俗博物館研究報告』四五、一九九二年）
日本史史料研究会編『将軍・執権・連署―鎌倉幕府権力を考える―』（吉川弘文館、二〇一八年）
貫 達人「北条氏亭址考」（『金沢文庫研究紀要』八、一九七一年）

納富常天『鎌倉の仏教』（かまくら春秋社、一九八七年）
野口　実「惟宗忠久をめぐって―成立期島津氏の性格―」（『立命館史学』五二一、一九九一年）
野口　実『武家の棟梁の条件―中世武士を見なおす』（中公新書、一九九四年）
野口　実「竹御所小論―鎌倉幕府政治史上における再評価―」（『武家の棟梁源氏はなぜ滅んだのか』新人物往来社、一九九八年、初出一九九二年）
野口　実「了行とその周辺」（『東方学報』七三、二〇〇一年）
野口　実「北条時政の上洛」（『京都女子大学宗教・文化研究所研究紀要』二五、二〇一二年）
野口　実『東国武士と京都』（同成社、二〇一五年）
野口　実「佐々木氏―浪人から十数カ国の守護へ―」（『本郷』一二四、二〇一六年）
野口　実「出羽国由利郡地頭由利維平をめぐって―源頼朝政権と出羽国―」（『京都女子大学宗教・文化研究所研究紀要』三二、二〇一九年）
野口　実「中世前期、出羽に進出した京・鎌倉の武士たち」（『中世文学』六四、二〇一九年）
野口　実「流人の周辺―源頼朝挙兵再考―」（『増補改訂 中世東国武士団の研究』戎光祥出版、二〇二〇年、初出一九八九年）
野口　実編『治承～文治の内乱と鎌倉幕府の成立　中世の人物　第二巻』（清文堂、二〇一四年）
野村育世『北条政子』（吉川弘文館、二〇〇〇年）
橋本芳和「建武政権転覆未遂の真相（1）～（4）東西同時蜂起計画の信憑性」（『政治経済史学』五〇一～五〇四、二〇〇八年）
花岡康隆「鎌倉後期小笠原氏一門の動向について―信濃守護系小笠原氏と藤崎氏を中心に―」（『信濃』六二―九、二〇一〇年）
花岡康隆「鎌倉期小笠原氏の在京活動について」（『法政史論』三九、二〇一二年）
花岡康隆編著『信濃小笠原氏』（戎光祥出版、二〇一六年）
林　葉子「久明親王将軍関東下向と甲斐源氏浅原為頼宮中乱入事件」（『政治経済史学』三〇〇、一九九一年）
林　葉子「鎌倉将軍宮久明親王と三条大臣家」（『政治経済史学』三二六、一九九三年）
樋口芳麻呂「『現存卅六人詩歌』の解題」（『群書解題』第九巻和歌部（一）、続群書類従完成会、一九六〇年）
彦由一太「甲斐源氏と治承寿永争乱―『内乱過程に於ける甲斐源氏の史的評価』改題―」（『日本史研究』四三、一九五九年）
兵藤裕己『後醍醐天皇』（岩波書店、二〇一八年）
福島金治『金沢北条氏と称名寺』（吉川弘文館、一九九七年）
福島金治『安達泰盛と鎌倉幕府』（有隣堂、二〇〇六年）
福島金治『日本史リブレット 北条時宗と安達泰盛―新しい幕府への胎動と抵抗―』（山川出版社、二〇一〇年）
福田豊彦「室町幕府の奉公衆と御家人―鎌倉時代の足利氏にみる家政管理機構―」（『室町幕府と国人一揆』吉川弘文館、一九九五年）

藤井　崇「鎌倉期「長門探題」と地域公権」（『日本歴史』六八九、二〇〇五年）
藤田盟児「鎌倉の執権及び連署の本邸の沿革」（『日本建築学会計画系論文集』五三三、二〇〇〇年）
古澤直人『鎌倉幕府と中世国家』（校倉書房、一九九一年）
北条氏研究会編『北条時宗の時代』（八木書店、二〇〇八年）
北条氏研究会編『武蔵武士を歩く』（勉誠出版、二〇一五年）
北条氏研究会編『武蔵武士の諸相』（勉誠出版、二〇一七年）
北条氏研究会編『北条氏発給文書の研究』（勉誠出版、二〇一九年）
細川重男『鎌倉政権得宗専制論』（吉川弘文館、二〇〇〇年）
細川重男『鎌倉北条氏の神話と歴史─権威と権力─』（日本史史料研究会、二〇〇七年）
細川重男『鎌倉幕府の滅亡』（吉川弘文館、二〇一一年）
細川重男『執権─北条氏と鎌倉幕府─』（講談社、二〇一九年、初出二〇一一年）
細川重男編『鎌倉将軍・執権・連署列伝』（吉川弘文館、二〇一五年）
細川涼一「河越重頼の娘─源義経の室─」（『日本中世の社会と寺社』思文閣出版、二〇一三年、初出二〇〇八年）
本郷和人「霜月騒動再考」（『史学雑誌』一一二─一二、二〇〇三年）
本郷恵子「鎌倉期の撫民思想について」（鎌倉遺文研究会編『鎌倉期社会と史料論』東京堂出版、二〇〇二年）
松井　茂「源頼朝と甲斐源氏─その政治的地位と支配関係をめぐって─」（『文化』四二─1・2、一九七八年）
松尾剛次『中世都市鎌倉の風景』（吉川弘文館、一九九三年）
松尾剛次『中世都市鎌倉を歩く』（中央公論新社、一九九七年）
松島周一『鎌倉時代の足利氏と三河』（同成社、二〇一六年）
美川　圭『院政の研究』（臨川書店、一九九六年）
美川　圭「建武政権の前提としての公卿会議─「合議と専制」論をめぐって─」（大山喬平教授退官記念会編『日本国家の史的特質（古代・中世）』思文閣出版、一九九七年）
三好俊文「幕府指令伝達者としての陸奥国留守職と諸国守護」（『六軒丁中世史研究』七、二〇〇〇年）
峰岸純夫『人物叢書 新田義貞』（吉川弘文館、二〇〇五年）
峰岸純夫『中世武士選書 新田岩松氏』（戎光祥出版、二〇一一年）
村井章介『アジアのなかの中世日本』（校倉書房、一九八八年）

村井章介『北条時宗と蒙古襲来』（日本放送出版会、二〇〇一年）
村井章介『中世の国家と在地社会』（校倉書房、二〇〇五年）
元木泰雄『源頼朝』（中央公論社、二〇一九年）
桃　裕行『桃裕行著作集三 武家家訓の研究』（思文閣出版、一九八八年）
桃崎有一郎「鎌倉幕府の儀礼と年中行事」（五味文彦、本郷和人ほか編『現代語訳吾妻鏡別巻 鎌倉時代を探る』吉川弘文館、二〇一六年）
桃崎有一郎「鎌倉幕府垸飯行事の完成と宗尊親王の将軍嗣立」（『年報中世史研究』四一、二〇一六年）
桃崎有一郎「北条氏権力の専制化と鎌倉幕府儀礼体系の再構築―得宗権力は将軍権力簒奪を指向したか―」（『学習院史学』五五、二〇一七年）
桃崎有一郎「得宗専制期における鎌倉幕府儀礼と得宗儀礼の基礎的再検討」（『鎌倉遺文研究』四一、二〇一八年）
桃崎有一郎「鎌倉末期の得宗家儀礼に見る長崎円喜・安達時顕政権の苦境―得宗空洞化・人材枯渇・幕府保守―」（『日本史研究』六八四、二〇一九年）
森　茂暁『後醍醐天皇―南北朝動乱を彩った覇王―』（中央公論社、二〇〇〇年）
森　茂暁『戦争の日本史8 南北朝の動乱』（吉川弘文館、二〇〇七年）
森　茂暁『建武政権―後醍醐天皇の時代―』（講談社、二〇一二年、初出一九八〇年）
森　幸夫「伊豆守吉田経房と在庁官人北条時政」（『季刊ぐんしょ』再刊八、一九九〇年）
森　幸夫「得宗家嫡の仮名をめぐる小考察―四郎と太郎―」（阿部猛編『中世政治史の研究』日本史史料研究会、二〇一〇年）
森　幸夫『六波羅探題の研究』（続群書類従完成会、二〇〇五年）
森　幸夫『人物叢書 北条重時』（吉川弘文館、二〇〇九年）
森　幸夫『中世武家官僚と奉行人』（同成社、二〇一六年）
安田元久「中世武家系図の史料的価値について」（日本系図学会編『姓氏と家紋』四七、一九八六年）
山田　徹「佐々木六角氏と地域支配」（『東近江市史能登川の歴史 第二巻（中世・近世編）』中世第一章）（東近江市史能登川の歴史編纂委員会編、二〇一三年）
山野井功夫「比企尼―源頼朝の伊豆配流時代に乳母として仕え一族繁栄の礎を築くが―」（『歴史読本』七八七、二〇〇五年）
山野井功夫「北条政村及び政村流の研究―姻戚関係から見た政村の政治的立場を中心―」（北条氏研究会編『北条時宗の時代』八木書店、二〇〇八年）
山本隆志「安達氏の上野国経営」（『群馬県史研究』一五、一九八二年）
山本隆志「安達氏・玉村氏補考」（『地方史研究』三四―五、一九八四年）
山本隆志「上野国守護人安達盛長」ほか（群馬県史編さん委員会編『群馬県史』通史編3、中世、群馬県、一九八九年）
山本隆志『ミネルヴァ日本評伝選 新田義貞―関東を落すことは子細なし―』（ミネルヴァ書房、二〇〇五年）

山本みなみ　「鎌倉幕府成立期における文士―二階堂氏を中心に―」（『紫苑』八、二〇一〇年）
山本みなみ　「鎌倉幕府における政所執事」（『紫苑』一〇、二〇一二年）
山本みなみ　「北条時政とその娘たち―牧の方の再評価―」（『鎌倉』一一五、二〇一三年）
山本みなみ　「北条義時の死と前後の政情」（『鎌倉市教育委員会文化財部調査研究紀要』二、二〇二〇年）
山本みなみ　「慈円書状をめぐる諸問題」（元木泰雄編『日本中世の政治と制度』吉川弘文館、二〇二〇年）
湯山　学　「近江佐々木氏と東国―その基礎的な考察―」（千葉歴史学会編『中世東国の地域権力と社会（千葉史学叢書二）』岩田書院、一九九六年）
湯山　学　「関東祗候の廷臣―宮将軍家近臣層に関する覚書―」（『湯山学中世史論集増補版6　相模国の中世史』岩田書院、二〇一三年）
義江彰夫　『古代中世の社会変動と宗教』（二〇〇五年、吉川弘文館）
歴史科学協議会編（木村茂光・山田朗監修）『天皇・天皇制をよむ』（東京大学出版会、二〇〇八年）
渡邊晴美　『鎌倉幕府北条氏一門の研究』（汲古書院、二〇一五年）
渡邊晴美　「建長年間における北條時頼政権の実態分析（1）～（3）北條重時連署就任と宗尊親王将軍推戴と執権政治の展開」（『政治経済史学』五五〇・五七八・五八六、二〇一二年・二〇一五年）

北条氏伊豆関係地図
香山寺
（山木兼隆供養塔）
熊野神社
山木兼隆館
推定地
本立寺
韮山城跡
（中世後期）
伝蛭ヶ小島
（頼朝・政子像）

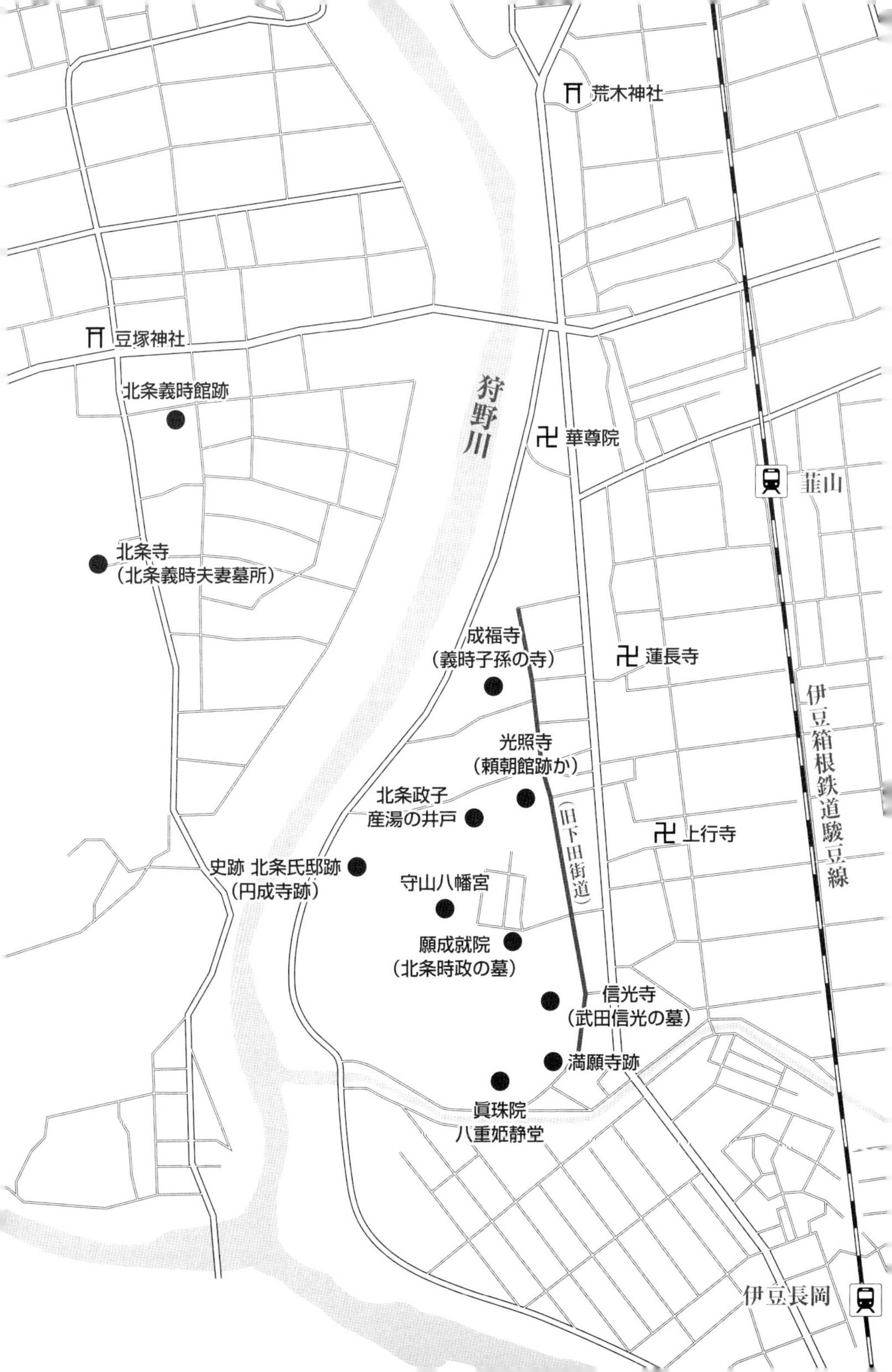

荒木神社
豆塚神社
北条義時館跡
狩野川
華尊院
韮山
北条寺
（北条義時夫妻墓所）
成福寺
（義時子孫の寺）
蓮長寺
伊豆箱根鉄道駿豆線
光照寺
（頼朝館跡か）
北条政子
産湯の井戸
（旧下田街道）
上行寺
史跡 北条氏邸跡
（円成寺跡）
守山八幡宮
願成就院
（北条時政の墓）
信光寺
（武田信光の墓）
満願寺跡
眞珠院
八重姫静堂
伊豆長岡

北条氏鎌倉関係地図

明月院
建長寺
覚園寺
小袋坂
北谷
薬師堂谷
北条義時法華堂
法華堂
永福寺
瑞泉寺
浄光明寺
鶴岡八幡宮
荏柄天神社
西御門
東御門
窟堂
大倉御所
大倉薬師堂
二階堂大路
武蔵大路
政所
筋替橋
南御門
横大路
若宮大路御所
宝戒寺
六浦道
浄妙寺
大倉
勝長寿院
明王院
中下馬橋
宇都宮辻子御所
小町大路
東勝寺
（腹切りやぐら）
釈迦堂
報国寺
大慈寺
光触寺
問注所
若宮大路
犬懸谷
比企谷
妙本寺
釈迦堂切通し
宅間ヶ谷
下下馬橋
衣張山
大町大路
安養院
一ノ鳥居
元八幡
大町
安国論寺
名越
経師谷
名越切通し
九品寺
弁ヶ谷
光明寺
小坪口
和賀江島

山内
山内道路
円覚寺
最明
東慶寺
浄智寺
梶原
葛原岡神社
化粧坂切通し
銭洗弁天
佐介
無量寿
常盤
深沢
郡衙跡
高徳院（大仏）
佐々目谷
大仏坂切通し
甘縄
甘縄神明社（安達氏邸）
車大
長谷寺
前
極楽寺
御霊社
由比浜
滑川
稲瀬川
極楽寺坂切通し
相模湾
稲村

【執筆者一覧】（掲載順）

野口　実　別掲

田辺　旬　東京都立浅草高等学校教諭

工藤祐一　駒場東邦中学校・高等学校教諭

池松直樹　立命館大学大学院文学研究科日本史学専修博士課程後期課程在籍

野村航平　慶應義塾大学大学院文学研究科史学専攻日本史学分野後期博士課程在籍

矢嶋　翔　中央大学大学院文学研究科博士課程後期課程日本史学専攻在籍

滑川敦子　宮城県教育庁文化財課技師

弓山慎太郎　京都大学大学院人間・環境学研究科修士課程修了

大島佳代　奈良女子大学大学院人間文化総合科学研究科博士後期課程在籍

勅使河原拓也　京都大学文学部等非常勤講師

小野　翠　内子町八日市・護国町並保存センター学芸員

糟谷優美子　さいたま市史編さん調査員

田中　誠　日本学術振興会特別研究員（RPD）

岩橋直樹　八潮市立資料館文書保存専門員

【編著者略歴】

野口実（のぐち・みのる）

1951年、千葉県生まれ。

青山学院大学大学院文学研究科史学専攻博士課程修了。文学博士。

鹿児島経済大学教授、京都女子大学宗教・文化研究所教授などを経て、現在、京都女子大学名誉教授。

主な著書に、『武家の棟梁の条件　中世武士を見直す』（中公新書、1994年）、『武家の棟梁源氏はなぜ滅んだのか』（新人物往来社、1998年）、『伝説の将軍　藤原秀郷』（吉川弘文館、2001年）、『源氏と坂東武士』（同、2007年）、『武門源氏の血脈　為義から義経まで』（中央公論新社、2012年）、『源義家』（山川出版社、2012年）、『坂東武士団と鎌倉』（戎光祥出版、2013年）、『坂東武士団の成立と発展』（戎光祥出版、2013年）、『東国武士と京都』同成社、2015年）、『小山氏の成立と発展』（編著、戎光祥出版、2016年）、『承久の乱の構造と展開』（編著、戎光祥出版、2019年）、『増補改訂 中世東国武士団の研究』（戎光祥出版、2021年）など多数。

図説 鎌倉北条氏 鎌倉幕府を主導した一族の全歴史

2021年9月20日　初版初刷発行
2021年11月10日　初版2刷発行

編著者　野口 実
発行者　伊藤光祥
発行所　戎光祥出版株式会社
〒102-0083 東京都千代田区麹町1-7 相互半蔵門ビル8F
TEL：03-5275-3361（代表）　FAX：03-5275-3365
https://www.ebisukosyo.co.jp
印刷・製本　株式会社シナノパブリッシングプレス
装　丁　堀 立明

ISBN：978-4-86403-396-1

弊社刊行関連書籍のご案内

各書籍の詳細及びその他最新情報は戎光祥出版ホームページ
(https://www.ebisukosyo.co.jp)をご覧ください。

(表示価格は税込みです)

【図説シリーズ】 A5判／並製

図説 真田一族　169頁／1980円　丸島和洋 著

図説 室町幕府　175頁／1980円　丸山裕之 著

図説 明智光秀　159頁／1980円　柴 裕之 編著

図説 豊臣秀吉　192頁／2200円　柴 裕之 編著

図説 明治政府 日本人が求めた新しい国家体制とは　208頁／1980円　久保田 哲 著

【戎光祥中世史論集】 A5判／並製

8 承久の乱の構造と展開 転換する朝廷と幕府の権力　241頁／4180円　野口 実 編

9 中世宇都宮氏 一族の展開と信仰・文芸　336頁／4400円　江田郁夫 編

千葉一族の歴史 全国に広がる系譜・史跡・伝承　352頁／2530円　鈴木 佐 編著

新知見！武士の都 鎌倉の謎を解く　218頁／1650円　伊藤一美 著

【中世武士選書】 四六判／並製

30 相馬氏の成立と展開 名門千葉一族の雄　281頁／2970円　岡田清一 著

38 源頼朝 鎌倉幕府草創への道　213頁／2750円　菱沼一憲 著

【戎光祥選書ソレイユ】 四六判／並製

002 九条兼実 貴族がみた『平家物語』と内乱の時代　162頁／1980円　樋口健太郎 著

005 中世武士の勤務評定 南北朝期の軍事行動と恩賞給付システム　193頁／1980円　松本一夫 著

南北朝武将列伝 南朝編　四六判／並製／416頁／2970円　亀田俊和・生駒孝臣 編

南北朝武将列伝 北朝編　四六判／並製／454頁／2970円　亀田俊和・杉山一弥 編